ENTEIGNET

Lothar Weber

Wie die KLEIN- UND PRIVATBAHNEN in der späteren DDR verstaatlicht wurden

1945–1952

transpress

Einbandgestaltung: Luis dos Santos
Titelbild: 75 6676 (Bw Blankenburg) stand um 1952 mit einem Personenzug im Bf Rübeland.
Foto: Slg. D. Endisch

Bildnachweis:
Die zur Illustration dieses Buches verwendeten Aufnahmen stammen – wenn nichts anderes vermerkt ist – vom Verfasser.

ISBN 978-3-613-71540-0

1. Auflage 2020

Sie finden uns im Internet unter www.transpress.de

Lektor: Hartmut Lange
Innengestaltung: Jürgen Knopf, Medien und Printprodukte, 74321 Bietigheim-Bissingen
Druck und Bindung: Appel & Klinger Druck und Medien GmbH,96277 Schneckenlohe
Printed in Germany

Vorwort

Neben den Länderbahnen bzw. der zum 1. April 1920 gegründeten späteren Deutschen Reichsbahn bestanden in Deutschland Ende des 19. und bis Mitte des 20. Jahrhunderts zahlreiche private Eisenbahnunternehmen, die als »Privatbahnen« bezeichnet wurden. Im Preußen besaßen viele dieser Strecken bzw. Unternehmen den Status einer Kleinbahn. Der Begriff »Kleinbahn« – im heutigen Sprachgebrauch meist als Synonym für Schmalspurbahn verwendet – definierte jedoch ein Eisenbahnunternehmen, das gemäß dem »Gesetz über die Klein- und Privatanschlussbahnen« aus dem Jahr 1892 nur *»den örtlichen Verkehr innerhalb eines Gemeindebezirks oder benachbarter Gemeindebezirke«* abwickeln durfte. Ein Durchgangsverkehr war den als Kleinbahn konzessionierten Eisenbahnunternehmen untersagt. Kleinbahnen konnten als Regelspur- (1.435 mm) oder als Schmalspurstrecken errichtet und betrieben werden. Trotz dieser Einschränkungen erlebte Preußen an der Wende vom 19. zum 20. Jahrhundert einen regelrechten Eisenbahn-Boom. Bis zum Sommer 1900 entstanden mehr als 140 Kleinbahnen mit einer Gesamtstreckenlänge von über 4.200 km. Dank der Kleinbahnen erhielten nun auch zahlreiche, eher dünn besiedelte bzw. wirtschaftlich noch schwach entwickelte Landstriche einen Bahnanschluss.

Nach dem Zweiten Weltkrieg wandelten sich die politischen Rahmenbedingungen für die rund 100 Klein- und Privatbahnen in der sowjetischen Besatzungszone (SBZ) grundlegend. Die Sowjetische Militäradministration in Deutschland (SMAD) verlangte eine zentrale Lenkung und Leitung des Verkehrswesens unter der Regie der Deutschen Reichsbahn. Damit waren die Tage der privaten und kommunalen Eisenbahnunternehmen gezählt. Die Klein- und Privatbahnen wurden zunächst unter Zwangsverwaltung (Sequester) durch die Provinz- bzw. Länderregierungen (ab 1947) gestellt, enteignet und 1948 in Vereinigungen Volkseigener Betriebe (VVB) zusammengefasst. Den Schlusspunkt unter diese Entwicklung setzte die Übernahme von 90 ehemaligen Klein- und Privatbahnen mit einer Gesamtstreckenlänge von über 3.250 km durch die DR am 1. April 1949. Dieses höchst spannende Kapitel der Verkehrsgeschichte der SBZ bzw. der am 7. Oktober 1949 gegründeten DDR wird auf den folgenden Seiten in kompakter Form geschildert. Ein Einleitungskapitel zur historischen Entwicklung der Neben-, Privat- und Kleinbahnen in Deutschland sowie ein Verzeichnis aller am 1. April 1949 von der DR übernommenen Dampf- und Dieselloks sowie Triebwagen und deren Verbleib ergänzen das Buch. Wer mehr über einzelne Strecken, Eisenbahnunternehmen oder Klein- und Privatbahn-Fahrzeuge wissen will, der sei auf die im Anhang aufgeführte, weiterführende Literatur hingewiesen.

Lothar Weber
Potsdam, im Juni 2020

Inhalt

1. Neben-, Privat- und Kleinbahnen in Deutschland

1.1 Von der Secundairbahn zur Nebenbahn

In der zweiten Hälfte der 1870er-Jahre war der Bau von Hauptbahnen im Deutschen Reich weitgehend abgeschlossen. In der Folgezeit forderten die Städte und Gemeinden abseits der großen Magistralen ebenfalls einen Anschluss an das Streckennetz. Für die Orte und die hier ansässige Industrie war der Eisenbahnanschluss sehr wichtig, denn ohne ein schnelles und preiswertes Transportmittel konnten die Unternehmen langfristig nicht im Wettbewerb bestehen. Doch das am 3. November 1838 für das Königreich Preußen erlassene »Gesetz über die Eisenbahn-Unternehmungen« unterschied nicht nach Haupt- und Nebenbahnen. Damit unterlagen auch Strecken mit einem geringeren Verkehrsaufkommen – und folglich kleineren Einnahmen und geringeren Gewinnen – den gleichen umfangreichen Bau- und Betriebsvorschriften wie die profitablen Hauptbahnen. Auch in den anderen Bundesstaaten des Deutschen Reiches gab es eine vergleichbare Situation. Angesichts dieser starren Regelungen geriet die weitere eisenbahntechnische

Bei dem Begriff »Kleinbahnen« denken die meisten Eisenbahnfreunde heute an Schmalspurbahnen. Die Harzquer- und Brockenbahn waren aber keine »Kleinbahnen«, sondern besaßen die Konzession als Nebenbahn. Ende der 1920er-Jahre verließ die Lok 15[II] (DR: 99 5904) den 58 m langen Tunnel durch den Thumkuhlenkopf. Foto: Slg. L. Weber

Die Stammstrecke der HBE war ursprünglich als Hauptbahn konzessioniert. Die HBE wandelte die Strecke 1878 in eine Nebenbahn um. Die Aufnahme zeigt die Lok »LANGENSTEIN« um 1890 im Bf Langenstein. Foto: Slg. D. Endisch

Erschließung in Deutschland zusehends ins Stocken. Bereits Anfang der 1860er-Jahre hatten die Mitglieder des am 10. November 1846 gegründeten Vereins Deutscher Eisenbahnverwaltungen (VDEV) dieses Problem erkannt. Vertreter des VDEV reisten 1865 zu Studienzwecken nach England und Norwegen, wo bereits nach Haupt- und Nebenbahnen unterschieden wurde. Anschließend suchten Vertreter des Vereins in Dresden nach Wegen, wie die Probleme in Deutschland gelöst werden könnten. Die Technische Kommission des VDEV legte 1869 ihre Grundzüge für »Secundairbahnen« vor, getrennt nach Strecken in Regel- und Schmalspur. Die Hauptversammlung des VDEV fasste die Empfehlungen der Experten in einer Denkschrift zusammen und übergab diese den Länderregierungen. Dort fand das Papier aber zunächst keine Aufmerksamkeit.

Dies änderte sich erst in der zweiten Hälfte der 1870er-Jahre, als der Bau neuer Strecken immer weiter ins Stocken geriet. Reichskanzler Otto von Bismarck (01.04.1815–30.07.1898) griff schließlich die Vorschläge des VDEV auf, die die Grundlage für die »Bahnordnung für Eisenbahnen untergeordneter Bedeutung« bildeten. Das neue Reglement trat am 1. Juli 1878 in Kraft. Der Begriff »Nebenbahn« existierte zu dem Zeitpunkt noch nicht. Er entstand erst mit der ab 1. Januar 1893 gültigen »Bahnordnung für Nebeneisenbahnen in Deutschland«, die die »Bahnordnung für Eisenbahnen untergeordneter Bedeutung« ersetzte.

Die neue Vorschrift vereinfachte in erster Linie die Regularien hinsichtlich der Bahnbewachung, der Bremstechnik sowie die Bauvorschriften für die Fahrzeuge und Anlagen. Mit dem Entfall der ständigen Bewachung

Im nördlichen Harzvorland befand sich die Kleinbahn-AG Heudeber-Mattierzoll (KHM). Einige Eisenbahner der KHM versammelten sich um 1902 zu einem Erinnerungsbild im Bf Hessen. *Foto: Slg. L. Weber*

Die Nauendorf-Gerlebogker Eisenbahn AG (NGE) erschloss das preußisch-anhaltische Grenzgebiet nördlich von Halle (Saale) und besaß die Konzession als Nebenbahn. Um 1905 entstand diese Aufnahme des Bf Gröbzig. *Foto: Slg. L. Weber*

und Absperrung der Bahnübergänge wurde jedoch die zulässige Höchstgeschwindigkeit auf 30 km/h verringert. Dies wiederum ermöglichte es den Bahnunternehmen, auf einige Bremser im Zug zu verzichten. Durch vereinfachte Bestimmungen für den Bau der Bahndämme und zur Signaltechnik konnten zusätzlich Kosten gespart werden.

Die neue Bahnordnung wurde umgehend von den Länderbahnen und zahlreichen privaten Eisenbahn-Unternehmen im Deutschen Reich genutzt. Beispielsweise wandelten die Königlich Sächsischen Staatseisenbahnen umgehend 26 ihrer »Primärbahnen« in »Secundairbahnen« mit einer Gesamtstreckenlänge von 453 km um.

Mit einem Streckennetz von 127,8 km war die Altmärkische Kleinbahn-AG (AMK) eine der größten Privatbahnen in der Provinz Sachsen. Im Sommer 1927 stand die Lok 7 (DR: 98 6217) mit einem Personenzug im Bf Gardelegen Anschluss.

Foto: Slg. L. Weber

Wie groß das Einsparpotenzial war, zeigte sich eindrucksvoll bei der Halberstadt-Blankenburger Eisenbahn-Gesellschaft (HBE). Das 1870 gegründete Unternehmen hatte am 31. März 1873 den Betrieb auf der als Hauptstrecke konzessionierten Stammbahn eröffnet. Für die 18,8 km lange Strecke Halberstadt-Blankenburg (Harz) beschäftigte die HBE 16 Bahnwärter, die für die Sicherung der Bahnübergänge verantwortlich waren. Dies führte zu unverhältnismäßig hohen Ausgaben. Die Bilanz für das Geschäftsjahr 1873 wies Personalkosten in Höhe von 37.494 Mark aus. Davon entfielen allein 9.216 Mark auf die Bahnwärter. Zwei Jahre später schlugen die Personalkosten für die Bahnwärter mit Ausgaben in Höhe von 16.551 Mark zu Buche. Nach dem Inkrafttreten der »Bahnordnung für Eisenbahnen untergeordneter Bedeutung« wandelte die HBE die Strecke Halberstadt-Blankenburg (Harz) in eine Nebenbahn um. Dadurch schrumpften bereits 1879 die Ausgaben für die Bahnbewachung auf 8.650 Mark zusammen. Aber nicht nur bestehende Eisenbahn-Unternehmen profitierten von der neuen Bahnordnung. In den folgenden Jahren bauten die Länderbahnen ihr Streckennetz durch zahlreiche Nebenbahnen aus. Außerdem entstanden neue Gesellschaften, die sich auf den Bau und Betrieb von »Secundairbahnen« spezialisierten.

1.2 Preußen und sein Kleinbahngesetz

Unter der Regie der Preußischen Staatsbahn entstanden zwischen 1880 und 1885 zahlreiche »Erschließungsbahnen«, wie die »Secundairbahnen« auch genannt wurden. Allerdings war die Erschließung vor allem der dünner besiedelten Regionen im Königreich Preußen weiterhin unbefriedigend. Davon waren auch einige Kreisstädte betroffen, z.B. Neuruppin in der Mark Brandenburg. Bereits 1879 hatten einige Abgeordnete des preußischen Landtags die Regierung aufgefordert, einen Vorschlag zu unterbreiten, »inwieweit der Bau von lokalen Anschlußbahnen niederer Ordnung geeignet ist, die Rentabilität zu heben und den Absatz von landwirtschaftlichen Erzeugnissen und sonstigen Rohprodukten zu erleichtern.« Der Bau von so genannten Lokalbahnen scheiterte bis dato an den im Königreich Preußen geltenden Gesetzen. Selbst die 1878 in Kraft getretene »Bahnordnung für untergeordnete Eisenbahnen« ließ mancherorts keinen kostendeckenden Betrieb zu und an eine Verzinsung des investierten Kapitals war nicht zu denken. Das Ministerium der öffentlichen Arbeiten (MdöA) bat daraufhin am 31. Mai 1881 die Regierungspräsidenten um eine Stellungnahme hinsichtlich der gesetzlichen Rahmenbedingungen für den Bau und Betrieb von Lokalbahnen in Preußen. Auf dieser Grundlage erarbeitete der zuständige vortragende Rat im MdöA, Geheimrat Freiherr Octavio von Zedlitz-Neukirch (06.12.1840–31.03.1919), ein

Gutachten, das bereits die Grundzüge des späteren preußischen Kleinbahngesetzes umfasste. Doch die Arbeiten an dem von den Abgeordneten wiederholt geforderten Gesetz verzögerten sich immer wieder. Schließlich teilte am 2. März 1891 der Ressortchef, Arnold Heinrich Albert von Maybach (29.11.1822-20.01.1904), dem Landtagsabgeordneten und Bromberger Regierungspräsidenten Christoph von Tiedemann (24.09.1836-20.07.1907) mit, dass der Gesetzentwurf in der nächsten Sitzungsperiode vorliegen werde.

Erst jetzt begannen die zuständigen Abteilungen des MdöA mit der Ausarbeitung des Gesetzestextes. Wie wichtig dieses Papier war, zeigte ein Aufsatz des Geheimen Finanzrates von Mühlenfels, der am 5. September 1891 in den »Preußischen Jahrbüchern« erschien. Darin legte von Mühlenfels dar, dass von den 1.143 Städten des Königreiches Preußen mit mehr als 1.000 Einwohnern noch immer 328 keinen Anschluss an das Eisenbahnnetz hatten. Wenige Monate später legte Karl von Thielen (30.0.1832-10.01.1906), der nach dem Rücktritt Albert von Maybachs am 22. Juni 1891 zum neuen Minister der öffentlichen Arbeiten berufen worden war, dem preußischen König seinen Gesetzentwurf vor und bat um Erlaubnis, das Papier in den Landtag einbringen zu dürfen. Der Monarch erteilte die Genehmigung dazu am 6. März 1892. Die Mitglieder des Herrenhauses, der ersten Kammer des preußischen Landtags, befassten sich bereits am 11. März 1892 mit dem Gesetzentwurf, der an die so genannte Eisenbahnkommission weitergeleitet wurde. Hier entstand die Idee, Bahnen des öffent-

Die Görlitzer Kreisbahn AG (GöK) war eine der profitabelsten Kleinbahnen des Lenz-Konzerns. Für den Steilstreckendienst beschaffte die GöK zwischen 1931 und 1940 drei Maschinen des ELNA-Typs 6, die mit einer Gegendruckbremse ausgerüstet waren. Die Lok 182^{D} (DR: 92 2902) stand am 14. Juni 1936 im Übergabebf Schlauroth. *Foto: C. Bellingrodt, Slg. L. Weber*

Bevor sich am 20. Mai 1911 der Eröffnungssonderzug für die Kleinbahn Gardelegen-Neuhaldensleben in Bewegung setzte, versammelten sich die geladenen Gäste zu einem Erinnerungsbild. Der Abschnitt Gardelegen-Letzlingen blieb bis heute erhalten und dient als Anschlussbahn für den Truppenübungsplatz Altmark der Bundeswehr. Foto: Slg. L. Weber

lichen Verkehrs als »Lokalbahnen« und die nichtöffentlichen Strecken als »Privatanschlussbahnen« zu bezeichnen. Die Mitglieder des Abgeordnetenhauses befassten sich mit dem Thema erstmals vom 13. bis 15. Juni 1892. Dabei schlug der Abgeordnete Jansen vor, den bereits in Bayern geläufigen Begriff »Lokalbahn« durch »Kleinbahn« zu ersetzen. Nach weiteren Änderungen billigte das Abgeordnetenhauses schließlich am 17. Juni 1892 das Gesetz, dass nun wieder dem Herrenhaus übergeben wurde. Auch hier gab es einige kleinere Änderungswünsche, bevor das »Gesetz über die Klein- und Privatanschlussbahnen« beschlossen und am 28. Juli 1892 in der Nr. 25 der »Gesetzes-Sammlung für die Königlich-Preußischen Staaten« veröffentlicht wurde. Einige Wochen später, am 1. Oktober 1892, trat das so genannte Kleinbahngesetz schließlich in Kraft. Das Gesetz umfasste 52 Paragrafen, die im Wesentlichen bis 1945 galten.

Die Erwartungen, die die preußische Regierung sowie die Provinzen, Kreise und Gemeinden mit dem Kleinbahngesetz verbanden, wurden nicht enttäuscht. In Preußen begann eine regelrechte Kleinbahn-Euphorie. Vielerorts wurden neue Eisenbahn-Projekte erörtert und es entstanden neue regel- oder schmalspurige Strecken, deren Bau und Betrieb jetzt deutlich einfacher war. Gleichwohl war das Kleinbahngesetz so abgefasst, dass die neuen Strecken keine Konkurrenz für die bereits bestehenden Haupt- und Nebenbahnen der Preußischen Staatsbahn und der privaten Eisenbahnunternehmen darstellten. Der Gesetzgeber definierte »Kleinbahnen« (§ 1) als »die dem öffentlichen Verkehre dienenden Eisenbahnen, welche wegen ihrer geringen Bedeutung für den allgemeinen Eisenbahnverkehr dem Gesetze über die Eisenbahnunternehmungen (...) nicht unterliegen. Insbesondere sind Kleinbahnen der Regel nach solche

Die Kleinbahn Wegenstedt-Calvörde (KWC) war ein kommunales Unternehmen. Die Baukosten in Höhe von 429.780 Mark finanzierte die Gemeinde Calvörde, die durch das Herzogtum Braunschweig-Lüneburg unterstützt wurde. Die Aufnahme (um 1910) zeigt den Bf Calvörde. Foto: Slg. L. Weber

Bahnen, welche hauptsächlich den örtlichen Verkehr innerhalb eines Gemeindebezirks oder benachbarter Gemeindebezirke vermitteln (...).« Dies bedeutete, dass Kleinbahnen auf ihren Strecken keinen Durchgangsverkehr abwickeln durften, auch wenn sie die kürzere Verbindung darstellten. Dieses Privileg besaßen im Königreich Preußen nur Nebenbahnen. Außerdem waren die Kleinbahnen, die später auch als »nebenbahnähnliche Kleinbahnen« bezeichnet wurden, vom so genannten Wechselverkehr ausgeschlossen, d.h. es war keine durchgehende Abfertigung von Gütern vom Bahnhof einer Staatsbahn bzw. einer als Nebenbahn konzessionierten Privatbahn zu einer Kleinbahnstation möglich. Auf den Übergangsbahnhöfen zwischen Staats- bzw. Privatbahn und der Kleinbahn mussten neue Frachtbriefe ausgestellt werden. Dieses Procedere endete erst mit dem Inkrafttreten der neuen Eisenbahn-Verkehrsordnung (EVO) am 1. Oktober 1938. Fortan durften Güter direkt zwischen den Bahnhöfen der Staats-, Privat- und Kleinbahnen abgefertigt werden. Die Verkehrsrechnungsämter der Deutschen Reichsbahn (DRB) und die Eisenbahnunternehmen rechneten die Frachtgebühren vollständig mit den Kunden ab und überwiesen dann die anteiligen Gebühren an die jeweilige Bahnverwaltung.

Trotz dieser Einschränkung erwies sich das Kleinbahngesetz als ein voller Erfolg. Bereits am 30. September 1900 waren im Königreich Preußen insgesamt 146 Kleinbahnen mit einer Gesamtstreckenlänge von 4.275,4 km in Betrieb und weitere 48 Strecken mit einer Länge von insgesamt 1.734,1 km genehmigt. Von den 146 Kleinbahn besaßen

- 76 eine Spurweite von 1.435 mm (1.383,5 km),
- 48 eine Spurweite von 1.000 mm (1.765,6 km),
- 37 eine Spurweite von 750 mm (1.571,9 km) und
- 9 eine Spurweite von 600 mm (460,6 km).

Der Fahrzeugpark dieser Strecken bestand aus:

- 565 Dampflokomotive,
- 1.487 Personenwagen und
- 8.116 Güterwagen.

Bei den Kleinbahnen waren insgesamt 2.813 Beamte und 2.950 ständige Arbeiter beschäftigt.

In den Jahren vor dem Ersten Weltkrieg erlebten die Kleinbahnen im Königreich Preußen ihre Blütezeit. Bis 1914 entstanden pro Jahr durchschnittlich 300 km neue Kleinbahn-Strecken. Am 1. April 1909 bestanden bereits 283 Betriebe mit einer Gesamtstreckenlänge von fast 8.400 km. Allerdings warfen nicht alle Unternehmen eine Rendite ab. Von dem am 1. April 1908 bestehenden 234 Kleinbahnen erwirtschafteten 29 keinen Gewinn. Die anderen Kleinbahnen erwirtschafteten folgende Renditen:

- bis 1 % des Anlagevermögens: 40 Unternehmen,
- bis 2 % des Anlagevermögens: 51 Unternehmen,
- bis 3 % des Anlagevermögens: 46 Unternehmen,
- bis 4 % des Anlagevermögens: 29 Unternehmen,

Auch die Jüterbog-Luckenwalder Kreiskleinbahnen (JLKB) waren ein kommunales Unternehmen. Der Landkreis Jüterbog-Luckenwalde investierte rund 2,8 Millionen Mark in den Bau des etwa 80 km langen Schmalspurnetzes (750 mm Spurweite) zwischen Dahme, Hohenseefeld, Görsdorf, Jüterbog und Luckenwalde. Foto: Slg. L. Weber

- bis 5 % des Anlagevermögens: 16 Unternehmen,
- bis 10 % des Anlagevermögens: 21 Unternehmen und
- mehr als 10 % des Anlagevermögens: 2 Unternehmen.

Trotz dieser oftmals für damalige Verhältnisse bescheidenen Renditen wuchs das Kleinbahn-Netz dank privater Investoren und der öffentlichen Hand weiter. Bis 1913 erreichten die Kleinbahnen im Königreiche Preußen eine Betriebslänge von mehr als 10.500 km. Dadurch stieg die Dichte des Eisenbahnnetzes von 6,99 im Jahr 1892 auf 13,7 km pro 100 km^2 Fläche an. Die Betriebslänge der Kleinbahnen war in den einzelnen preußischen Provinzen höchst unterschiedlich. Die Provinz Pommern nahm mit über 1.600 km die Spitzenposition ein. Die Provinzen Mark Brandenburg und Hannover besaßen Kleinbahnen mit einem Streckennetz von jeweils rund 1.000 km. Oft hatten das Königreich Preußen, die Provinzen, die Landkreise und die Anliegergemeinden den größten Teil des zum Bau notwendigen Kapitals aufgebracht. Kleinbahnen, die ausschließlich durch die öffentliche Hand finanziert worden waren, erhielten oft die Bezeichnung »Kreisbahn«.

Der Begriff »Kleinbahn« wurde aber nicht nur im Königreich Preußen verwendet. Auch in Baden, Mecklenburg und Oldenburg wurden einige Nebenbahnen als »Kleinbahnen« bezeichnet. Das Herzogtum Mecklenburg-Schwerin führte die Bezeichnung mit der Verordnung Nr. 10 am 10. Mai 1898 ein. Allerdings unterschied sich die mecklenburgische Definition »Kleinbahn« erheblich von der preußischen Rechtslage. Bei den Kleinbahnen der Mecklenburgischen Friedrich-Franz-Eisenbahnen (MFFE), zu denen neben den regelspurigen Strecken Grevesmühlen-Klütz, Schönberg-

Dassow, Malchin-Dargun und Parchim-Suckow auch die 900 mm Schmalspurbahn Bad Doberan-Heiligendamm (1910 verlängert bis Arendsee; ab 1. April 1938 Kühlungsborn West) gehörten, gab es keine Einschränkungen der Abfertigungsbefugnisse. Die großherzogliche Verordnung enthielt in erster Linie vereinfachte Bestimmungen hinsichtlich der Nutzung des Baulandes sowie der Bau- und Genehmigungsvorschriften.

1.3 Von der Klein- zur Nebenbahn

Bereits während des Ersten Weltkrieges kamen zahlreiche Klein- und Privatbahnen in ernste wirtschaftliche Schwierigkeiten. Die Betriebskosten stiegen, doch die bei vielen Unternehmen nur bescheidenen Gewinne schmolzen dahin. Die politischen Unruhen Anfang der 1920er-Jahre und die wirtschaftliche Entwicklung bis 1924/25 vereitelten zahlreiche Bauvorhaben, die meist noch aus der Zeit vor dem Ersten Weltkrieg stammten. In der zweiten Hälfte der 1920er-Jahre wurden nur noch wenige Kleinbahnen genehmigt und gebaut. In der preußischen Provinz Sachsen waren die Verbindungen Abzweig Süpplingen-Bebertal (08.10.1928) der Kleinbahn AG Gardelegen-Neuhaldensleben-Weferlingen (GHWK) und Zwochau-Delitzsch (02.09.1929) der Delitzscher Kleinbahn AG (DeK) die letzten regelspurigen Kleinbahnen. In der Mark Brandenburg endete der Bau von Kleinbahnen mit der Eröffnung der Strecken Gransee-Schulzendorf-Neuglobsow und Schulzendorf-Lindow der Kleinbahn AG Gransee-Neuglobsow (GrN) am 8. August 1930 und der Kleinbahn Freienwalde-Zehden (FZ) am 5. Oktober 1930.

Mitte der 1920er-Jahre setzte bei der verkehrstechnischen Erschließung der Fläche ein Strukturwandel ein. Vor allem in den dünner besiedelten Regionen verloren die Kleinbahnen immer mehr an Bedeutung. Omnibusse und Lastkraftwagen übernahmen zusehends die Aufgaben im Personen- und Gütertransport. Einige Klein- und Privatbahnen bauten zwar allein oder in Zusammenarbeit mit anderen Unternehmen eigene Kraftverkehrsbetriebe auf, dennoch verschärfte sich die wirtschaftliche Situation vieler Gesellschaften. Manche Kleinbahn war über Jahre hinweg auf Ausgleichszahlungen angewiesen. Trotz dieser Entwicklung hielten der preußische Staat, die Provinzen, Kreise, Städte und Gemeinden an den Kleinbahnen fest, da sie noch immer ein unverzichtbarer Bestandteil der Infrastruktur waren. Nur in Ausnahmefällen wurde einer Betriebseinstellung zugestimmt. Dies war beispielsweise in der Mark Brandenburg bei den Jüterbog-Luckenwalder Kreiskleinbahnen (JLKB) der Fall, die ein 80,3 km langes 750 mm-Schmalspurnetz mit den Strecken Dahme-Hohenseefeld-Jüterbog, Hohenseefeld-Luckenwalde und Dahme-Görsdorf betrieben. Hier verkehrte am 15. Februar 1939 der letzte Zug.

An den juristischen Definitionen und der Rechtsstellung der Klein- und Privatbahnen änderte sich in den 1920er- und 1930er-Jahren nichts. Vereinzelt, z.B. in Thüringen, gab es zwar Bestrebungen, Klein- und Privatbahnen in Eigentum des Deutschen Reiches umzuwandeln, was jedoch am Widerstand der Länder oder des Reichsverkehrsministeriums scheiterte. Erst in den 1930er-Jahren wurden in Deutschland folgende Privatbahnen durch das Reich übernommen:

- am 1. Januar 1930 die Hafenbahn Bremen,
- am 1. Januar 1938 die Lübeck-Büchener Eisenbahn-Gesellschaft und die Braunschweigische Landes-Eisenbahn,
- am 1. August 1938 die Lokalbahn-AG München sowie
- am 1. Januar 1939 die Lausitzer Eisenbahn AG.

Während des Zweiten Weltkrieges gingen außerdem folgende Unternehmen in das Eigentum des Reiches über:

- am 1. Januar 1941 die Eutin-Lübecker Eisenbahn-Gesellschaft, die Mecklenburgische Friedrich-Wilhelm-Eisenbahn-Gesellschaft, die Prignitzer Eisenbahn-AG, die Wittenberge-Perleberger Eisenbahn und die Kreis Oldenburger Eisenbahn sowie
- am 1. Juli 1943 die Schipkau-Finsterwalder Eisenbahn.

Diese Übernahmen blieben aber eine große Ausnahme. Die Reichsregierung begründete diese Maßnahmen in erster Linie mit militärischen und wirtschaftspolitischen Interessen.

In der Zwischenzeit hatte der Gesetzgeber auch die Regelungen für die Privat- und Kleinbahnen vereinfacht und teilweise aneinander angeglichen. Zum 1. Mai 1934 wur-

Die Kleinbahn-AG Bebitz-Alsleben (KBA) war mit einer Streckenlänge von 8,3 km eines der kleinsten Unternehmen ihrer Art in der sowjetischen Besatzungszone. Die Aufnahme des Bf Alsleben (Saale) entstand um 1910. *Foto: Slg. L. Weber*

den die Kleinbahnen trotz ihrer abweichenden Tarife in den Tarifanzeiger der EVO aufgenommen. Damit war ein erster Schritt hin zu einer einfacheren Abfertigung und Abrechnung im Personen- und Güterverkehr getan. Ab 7. Juli 1942 galten auch die Bestimmungen der Eisenbahn-Bau- und Betriebsordnung (EBO), der Eisenbahn-Bau- und Betriebsordnung für Schmalspurbahnen (ESBO) und der Eisenbahn-Signalordnung (ESO) für die Kleinbahnen, die sich damit nur noch in Details von den Eisenbahnen des öffentlichen Verkehrs unterschieden. In der Folgezeit beantragten viele Unternehmen eine Namensänderung. Der Begriff »Kleinbahn« verschwand nun aus vielen Firmenbezeichnungen.

Auch nach dem Ende des Zweiten Weltkrieges und der formellen Auflösung des preußischen Staates durch das von den alliierten Siegermächten am 25. Februar 1947 erlassene Kontrollratsgesetz Nr. 46 war das Kleinbahngesetz weiterhin gültig. In der sowjetischen Besatzungszone (SBZ) hatte das Regelwerk mit der Übernahme der ehemaligen Klein- und Privatbahnen durch die Deutsche Reichsbahn (DR) am 1. April 1949 de facto ausgedient. Die DR stellte die einst als Kleinbahn konzessionierten Strecken den Nebenbahnen gleich.

In der Bundesrepublik Deutschland wurde das Kleinbahngesetz durch das »Allgemeine Eisenbahngesetz« vom 29. März 1951 bzw. den entsprechenden Regelungen der Bundesländer abgelöst. Dadurch wurden auch hier die Kleinbahnen juristisch den Nebenbahnen gleichgestellt, obwohl einige der nun als »Nichtbundeseigene Bahnen« bezeichneten Unternehmen den Begriff »Kleinbahn« in ihrer Betriebsbezeichnung beibehielten.

Dennoch hat das Kleinbahngesetz noch immer nicht ausgedient. In Berlin gilt es nach wie vor. Im allgemeinen Sprachgebrauch wird das Wort »Kleinbahn« dagegen meist als Synonym für Schmalspurbahnen und Parkeisenbahnen verwendet.

2. Konzerne, kommunale Betreiber und selbstständige Bahnen in der SBZ

2.1 Die Bahnen von Lenz & Co.

Die »Eisenbahnbau- und Betriebsgesellschaft Lenz & Co. GmbH« war eines der bekanntesten Unternehmen in Deutschland, das Klein- und Privatbahnen baute und betrieb. Die am 30. Juli 1892 mit einer Stammeinlage von 4 Millionen Mark gegründete Gesellschaft entwickelte sich innerhalb weniger Jahre zu einem der bedeutendsten Eisenbahn-Konzerne in Deutschland. Firmengründer Friedrich Lenz (09.11.1846–19.08.1930) hob gemeinsam mit der Berliner Handelsgesellschaft am 4. Juli 1904 die Aktiengesellschaft für Verkehrswesen (AGV) aus der Taufe, die als Konzern-Holding die von Lenz finanzierten Unternehmen kontrollierte. In den 1920er-Jahren wurde die AGV durch die Übernahme anderer Dach- bzw. Finanzierungsgesellschaften zum größten deutschen Eisenbahn-Konzern. Damit verlor jedoch die Firma Lenz & Co. ihre Aufgabe als Holding. Fortan beschränkte sich die Aufgabe des Unternehmens auf den Betrieb von Klein- und Privatbahnen.

Bereits 1892 hatte die Firma Lenz & Co. so genannte Betriebsabteilungen gegründet, von denen aber nach dem Ersten Weltkrieg nur noch die Betriebsabteilungen Alto-

Die Halle-Hettstedter Eisenbahn AG (HHE) war eines der profitabelsten Unternehmen des Lenz-Konzerns, der 1927 drei Maschinen des Typs ELNA 6 für die HHE in Auftrag gab. Die Lok 185 (DR: 92 6483) wurde am 3. Januar 1928 abgenommen.

Foto: Slg. L. Weber

Friedrich Lenz (09.11.1846-19.08.1930) war einer der Pioniere des Kleinbahnwesens. Innerhalb weniger Jahre schuf er einen der größten Eisenbahn-Konzerne in Deutschland. *Foto: Slg. L. Weber*

na, Breslau, Berlin und Halle (Saale) bestanden. Die Betriebsabteilung Altona verwaltete 1921 in Norddeutschland fünf Strecken. Die Betriebsabteilung Breslau war für die Klein- und Privatbahnen in Schlesien verantwortlich. Dort befanden sich 1922 insgesamt 12 Unternehmen mit einer Gesamtstreckenlänge von 1.262,89 km. Die Kleinbahn AG Wehrkirch-Rothenburg-Priebus (WRP) zählte erst ab 1. Mai 1930 zum Zuständigkeitsbereich der Betriebsabteilung Breslau. Die Betriebsabteilung Berlin verwaltete die Unternehmen in Brandenburg, Mecklenburg und Pommern. Dazu gehörten die Greifswald-Grimmener Eisenbahn AG, die Mecklenburgische Bäderbahn AG, die Eisenbahn-AG Stralsund-Tribsees und die Strausberg-Herzfelder Kleinbahn AG. In Herzfelde unterhielt die Firma Lenz & Co. ab 1921 eine Hauptwerkstatt, die neben regelspurigen Fahrzeugen auch Lokomotiven von schmalspurigen Werkbahnen mit 600 und 900 mm Spurweite aufarbeitete. Die 1897 gegründete Betriebsabteilung Halle (Saale), die ihren Sitz am Marktplatz 22 hatte, war zunächst nur für die Halle-Hettstedter Eisenbahn AG verantwortlich. Später kamen noch die Mühlhausen-Ebelebener Eisenbahn AG und die Nauendorf-Gerlebogker Eisenbahn AG (NGE) hinzu. Ab 1922 betrieb die Firma Lenz & Co. in Halle-Nietleben eine leistungsfähige Hauptwerkstatt, in der auch Fahrzeuge anderer Eisenbahn-Unternehmen instandgesetzt wurden.

In den 1930er-Jahren begann die Firma Lenz & Co. aus Kostengründen damit, die Aufgaben der Betriebsabteilungen Altona und Halle schrittweise nach Berlin zu verlagern. Ab 1. Mai 1943 galten beide Betriebsabteilungen formal als aufgelöst. Im Zuge dieser Rationalisierungsmaßnahme ging die Betriebsführung auf der NGE auf die Allgemeine Deutsche Eisenbahn AG (ADEG) über. Nach dem Zweiten Weltkrieg gehörten in der sowjetischen Besatzungszone (SBZ) folgende Unternehmen der Firma Lenz & Co.:

- Görlitzer Kreisbahn AG (GöK),
- Greifswald-Grimmener Eisenbahn AG (GGE),
- Halle-Hettstedter Eisenbahn AG (HHE),
- Mecklenburgische Bäderbahn AG (MBB),
- Eisenbahn-Gesellschaft Mühlhausen-Ebeleben (MEE),
- Eisenbahn-AG Stralsund-Tribsees (STE),
- Strausberg-Herzfelder Kleinbahn AG (StHE) und
- Kleinbahn AG Wehrkirch-Rothenburg-Priebus (WRP).

Nach der Enteignung bzw. Sequestierung der Strecken in der SBZ und dem Verlust der Unternehmen in Pommern, Ostpreußen und Schlesien spielte die Firma Lenz & Co. als Eisenbahn-Betriebsunternehmen keine Rolle mehr. Die drei in den westlichen Besatzungszonen verbliebenen Lenz-Bahnen wurden ab 1. August 1945 von der Deutschen Eisenbahn-Gesellschaft (DEGA) betrieben. Das Unternehmen »Lenz & Co.« blieb zwar erhalten, war aber jetzt für die Beteiligungen der AGV an Verbrauchermärkten verantwortlich. Erst am 31. Dezember 1970 beschlossen die Gesellschafter, die Firma zu liquidieren.

Mit derartigen Siegelmarken verschloss die Betriebsabteilung Halle (Saale) ihre wichtige Geschäftspost. *Abbildung: Slg. L. Weber*

Die Oschersleben-Schöninger Eisenbahn AG (OSE) wurde ab 1. April 1932 von der ADEG betrieben. Diese Aufnahme vom Bf Hötensleben, dem betrieblichen Mittelpunkt der OSE, entstand um 1910. Foto: Slg. F. Köhler

2.2 Die Bahnen der Allgemeinen Deutschen Eisenbahn AG

Banken aus Berlin, Breslau, Hamburg und Leipzig gründeten am 4. Januar 1893 mit einem Stammkapital von 3,5 Millionen Mark die Allgemeine Deutsche Kleinbahn-Gesellschaft AG (ADKG). Zweck des Unternehmens war der Bau und Betrieb von Kleinbahnen. Bereits 1898 zählten acht Bahnen mit einer Streckenlänge von über 300 km zur ADKG. Diese geriet allerdings kurze Zeit später in ernste finanzielle Schwierigkeiten. Dem Vorstand gelang es aber, das Unternehmen zu retten. Um die Betriebsführung von den Aufgaben der ADKG als Holding zu trennen, wurde am 1. Oktober 1915 die Allgemeine Deutsche Eisenbahn-Betriebs-Gesellschaft AG (ADEG) gegründet. Dieser unterstanden im Sommer 1923 insgesamt 23 Unternehmen in Deutschland. Die ADKE, die ab 28. Juni 1923 als »Allgemeine Deutsche Eisenbahn AG« firmierte, fusionierte am 28. April 1927 mit der AGV. Die ADEG blieb hingegen als eigenständiges Unternehmen innerhalb des AGV-Konzerns erhalten. Nach der Unterzeichnung eines »Interessengemeinschaftsvertrages« zwischen der ADEG und der Firma Lenz & Co. am 1. Mai 1929 wurde die Verwaltung beider Unternehmen in Berlin zusammengefasst. Die ADEG und Lenz & Co. hatten fortan eine gemeinsame Hauptverwaltung und Geschäftsführung. Im Sommer 1935 unterstanden der ADEG in Deutschland 19 Klein- und Privatbahnen mit einer Gesamtstreckenlänge von über 1.000 km. Nach der Aufteilung Deutschlands in Besatzungszonen im Sommer 1945 verblieben folgende ADEG-Bahnen in der SBZ:

- Aschersleben-Schneidlingen-Nienhagener Eisenbahn AG (ASN),
- Dessau-Radegast-Köthener Bahn (DRKB),
- Nauendorf-Gerlebogker Eisenbahnn AG (NGE),
- Niederlausitzer Eisenbahn AG (NLE),
- Oschersleben-Schöninger Eisenbahn AG (OSE) und
- Teltower Eisenbahn AG (TE).

Auch die ADEG verlor durch die Enteignungen in der SBZ und in Polen den größten Teil ihrer Strecken. In den westlichen Besatzungszonen verblieb dem Unternehmen lediglich die Betriebsführung bei der Biebertalbahn Gießen–Bieber (GB), der Braunschweig-Schöninger Eisenbahn AG (BSE), der Farge-Vegesacker Eisenbahn AG (FVE), der Hildesheim-Peiner Kreis-Eisenbahn AG (HPKE), der Rinteln-Stadthagener Eisenbahn AG (RStE) und der Teutoburger Wald-Eisenbahn (TWE). Allerdings war mit diesen Unternehmen der Fortbestand der ADEG wirtschaftlich nicht zu vertreten. Bis 1949 gab das Unternehmen daher die Betriebsführung auf den westdeutschen Klein- und Privatbahnen an die Deutsche Eisenbahn-Gesellschaft AG (DEGA) und die Vereinigte Kleinbahnen AG (VKA) ab. Die Gesellschaft blieb aber trotz fehlender Geschäftstätigkeit erhalten und wurde erst zum 31. Dezember 1970 aufgelöst.

2.3 Die Bahnen der Deutschen Eisenbahn-Gesellschaft AG

Die Deutsche Eisenbahn-Gesellschaft AG (DEGA) in Frankfurt (Main) entstand am 4. Juni 1929 aus der ehemaligen AG für Bahnbau und Betrieb (BBB). Das am 18. Januar 1898 von Albert Sprickerhoff, einem Teilhaber der Firma Soenderop & Co., sowie der Bank für industrielle Unternehmungen Frankfurt (Main), der deutschen Genossenschaftsbank, der Pfälzischen Bank, der Bank Anton Kohn (Nürnberg) und der Bank Bass & Herz gegründete Unternehmen übernahm in erster Linie die Betriebsführung bei Klein- und Privatbahnen, an denen die als Holding am 3. Juni 1898 geründete Deutsche Eisenbahn-Gesellschaft beteiligt war. Diese erwarb 1922 alle Anteile der BBB. Rückwirkend zum 1. Januar 1928 fusionierten die Deutsche Eisenbahn-Gesellschaft und die AGV. Bei der anschließenden Neustrukturierung der AGV erhielt die BBB schließlich den Namen »Deutsche Eisenbahn-Gesellschaft AG«. Das Unternehmen hatte seinen Sitz in Frankfurt (Main) und betrieb 1930 insgesamt 13 Klein- und Privatbahnen mit einer Gesamtstreckenlänge von über 205 km.

Nach dem Zweiten Weltkrieg verblieben von den DEGA-Bahnen lediglich die Eberswalde-Finowfurter Eisenbahn AG (EFE) und die Sächsische Überlandbahn GmbH in der SBZ. Letztere betrieb im Personen- und Güterverkehr die rund 11,5 km lange Straßenbahn (1.000 mm Spurweite) vom Bahnhof (Bf) Hohenstein-Ernstthal über Gersdorf nach Oelsnitz (Rathaus). Als eine der wenigen Privatbahnen in der SBZ wurde die Sächsische Überlandbahn GmbH nicht von der Deutschen Reichsbahn (DR) übernommen, sondern zum späteren VEB (K) Verkehrsbetrieb Hohenstein-Ernstthal–Oelsnitz umgewandelt. Aufgrund der rückläufigen Beförderungsleistungen und dringend notwendiger Investitionen in die Infrastruktur wurde der Betrieb jedoch am 26. März 1960 eingestellt.

Herrmann Bachstein (15.04.1834–04.02.1908) ist der Begründer des Nebenbahnwesens in Deutschland. Das von ihm 1879 gegründete Unternehmen besteht bis heute.
Foto: Slg. D. Endisch

2.4 Die Bahnen der Centralverwaltung für Secundairbahnen

Herrmann Bachstein (15.04.1834-04.02.1908) gilt als Begründer des Nebenbahnwesens in Deutschland. Nach einer Ausbildung als Zimmermann und einem Studium, das er 1859 mit einer Baumeisterprüfung abschloss, arbeitete Bachstein zunächst für den Eisenbahn-Unternehmer Bethel Henry Strousberg (20.11.1823-31.05.1884). Ab 1874 betätigte sich Bachstein schließlich als selbstständiger Bauunternehmer. Zu seinen ersten größeren Aufträgen gehörte die Strecke Gotha-Ohrdruf. Im Sommer 1879 gründete er die »Centralverwaltung für Secundairbahnen Herrmann Bachstein« (CV), die sich im In- und Ausland als Eisenbahn-Bau- und Betriebsunternehmen engagierte. Der Tätigkeitsschwerpunkt der CV war zunächst Thüringen. Später übernahm das Unternehmen auch den Bau und Betrieb von Nebenbahnen in Hessen, Preußen und Mecklenburg. Innerhalb weniger Jahre entwickelte sich die CV zu einer der größten privaten Eisenbahnbahngesellschaften in Deutschland. Aufgrund der wachsenden Aktivitäten der CV wandelte Bachstein das Unternehmen am 2. November 1883 in eine offene Handelsgesellschaft (OHG) um. Die Beteiligungen in Baden und Hessen sowie einige thüringische Bahnen brachte Herrmann Bachstein in die Süddeutsche Eisenbahn-Gesellschaft (siehe S. 22 f.) ein. Bis zum Tod des Firmengründers 1908 war die CV am Bau von mehr als 50 Strecken mit einer Gesamtlänge von über 2.000 km beteiligt.

Nach dem Ersten Weltkrieg verzeichnete die CV auf vie-

Die Osterwieck-Wasserlebener Eisenbahn AG (OWE) war eines der rentabelsten Unternehmen des Bachstein´schen Eisenbahn-Konzern. Herrmann Bachstein erwarb die Strecke im Jahr 1900 von der Stadt Osterwieck. *Foto: Slg. D. Endisch*

Die Weimar-Berka-Blankenhainer Eisenbahn (WBBE) ging 1923 in der Theag auf. Ende der 1930er-Jahre stand der moderne Triebwagen T 05 (DR: VT 137 555) im Bf Bad Berka. *Foto: F. Haase, Slg. D. Endisch*

len ihrer Strecken einen deutlichen Rückgang der Beförderungsleistungen, was einige Unternehmen in ernste wirtschaftliche Schwierigkeiten brachte. Dies führte letztlich zur Gründung der Thüringischen Eisenbahn AG (siehe rechts 2.5), in der 1923 nahezu alle Strecken der CV im Freistaat Thüringen aufgingen. 1933 wurde das Familienunternehmen neu strukturiert. Das Erbe des Firmengründers wurde der »Bachstein´schen Vermögensverwaltung« übertragen. Parallel dazu wurde die CV in eine GmbH umgewandelt. Nach dem Zweiten Weltkrieg verblieben folgende Bachstein-Bahnen in der SBZ:

- Haldenslebener Eisenbahn AG (NhE),
- Neubrandenburg-Friedländer Eisenbahn AG (NFE),
- Osterwieck-Wasserlebener Eisenbahn AG (OWE) und
- Wenigentaft-Oechsener Eisenbahn (WOeE).

Damit waren der CV in den westlichen Besatzungszonen von den Eisenbahnbetrieben nur der Abschnitt Hornburg–Börßum der OWE und die meterspurige Südharz-Eisenbahn (SHE) verblieben. Nach der Stilllegung der Strecke Hornburg–Börßum am 27. Mai 1978 wandelte sich die CV, die bereits seit dem 1. Januar 1965 als »Verkehrsbetriebe Herrmann Bachstein GmbH« firmierte, zu einem reinen Busunternehmen, das bis heute aktiv ist und seinen Sitz in Celle hat.

2.5 Die Bahnen der Thüringischen Eisenbahn AG

Nach den Ersten Weltkrieg gerieten die meisten Klein- und Privatbahnen in Deutschland in ernste wirtschaftliche Schwierigkeiten. Steigende Betriebskosten, vor allem für Brennstoffe, Schmiermittel und Ersatzteile, auf der einen Seite und sinkende Beförderungsleistungen auf der anderen Seite ruinierten die Finanzen der Unternehmen. Dies galt auch für die von der CV betriebenen Nebenbahnen in Thüringen. Besonders ernst war die Lage bei der Weimar-Berka-Blankenhainer Eisenbahn (WBBE), bei der ein Bürgerkomitee aus Weimar

Auch die Weimar-Großrudestedter Eisenbahn (WGE) gehörte zur Theag. Am Führerhaus einer Mallet-Maschine ist deutlich das Schilde mit dem Schriftzug »Theag« zu erkennen.

Foto: Slg. D. Endisch

die Landesregierung am 9. Mai 1920 aufforderte, das Unternehmen »*zu sozialisieren und dem Reich zuzuführen.*« Angesichts dieser Bestrebungen sah sich die CV zum Handeln gezwungen, zumal sich die Situation bei einigen Unternehmen weiter verschärfte. Dies galt vor allem für die Weimar-Rastenberger Eisenbahn, die das Geschäftsjahr 1921/22 mit einem Verlust von über 430.000 Mark abschloss. Um das Defizit zu verringern, stellte die CV schließlich am 17. Juni 1923 den Betrieb auf dem Abschnitt Buttelstedt-Rastenberg ein und spaltete das Unternehmen in die Weimar-Großrudestedter Eisenbahn und die Buttstädt-Rastenberger Eisenbahn auf. Doch damit war keine langfristige Verbesserung der Lage bei den CV-Bahnen in Thüringen zu erwarten. Da bisher alle Strecken von wirtschaftlich selbstständigen Unternehmen betrieben wurden, konnte die CV bei der Quersubventionierung nur begrenzt Steuern sparen. Um dies zu ändern, sollten die Bahnen in einer neuen Holding zusammengefasst werden. Damit konnte auch den immer wiederkehrenden Forderungen nach einer Verstaatlichung der Strecken begegnet werden. Die Landesregierung unterstützte die Idee der CV, so dass schließlich am 6. Oktober 1923 mit einem Stammkapital von 6 Millionen Mark die »Thüringische Eisenbahn AG« (Theag) gegründet wurde. Alleinaktionär der Theag war die CV, deren Anteile 1933 von der »Bachstein´schen Vermögensverwaltung« übernommen wurden. In der Theag gingen folgende Unternehmen auf:

- Esperstedt-Oldislebener Eisenbahn (EOE),
- Greußen-Ebeleben-Keulaer Eisenbahn (GEKE),
- Weimar-Berka-Blankenhainer Eisenbahn (WBBE),
- Weimar-Großrudestedter Eisenbahn (WGE),
- Wutha-Ruhlaer Eisenbahn (WRE) und
- Buttstädt-Rastenberger Eisenbahn (BR).

Die Betriebsführung auf den Strecken oblag weiterhin der Betriebsabteilung Weimar der CV, die auch das Personal übernahm. Die Theag war nur eine Holding ohne eigene Mitarbeiter. Dem Unternehmen gehörten alle Gelder, einschließlich der Rücklagen, die Infrastruktur, die Immobilien sowie die Betriebsmittel, die das Eigentumszeichen der Theag trugen. Dank dem Zusammenschluss der Strecken verbesserte sich die finanzielle Situation der Bachstein-Bahnen in Thüringen. Bereits im zweiten Geschäftsjahr wies die Bilanz einen Gewinn aus. Die Theag wurde nach dem Zweiten Weltkrieg (am 18.07.1946) enteignet und in Landeseigentum umgewandelt. Die Deutsche Reichsbahn übernahm die noch vorhandenen Strecken und Fahrzeuge am 1. April 1949.

2.6 Die Bahnen der Süddeutschen Eisenbahn-Gesellschaft

Bereits Ende der 1880er-Jahre hatte die CV eine beachtliche Größe erreicht. Durch die Beteiligung Bachsteins an zahlreichen Neben- und Straßenbahnen im Deutschen Reich war jedoch viel Kapital gebunden, auch wenn Herrmann Bachstein oft nur kleinere Aktienpakete der jeweiligen Gesellschaften übernommen hatte. Außerdem drohte die CV durch die Beteiligung an mehreren Konsortien zu zersplittern. Daher suchte Bachstein nun nach einem Weg, um vor allem seine geschäftlichen Engagements in Baden und Hessen neu zu strukturieren. Bereits 1891 führte Herrmann Bachstein erste Gespräche mit dem Direktor der Bank für Handel und Industrie, Dr. Jacob Riesser (17.11.1853–06.05.1932), zur Gründung einer neuen Eisenbahn-Holding. Der Zeitpunkt war günstig, denn der Preußische Landtag beriet gerade über das spätere »Gesetz über Kleinbahnen und Privatanschlussbahnen«, das am 1. Oktober 1892 in Kraft trat und im Königreich Preußen einen wahren Eisenbahn-Boom auslöste (vgl. Abschnitt 1.2). Herrmann Bachstein erkannte das geschäftliche Potenzial und rechnete damit, dass auch andere Länder diesem Vorbild folgen würden. Zwar hatten sich Bachstein und Dr. Riesser bereits nach kurzer Zeit auf die Eckpunkte für das Statut einer neuen Eisenbahn-Holding geeinigt, doch bis zur Gründung des Unternehmens vergingen noch einige Monate. Erst am 11. Februar 1895 wurde schließlich mit einem Stammkapital von 6,5 Millionen Mark vor dem Großherzoglichen Amtsgericht Darmstadt I die »Süddeutsche Eisenbahn-Gesellschaft« (SEG) gegründet. Hermann Bachstein gliederte die bisher zur CV gehörenden *Hohenebra-Ebelebener Eisenbahn* (HEE) und die *Ilmenau-Großbreitenbacher Eisenbahn* (IGE) aus und verschmolz sie mit der

Die Ilmenau-Großbreitenbacher Eisenbahn (IGE) ging 1895 in der SEG auf. Der Bf Gehren war der betriebliche Mittelpunkt der IGE, wo um 1910 diese Aufnahme entstand. *Foto: Slg. L. Weber*

Die nur 5,1 km lange Arnstadt-Ichtershausener Eisenbahn (AIE) gehörte ebenfalls zur 1895 gegründeten SEG. Nur wenige Wochen nach der Eröffnung der AIE im Jahr 1885 entstand diese Aufnahme mit der Lok 2 im Bf Ichtershausen. *Foto: Slg. L. Weber*

Die Gernrode-Harzgeroder Eisenbahn-Gesellschaft (GHE), hier der Bf Mägdesprung (um 1905), zählte ab 1920 zur Anhaltischen Landeseisenbahngemeinschaft (ALE), die fortan für die Betriebsführung auf der Schmalspurbahn verantwortlich war. Foto: Slg. L. Weber

Die sowjetische Besatzungsmacht ließ 1946 nahezu das gesamte Streckennetz der GHE als Reparationsleistung demontieren. Nach dem Wiederaufbau zwischen 1947 und 1950 endete die Selketalbahn im Bf Straßberg (Aufnahme um 1930). Foto: Slg. L. Weber

SEG. Außerdem ging die von Bachstein und der Bank für Handel und Industrie gegründete *Arnstadt-Ichtershausener Eisenbahn* (AIE) in der SEG auf.

Die SEG erwies sich als eine lukrative Investition. Das Unternehmen expandierte durch den Bau bzw. Erwerb weiterer Neben- und Straßenbahnen. Bis zum 31. März 1906 vergrößerte sich das Streckennetz der SEG auf eine Gesamtlänge von 399,59 km. Davon entfielen aber 142,47 km auf Schmalspurbahnen. Außerdem gehörten der SEG die Straßenbahnen in Essen und Wiesbaden. Zwei Jahre später übernahmen Hugo Stinnes und andere rheinische Großindustrielle die Aktienmehrheit an der SEG, die trotz kontinuierlicher Investitionen in die Infrastruktur und Fahrzeuge sowie den Aufbau erster Omnibuslinien (ab Sommer 1915) während des Ersten Weltkrieges kaum noch Renditen abwarf. Erst in der zweiten Hälfte der 1920er-Jahre verzeichnete die SEG wieder steigende Gewinne, die aber für die Modernisierung und Rationalisierung der Betriebe genutzt wurden. Während der Weltwirtschaftskrise änderte sich die Gesellschafterstruktur der SEG nachhaltig. Die Stadt Essen übernahm nun schrittweise größere Aktienpakete, so dass die SEG ab 1933 de facto ein kommunales Unternehmen war. Im Sommer 1937 betrieb die SEG 14 regelspurige Nebenbahnen mit einer Gesamtstreckenlänge von 180,75 km, eine 18,81 km lange Schmalspurbahn sowie die Straßenbahnen in Essen und Wiesbaden. Doch von den Nebenbahnen erwirtschafteten nur wenige einen Gewinn. Dies galt u.a. für die IGE.

Nach dem Einmarsch der Roten Armee in Thüringen im Sommer 1945 hatte die SEG keinen direkten Zugriff mehr auf ihre Nebenbahnen in der SBZ. Mit der Sequestierung der AIE (21.05.1946), HEE (30.09.1946) und IGE (21.05.1946) verlor die SEG einen erheblichen Teil ihrer Einnahmen. Die SEG legte zwar Widerspruch gegen die Zwangsverwaltung ein und wies in einem Schreiben vom 23. Oktober 1946 daraufhin, dass die Stadt Essen Hauptaktionär der SEG war, doch ohne Erfolg. Die Landesregierung setzte am 1. Februar 1948 die Vereinigung Volkseigener Betriebe (VVB) Thüringer Landesbahnen als Treuhänder für die drei Unternehmen ein, bevor wenig später die AIE (14.07.1948), HEE (10.06.1948) und IGE (17.04.1948) enteignet und schließlich am 1. April 1949 von der DR übernommen wurden.

Damit hatte die SEG de facto ihre wirtschaftliche Basis verloren, zumal die Beförderungsleistungen auf den Strecken in den westlichen Besatzungszonen ab 1948 zusehends sanken. Im Sommer 1950 leitete der Vorstand der SEG das Ende des Eisenbahnbetriebes ein. Die Strecken in Baden-Württemberg, Hessen und Rheinland-Pfalz wurden bis zum 31. Mai 1954 entweder an andere Betreiber abgegeben oder stillgelegt. Lediglich die Straßenbahn in Essen verblieb bei der SEG, die ab 29. September 1954 als »Essener Verkehrs-AG« firmierte.

2.7 Die Bahnen von Vering & Waechter

Die Eisenbahn- und Betriebsgesellschaft Vering & Waechter gehört zu den wenigen Unternehmen, die bis heute bestehen. Kommerzienrat Carl Hubert Vering (18.11.1834–09.02.1897) und Baurat Carl Leonhard Waechter (1840–22.05.1913) gründeten die Firma am 1. Oktober 1885 in Berlin als offene Handelsgesellschaft, deren Geschäftszweck der Bau und Betrieb von Neben- und später auch Kleinbahnen war. Außerdem beteiligte sich die Firma Vering & Waechter, die am 1. Januar 1891 die Localbahn-Bau- und Betriebsgesellschaft Hostmann & Co. übernahm, auch an mehreren Eisenbahnunternehmen. Ende der 1890er-Jahre war es notwendig, die Firma Vering & Waechter, die inzwischen ein ansehnlicher Konzern geworden war, neu zu organisieren. Dabei sollte vor allem die Betriebsführung auf den einzelnen Strecken in einem neuen Unternehmen zusammengefasst werden. Aus diesem Grund gründeten Vering & Waechter gemeinsam mit dem Hofbankier der anhaltischen Herzöge Moritz von Cohn (19.09.1812–29.04.1900) aus Dessau und der Mitteldeutschen Kreditbank am 15. November 1898 die Deutsche Eisenbahn-Betriebs-Gesellschaft (DEBG), deren Stammkapital 3 Millionen Mark betrug.

Bis zum Ersten Weltkrieg entstanden unter der Regie der Firma Vering & Waechter etwa 40 Neben- und Kleinbahnen in Baden, Elsass-Lothringen und Preußen. Nach dem Ersten Weltkrieg verlor das Unternehmen zahlreiche Strecken. Ab Mitte der 1920er-Jahre verwaltete und betrieb die Firma Vering & Waechter nur noch die Königs *Wusterhausen-Mittenwalde-Töpchiner Kleinbahn AG* (KMT) und die *Neukölln-Mittenwalder Eisenbahn-AG* (NME), die aufgrund ihrer Lage in der Nähe Berlins über Jahre hinweg ein beachtliches Verkehrsaufkommen besaßen.

Nach dem Zweiten Weltkrieg verblieb der Firma Vering & Waechter noch der Betrieb auf dem in Westberlin verbliebenen Abschnitt der NME, die ab 1. Januar 1980 den Betrieb in eigener Regie führte. Die einstige Eisenbahn- und Betriebsgesellschaft hatte in der Zwischenzeit neue Geschäftsfelder erschlossen. Vering & Waechter war nun eine Bau- und Immobilienfirma, die bis heute als »Vering & Waechter KG GmbH & Co.« besteht.

2.8 Die Bahnen der Anhaltischen Landes-Eisenbahngemeinschaft

Das Herzogtum Anhalt unterstützte bereits in der ersten Hälfte des 19. Jahrhunderts den Bau von Eisenbahnen. Nach der Fertigstellung der wichtigsten Haupt- und Nebenbahnen bemühte sich die Staatsregierung auch um die eisenbahntechnische Erschließung der dünner besiedelten bzw. wirtschaftlich schwächer entwickelten Regionen. Erfolg versprechende Vorhaben unterstützte das Herzogtum z.B. durch die Übernahme von Baukosten, die kostenfreie Überlassung von Bauland oder die Zeichnung von Aktien, wie dies u.a. bei der *Dessau-Wörlitzer Eisenbahn-Gesellschaft* (DWE) und der *Gernrode-Harzgeroder Eisenbahn-Gesellschaft* (GHE) der Fall war. Beide Unternehmen gerieten aber während des Ersten Weltkrieges in ernste finanzielle Schwierigkeiten, so dass die Regierung des 1919 gegründeten Freistaates Anhalt nach Möglichkeiten suchte, um Kosten zu sen-

Im Sommer 1935 warteten die Loks 51^{M} und 11^{nn} der Kleinbahn Greifswald-Wolgast (KGrW) im Kleinbf Greifswald auf neue Einsätze. Die von den Pommerschen Landesbahnen (PLB) betriebene KGrW wurde im Sommer 1945 als Reparationsleistung demontiert. *Foto: C. Bellingrodt, Slg. L. Weber*

Auch die Franzburger Kreisbahnen (FKB) gehörten zu den PLB. Im Sommer 1934 stand im Bf Barth die Lok 3^{i} (DR: 99 5603), die erst 1961 ausgedient hatte. *Foto: C. Bellingrodt, Slg. L. Weber*

ken. Dazu wurde an 22. November 1920 als Körperschaft des öffentlichen Rechts die »Anhaltische Landeseisenbahngemeinschaft« (ALE) gegründet. Der ALE gehörten neben der DWE und der GHE auch die *Staßfurter Licht- und Kraftwerke AG* an, deren 6,7 km langes meterspuriges Straßenbahnnetz zwischen Staßfurt, Hecklingen und Löderburg in Preußen als Kleinbahn konzessioniert war und Personen- und Güterzüge einsetzte. Die ALE übernahm auf diesen Strecken rückwirkend die Betriebsführung zum 1. Januar 1920. Am 15. Oktober 1920 trat auch die Zschornewitzer Kleinbahn GmbH (ZKB) der ALE bei.

Dank der gemeinsamen Betriebsführung gelang es, die Finanzen der DWE und der GHE zu konsolidieren. Bei der Staßfurter Licht- und Kraftwerke AG und der Zschornewitzer Kleinbahn GmbH erfüllten sich diese Hoffnungen offensichtlich nicht, denn beide Unternehmen verließen 1928 die ALE, die fortan nur noch für die Betriebsführung bei der DWE und der GHE verantwortlich war. Mit der Enteignung beider Unternehmen 1946 und der Übernahme der Betriebsführung durch die »Sächsische Provinzbahnen GmbH« (01.01.1947) hatte die ALE ihre Existenzberechtigung verloren und wurde am 31. Dezember 1946 aufgelöst.

2.9 Die Bahnen der Pommerschen Landesbahnen

Der größte kommunale Kleinbahn-Betreiber in Deutschland waren die Pommerschen Landesbahnen (PLB). Die nur dünn besiedelte und landwirtschaftlich geprägte preußische Provinz Pommern war Ende des 19. Jahrhunderts kaum eisenbahntechnisch erschlossen. Mit dem Inkrafttreten des so genannten Kleinbahngesetzes am 1. Oktober 1892 setzte hier aber unter der Federführung der Firma Lenz & Co. ein regelrechter Eisenbahn-Boom ein. An den in der Folgezeit gegründeten Unternehmen hielt die Firma Lenz & Co. meist rund 30 % des Kapitals.

Die Kleinstadt Franzburg war einst durch die als Kleinbahn konzessionierte Franzburger Südbahn (FSB) und die als Nebenbahn zugelassene Greifswald-Grimmener Eisenbahn AG (GGE) mit der Welt verbunden. Ab 1945 bestand nur noch die ehemalige FSB. *Foto: Slg. L. Weber*

Den größten Teil der Kosten trug die öffentliche Hand, vertreten durch das Königreich Preußen, die Provinz Pommern, die Landkreise sowie die Städte und Gemeinden. Diese achteten auf eine sparsame Verwendung der zur Verfügung gestellten Mittel und begrenzten die Laufzeit der mit Lenz & Co. abgeschlossenen Betriebsführungsverträge auf meist 15 Jahre. Mit dem Auslaufen dieser Kontrakte war der Provinzialverband gezwungen, einen neuen Betriebsführer zu finden. Dazu wurde am 1. April 1910 in Stettin die Kleinbahnabteilung der Provinz Pommern geschaffen, deren Personal zu einem erheblichen Teil aus der aufgelösten Betriebsabteilung Stettin der Firma Lenz & Co. stammte und zu deren Betriebsdirektor Gustav Witthöft (17.08.1870–28.02.1950) berufen wurde. Dem Kleinbahnamt unterstanden 1910 bereits 16 Unternehmen mit einer Gesamtstreckenlänge von mehr als 1.130 km. Das Kleinbahnamt bestand aber nur neun Jahre. Vor allem die hohen Verwaltungskosten – die Struktur und der Personalbestand der ehemaligen Lenz´schen Betriebsabteilung blieben nahezu unverändert erhalten – sorgten immer wieder bei den unterstellten Unternehmen für Verärgerung. Um die Kosten zu verringern, löste der Provinzialverband die Kleinbahnabteilung schließlich auf und gründete am 22. September 1919 drei kommunale Betriebsführungsunternehmen, auf die die Bahnen aufgeteilt wurden. In Stralsund hatte die *Vereinigung vorpommerscher Kleinbahnen GmbH* (8 Unternehmen) ihren Sitz. Stettin war Sitz der *Vereinigung mittelpommerscher Kleinbahnen GmbH* (6 Unternehmen) und der *Vereinigung hinterpommerscher Kleinbahnen GmbH* (3 Unternehmen). Die Kleinbahnabteilung stellte schließlich am 31. März 1920 ihren Dienstbetrieb ein.

Der Bf Brandenburg-Altstadt war der betriebliche Mittelpunkt der Brandenburgischen Städtebahn AG (BStB), die mit ihrer hauptbahnähnlich ausgebauten Strecke Treuenbrietzen-Belzig-Brandenburg-Rathenow-Neustadt (Dosse) eine Sonderrolle unter den Klein- und Privatbahnen des Landesverkehrsamtes der Provinz Brandenburg einnahm. Foto: Slg. L. Weber

Die Nationalsozialisten strebten nach ihrer Machtübernahme am 30. Januar 1933 eine weitere Zentralisierung der Kleinbahnen in Pommern an. Generaldirektor Gustav Witthöft wurde aufgrund seiner kritischen Einstellung gegenüber den neuen Machthabern entlassen sowie die vorpommersche und die mittelpommersche Kleinbahnen GmbH ab 24. Juli 1933 von einem gemeinsamen Geschäftsführer geleitet. Alle drei Gesellschaften wurden schließlich am 1. April 1937 in der Landesbahn-Direktion Pommern zusammengefasst, zu der Ende 1939 insgesamt 23 Kleinbahn-Unternehmen gehörten. Doch der Verwaltungsaufwand stand in keinem wirtschaftlich vertretbaren Verhältnisse zu den Beförderungsleistungen und finanziellen Ergebnissen der Kleinbahnen. Diese blieben als selbstständige Unternehmen mit eigenen Vorständen, Aufsichtsräten, Geschäftsberichten und Gesellschafterversammlungen erhalten. Der Oberpräsident der Provinz Pommern drängte auf einen Zusammenschluss, um auch den Gewinn- und Verlustausgleich zwischen den Kleinbahnen zu vereinfachen. Dazu wurde am 1. Januar 1940 mit einem Kapital von 20 Millionen Reichsmark (RM) in Stettin als Körperschaft des öffentlichen Rechts die Pommerschen Landesbahnen (PLB) gegründet, die im Sommer 1944 ein mehr als 1.640 km langes Streckennetz mit 600, 750, 1.000 und 1.435 mm Spurweite betrieben.

Nach dem Verlust der Gebiete östlich der Oder und der Region um die Hafenstadt Stettin verblieben den PLB in der SBZ lediglich folgende Kleinbahnen:

- Anklam-Lassaner Kleinbahn (ALKB),
- Kleinbahn Casekow-Penkun-Oder (CPO),
- Demminer Kleinbahnen Ost (DKBO),
- Demminer Kleinbahnen West (DKBW),
- Franzburger Kreisbahnen (FKB),
- Franzburger Südbahn (FSB),
- Greifswald-Jarmener Kleinbahn (GJK),
- Kleinbahn Greifswald-Wolgast (KGrW),
- Randower Kleinbahnen (RaKB) und

- Rügensche Kleinbahnen (RüKB).

Allerdings wurde der größte Teil der noch vorhandenen Kleinbahnen ab Juni 1945 von der Sowjetischen Militäradministration in Deutschland (SMAD) beschlagnahmt, als Reparationsleistung demontiert und einschließlich der Fahrzeuge abtransportiert (siehe S. 42 ff.) Die Schmalspurbahnen der ALKB, CPO, DKBO, DKBW, GJK und KGrW verschwanden damit für immer aus dem Kursbuch. Lediglich der 12,4 km lange Abschnitt Jarmen Nord-Schmarsow der ehemaligen DKBO konnte bis 1949 in 600 mm Spurweite wieder aufgebaut werden. Doch zu diesem Zeitpunkt waren die PLB bereits längst Geschichte. Die Landesregierung hatte die Körperschaft des öffentlichen Rechts am 31. Dezember 1946 aufgelöst und in die Direktion Demmin der Hauptverwaltung der Eisenbahnen des Landes Mecklenburg-Vorpommern umgewandelt. Diese wurde mit den noch betriebenen Strecken der ehemaligen FKB, FSB, KGrW und RüKB am 1. April 1949 von der DR übernommen.

2.10 Die Bahnen des Landesverkehrsamtes Brandenburg

Auch die Provinz Mark Brandenburg förderte nach dem Inkrafttreten des so genannten Kleinbahngesetzes am 1. Oktober 1892 die verkehrstechnische Erschließung der dünner besiedelten und verkehrstechnisch bis dato noch schlecht erschlossenen Regionen. Dazu schuf die Provinzialverwaltung am 1. April 1903 in Berlin eine Kleinbahnabteilung, die für den Bau und Betrieb verschiedener Strecken in der Provinz Mark Brandenburg verantwortlich war. Nach dem Ersten Weltkrieg wandelte die Provinzialverwaltung die Behörde in das »Landesverkehrsamt (LVA) der Provinz Brandenburg« um, die 1920 ihre Amtsgeschäfte aufnahm und 51 Mitarbeiter zählte. Ähnlich der Provinz Pommern wandelte die brandenburgische Regierung 1923 das Landesverkehrsamt in die »Landesverkehrsdirektion GmbH« um, aus der schließlich 1931 die »Landeseisenbahndirektion Brandenburg GmbH« hervorging. Dieser oblag zu diesem

Die preußische T 3 war auf zahlreichen Klein- und Privatbahnen im Einsatz. Die BStB beschafften insgesamt 13 Exemplare. Die Lok 7[II] wurde 1937 an die Friedeberger Kleinbahn verkauft. *Foto: Slg. L. Weber*

Zeitpunkt die Geschäfts- und Betriebsführung bei 16 Klein- und Privatbahnen in der Mark Brandenburg.
Mit der Machtübernahme der Nationalsozialisten wollte der neue Oberpräsident Wilhelm Kube (13.11.1887–22.09.1943) den Einfluss der Provinzialverwaltung bei kommunalen Unternehmen ausbauen. Mit dem am 15. Dezember 1933 beschlossenen »Gesetz über die Erweiterung der Befugnisse des Oberpräsidenten« wurden die Provinziallandtage, die Provinzialkommissionen sowie die Provinzialausschüsse aufgelöst und das Führerprinzip in der Landesverwaltung eingeführt. Damit einher ging auch die Auflösung der Landeseisenbahndirektion Brandenburg GmbH, die am 1. Januar 1934 im Landesverkehrsamt (LVA) Brandenburg, Eisenbahnabteilung des Oberpräsidenten der Mark Brandenburg, aufging. Im Sommer 1938 betrieb die LVA Brandenburg 15 Klein- und 2 Privatbahnen mit einer Streckenlänge von fast 840 km. Der Dienstsitz der Behörde, nun als »Landesverkehrsamt Brandenburg, Eisenbahnabteilung IV des Provinzialverbandes von Brandenburg« bezeichnet, wurde erst 1939 von Berlin nach Potsdam verlegt.
Mit Beginn der Zweiten Weltkrieges wickelte das LVA Brandenburg, das in fünf Dezernate gegliedert war, den Betrieb auf 14 Kleinbahnen ab. Außerdem oblag dem LVA Brandenburg die Geschäftsführung bei der Brandenburgischen Städtebahn AG, der Dahme-Uckroer Eisenbahn-Gesellschaft und der Kleinbahn AG Gransee-Neuglobsow. Ab 31. März 1943 unterstanden auch die Prenzlauer Kreisbahnen dem LVA Brandenburg.
Nach dem Zweiten Weltkrieg gingen die östlich der Oder gelegenen Kleinbahnen verloren. Als das ehemalige LVA Brandenburg am 5. Juli 1943 als »Eisenbahnabteilung in der Abteilung II Wirtschaft und Verkehr der Provinzialverwaltung Mark Brandenburg« seine Dienstgeschäfte wieder offiziell aufnahm, gehörten noch folgenden Unternehmen dazu:

- Altlandsberger Kleinbahn AG (AK),
- Kreisbahn Beeskow-Fürstenwalde (KBF),
- Brandenburgische Städtebahn AG (BStE),
- Buckower Kleinbahn-AG (BuKB),
- Dahme-Uckroer Eisenbahn-Gesellschaft (DUE),
- Kleinbahn AG Gransee-Neuglobsow (GrN),
- Kleinbahn Freienwalde-Zehden (FZ),
- Lehniner Kleinbahn AG (LG),
- Kreisbahn Schönermark-Damme (DS),
- Oderbruchbahn AG (ObrB),
- Ost- und Westprignitzer Kreiskleinbahnen (OWPK),
- Prenzlauer Kreisbahnen (PK) und
- Spreewaldbahn-AG (Sp).

Allerdings wurden die Strecken Gransee–Neuglobsow und Schulzendorf–Lindow der GrN auf Befehl der SMAD im Sommer 1945 als Reparationsleistung demontiert. Das Planun, die Hochbauten und die noch vorhandenen Fahrzeuge der GrN sowie die anderen Klein- und Privatbahnen des ehemaligen LVA Brandenburg übernahm am 1. April 1949 die Reichsbahn.

2.11 Die Bahnen des Provinzialverbandes Merseburg

Die preußische Provinz Sachsen war im Gegensatz zur Mark Brandenburg oder zu Pommern kein gewachsenes historisches Territorium. Von der am 30. April 1815 gegründeten Provinz waren nur etwa 40 % alte preußische Stammlande. Die anderen Territorien waren im Wesentlichen einst Besitzungen des Kurfürstentums Mainz um Erfurt und im Eichsfeld sowie ehemals sächsische Gebiete. Außerdem war die Provinz Sachsen kein zusammenhängendes Territorium. Die anhaltischen Herzogtümer trennten das Gebiet in einen Nord- und Südteil. Sitz des Oberpräsidenten und damit Hauptstadt der Provinz war Magdeburg. Der Provinziallandtag und die Verwaltung wurden hingegen in Merseburg eingerichtet.
Nach dem Inkrafttreten des so genannten Kleinbahngesetzes am 1. Oktober 1892 engagierte sich die Provinz Sachen zunächst kaum beim Bau und Betrieb neuer Eisenbahnstrecken. Erst nach einem Beschluss des Landtages vom 24. Februar 1894 unterstützte die Provinzialverwaltung Kleinbahn-Unternehmen durch Zuschüsse. Zwei Jahre später weitete die Verwaltung ihr Engagement weiter aus. Gemäß eines Beschlusses des Landtages vom 7. März 1896 wurden neue Bestimmungen zur Vergabe von Darlehen und der Übernahme von Aktien erlassen. Außerden übernahm die Verwaltung fortan auch Vorarbeiten und stellte kostenfrei provinzeigene Straßen und Bauland zur Verfügung. Doch diese För-

Die Kleinbahn-AG Genthin (GeK) war mit einem Streckennetz von 154,2 km das größte Unternehmen der Kleinbahnabteilung Merseburg. Der Bf Sandau war der nördliche Endpunkt der GeK (Aufnahme um 1910). *Foto: Slg. L. Weber*

derpraxis hatte erhebliche Nachteile. Zum einen wurde die Unterstützung meist nur dann in Anspruch genommen, wenn der wirtschaftliche Erfolg einer Kleinbahn unsicher war oder gänzlich ausblieb. Zum anderen waren einige Kostenvoranschläge völlig überhöht. Landeshauptmann Ludwig Bartels (09.10.1846–25.10.1907) plädierte daher in einer am 28. Februar 1905 vorgelegten Denkschrift an den Oberpräsidenten für die Gründung einer Kleinbahnabteilung. Allerdings vergingen noch fast zwei Jahre, bevor am 1. Januar 1907 die Kleinbahnabteilung in Merseburg ihre Arbeit aufnahm.

Ein Landeskleinbahndirektor leitete die Behörde, die nach dem Vorbild einer preußischen Eisenbahndirektion aus verschiedenen Dezernaten bestand. Im Sommer 1912 betrieb die Kleinbahnabteilung des Provinzialverbandes Merseburg bereits ein rund 500 km langes Streckennetz mit einem Anlagevermögen von rund 24 Millionen Mark. Auch nach dem Ersten Weltkrieg entstanden in der Provinz Sachsen noch einzelne neue Kleinbahnen. Mit der zeitweiligen Betriebsführung bei der Oberweißbacher Bergbahn GmbH (01.07.1923–30.06.1928) und den Kleinbahnen des Kreises Jerichow I verwaltete die Kleinbahnabteilung, die von Gustav Sell (11.02.1875–18.08.1953) und August Hasemeyer (07.01.1874–20.01.1944) geleitet wurde, ein über 810 km langes Streckennetz. Zu Beginn des Zweiten Weltkrieges unterstanden dem Provinzialverband Merseburg neben 22 Kleinbahnen mit einer Gesamtstreckenlänge von rund 764 km auch die »Sächsische Eisenbahnbedarfs- und Maschinenfabrik Sachsenwerk GmbH« in Stendal, die »Bau- und Kleinsiedelungsgesellschaft Sachsen GmbH« und die »Kraftverkehrs-Gesellschaft Sachsen GmbH«. Im Sommer 1945 verwalte die Kleinbahnabteilung Merseburg folgende Unternehmen:

- Altmärkische Eisenbahn-AG (AMK),
- Delitzscher Eisenbahn-AG (DeK),

In den 1930er-Jahre beschaffte die Kleinbahnabteilung Merseburg für ihre Strecken mehrere moderne Dieseltriebwagen. Der T 1 der Kleinbahn-AG Heudeber-Mattierzoll (KHM) absolvierte im Frühjahr 1934 einige Probefahrten. Foto: Slg. D. Endisch

- Eisenbahn-AG Bebitz-Alsleben (KBA),
- Kleinbahn Bergwitz-Kemberg GmbH (KBK),
- Eisenbahn-AG Ellrich-Zorge (KEZ),
- Eisenbahn-AG Erfurt-Nottleben (KEN),
- Gardelegen-Haldensleben-Weferlinger Eisenbahn AG (GHWK),
- Genthiner Eisenbahn AG (GeK),
- Eisenbahn-AG Heudeber-Mattierzoll (KHM),
- Eisenbahn-AG Könnern-Rothenburg (KKR),
- Eisenbahn-AG Neuburxdorf-Mühlberg (KBM),
- Eisenbahn-AG Osterburg-Deutsch Pretzier (KOP),
- Eisenbahn-AG Rennsteig-Frauenwald (KRF),
- Eisenbahn-AG Schildau-Mockrehna (KSM),
- Eisenbahn-AG Wallwitz-Wettin (KWW),
- Eisenbahn-AG Wolmirstedt-Colbitz (KWoC),
- Kyffhäuser Eisenbahn-AG (KyK),
- Langensalzaer Eisenbahn-AG (LaK),
- Obereichsfelder Eisenbahn-AG (OeK),
- Prettin-Annaburger Eisenbahn-AG (KAP),
- Salzwedeler Kleinbahnen GmbH (SaK) und
- Stendaler Eisenbahn-AG (StK).

Allerdings konnte nach der Aufteilung Deutschlands in Besatzungszonen im Sommer 1946 der Betrieb auf der KEZ nicht mehr aufgenommen werden, da die Demarkationslinie zwischen der britischen und der sowjetischen Besatzungszone hinter dem Bahnhof (Bf) Ellrich Stadt verlief. Die nicht mehr benötigten Fahrzeuge setzte die Kleinbahnabteilung zu anderen provinzialsächsischen Strecken um. Als einzige Kleinbahn der Provinz Sachsen musste die Strecke Silberhausen-Hüpstedt der OeK auf Befehl der SMAD im Herbst 1947 stillgelegt und als Reparationsleistung demontiert werden. Zu diesem Zeitpunkt war auch die Kleinbahnabteilung bereits Geschichte. Alle provinzialsächsischen Kleinbahnen einschließlich der noch vorhandenen Liegenschaften der KEZ und OeK wurden am 1. April 1949 von der Reichsbahn übernommen.

2.12 Selbstständige Eisenbahnunternehmen

Neben den Klein- und Privatbahnen der Eisenbahnkonzerne und der kommunalen Betriebsgemeinschaften in den Provinzen Brandenburg, Pommern und Sachsen gab es auch noch einige selbstständige Unternehmen, die ihren Betrieb entweder in eigener Regie abgewickelten oder an eine andere Gesellschaft vergeben hatten. Zu diesen selbstständigen Klein- und Privatbahnen in der SBZ zählten im Sommer 1946:

- Boizenburger Stadt- und Hafenbahn AG (BSHK),
- Forster Stadteisenbahn,
- Havelberger Eisenbahn,
- Gera-Meuselwitz-Wuitzer Eisenbahn AG (GMWE),
- Kleinbahn GmbH Goldbeck-Werben (KGW),
- Halberstadt-Blankenburger Eisenbahn-Gesellschaft (HBE),
- Industrie- und Hafenbahn der Stadt Frankfurt (Oder),
- Kleinbahnen des Kreises Jerichow I (KJ I),
- Kleinbahn Gommern-Pretzien (GPE),
- Kleinbahn Klockow-Pasewalk GmbH (KKP),

- Luckenwalde-Jüterboger Kleinbahn (LJK),
- Marienborn-Beendorfer Kleinbahn-Gesellschaft (KMB),
- Mecklenburg-Pommersche Schmalspurbahn (MPSB),
- Mittweida-Dreiwerden-Ringethaler Eisenbahn,
- Kleinbahn Neuhaus-Brahlstorf GmbH (KNB),
- Niederbarnimer Eisenbahn AG (NbEB)
- Nordhausen-Wernigeroder Eisenbahn-Gesellschaft (NWE),
- Oberweißbacher Bergbahn AG (ObG),
- Aktiengesellschaft Osthavelländische Kreisbahnen (OHKB),
- Kreisbahn Rathenow-Senzke-Nauen (RSN),
- Ruppiner Eisenbahn AG (RE),
- Schleizer Kleinbahn AG (KSS),
- Schmalkaldener Eisenbahn,
- Schweriner Hafenbahn,
- Spremberger Stadtbahn (SpS),
- Stendal-Tangermünder Eisenbahn-Gesellschaft (StTEG),
- Trusebahn AG (TrB),
- Kleinbahn Toitz-Rustow-Loitz,
- Hafenbahn Torgau,
- Kleinbahn Wegenstedt-Calvörde (KWC),
- Waldeisenbahn Muskau (WEM) und
- Westhavelländische Kreisbahnen (WHKB).

Eine Sonderolle unter diesen Unternehmen nahmen die Mittweida-Dreiwerden-Ringethaler Eisenbahn, die Schmalkaldener Eisenbahn (Strecke Pappenheim-Brotterode) und die Kleinbahn Toitz-Rustow-Loitz ein. Die Betriebsführung auf diesen drei Strecken oblag bereits der Reichsbahn.

Außerdem verdienten die *Luckenwalde-Jüterboger Kleinbahn* (LJK) und die *Havelberger Eisenbahn* besondere Beachtung. Die LJK ging aus den ehemaligen Jüterbog-Luckenwalder Kreiskleinbahnen (JLKB) hervor, auf deren 750 mm-Streckennetz das LVA Brandenburg am 15. Februar 1939 den Betrieb aufgrund mangelnder Wirtschaftlichkeit eingestellt hatte. Anschließend übernahm das Oberkommando des Heeres (OKH) die Schmalspurbahnen und nutzte diese für die Ausbildung von Eisenbahnpionieren. Nach Kriegsende gelang es dem Landrat des Kreises Luckenwalde in Zusammenarbeit mit der Provinzialverwaltung, die Schmalspurbahn wieder für den öffentlichen Personen- und Güterverkehr zu reaktivieren. Daher konnte die LJK bereits am 10. Dezember 1945 auf den Strecken Dahme (Kleinbf)-Hohenseefeld-Jüterbog Zinnaer Vorstadt und Hohenseefeld-Luckenwalde wieder Züge einsetzen. 1947 folgte der Abschnitt Luckenwalde-Luckenwalde Süd.

Vor der Werkstatt in Burg versammelten sich um 1938 Beschäftigte der Kleinbahnen des Kreises Jerichow I (KJ I) zu einem Erinnerungsbild. Rechts im Bild ist die Lok 16 (DR: 99 4641) zu sehen. *Foto: Slg. L. Weber*

Völlig anders lagen die Dinge bei der *Havelberger Eisenbahn*. Die Kleinstadt besaß ab 15. Februar 1890 einen Bahnanschluss nach Glöwen. Doch die 9,2 km lange regelspurige Nebenbahn wurde am 1. August 1947 auf Befehl der SMAD stillgelegt und als Reparationsleistung demontiert. Dies sorgte in Havelberg für einen Sturm der Entrüstung. Auch das Land Brandenburg und der Kreis Westprignitz waren über diese für die weitere wirtschaftliche Entwicklung der Stadt verheerende Entscheidung

Die Halberstadt-Blankenburger Eisenbahn-Gesellschaft (HBE) war eine der innovativsten und profitabelsten Privatbahnen in Deutschland. Am 13. Juni 1932 schleppte die Lok 3 (DR: 75 6678) einen kurzen Personenzug über das 29,16 m hohe Krockstein-Viadukt in Neuwerk. *Foto: C. Bellingrodt, Slg. D. Endisch*

empört. Der Betriebsleiter der OWPK, Dr. Max Lindner, hatte schließlich die rettende Idee. Er schlug vor, die Strecke als Schmalspurbahn mit 750 mm Spurweite wieder aufzubauen. Obwohl der Generaldirektor der Landesbahnen Brandenburg das Vorhaben ablehnte, suchte Dr. Lindner nach Wegen, seine Idee zu verwirklichen. Nach mühevollen Verhandlungen mit der SMAD, der Reichsbahndirektion (Rbd) Schwerin und der Stadt Havelberg waren im Frühjahr 1948 die Weichen für den Wiederaufbau gestellt. Die notwendigen Gleise wurden durch die Demontage der Strecke Viesecke–Zernikow der OWPK und des Abschnitts Dahme (Mark)–Görsdorf der LJK gewonnen. Im Juni 1948 war der Wiederaufbau weitgehend abgeschlossen. Von der SMAD konnte Dr. Lindner eine Dh2-Schlepptenderlok erwerben. Die im »Werk für Volkseigene Betriebe Brandenburg, Lokomotivfabrik Orenstein & Koppel, Babelsberg« gefertigte Maschine war der Prototyp der für sowjetische Waldbahnen bestimmten Gattung »Gr«. Außerdem wurden von der Rbd Dresden die 99 791 (später: 99 4712) und neun Reisezugwagen angemietet. Am 4. September 1948 nahm die Schmalspurbahn, die offiziell als »Havelberger Eisenbahn« firmierte, den Personenverkehr auf. Eigentümer der Gebäude und Grundstücke blieb aber die Deutsche Reichsbahn, die die Immobilien an die Havelberger Eisenbahn vermietete.

Die Konzession zum Betrieb der Schmalspurbahn erteilte das Finanzministerium des Landes Brandenburg am 5. November 1948 auf der Basis des Kleinbahngesetzes von 1892. Damit war die Havelberger Eisenbahn die einzige und letzte neueröffnete Kleinbahn in der SBZ. Doch nur wenige Monate später, am 1. April 1949, übernahm die DR die Havelberger Eisenbahn und wandelte die Stichstrecke in eine schmalspurige Nebenbahn um.

3. Die Klein- und Privatbahnen in der SBZ

Nur wenige Wochen nach der bedingungslosen Kapitulation der deutschen Wehrmacht am 8. Mai 1945 begann die Sowjetische Militäradministration in Deutschland (SMAD) damit, in ihrer Besatzungszone die für die Sowjetunion charakteristischen zentralistischen Strukturen in allen Bereichen der Verwaltung und Wirtschaft einzuführen. Dies galt auch für das Verkehrswesen, dessen Rückgrat noch immer die Eisenbahn war. Neben der Deutschen Reichsbahn (DR) gab es in der sowjetischen Besatzungszone (SBZ) im Sommer 1945 über 100 Klein- und Privatbahnen. Diese als *»nichtreichsbahneigene Eisenbahnen des öffentlichen Verkehrs«* bezeichneten Unternehmen wiesen verschiedene Gesellschaftsformen auf und besaßen unterschiedlichste Modelle der Betriebsführung. Im Hinblick auf eine zentrale Lenkung und Planung im Verkehrswesen sollten diese Unternehmen jedoch

Eisenbahner der ehemaligen Niederlausitzer Eisenbahn AG (NLE) versammelten sich 1946 in Luckau vor der Lok 152 (DR: 91 6492) zu einem Erinnerungsbild. Die NLE wurde ab 1. Oktober 1946 von der Generaldirektion der Provinzbahnen der Mark Brandenburg betrieben. *Foto: Slg. D. Endisch*

Die Altmärkische Eisenbahn-AG (AMK), hier ein Bild des Bf Bismark (Stadt) um 1910, wurde am 10. August 1946 von der Provinz Sachsen-Anhalt sequestiert. Die formale Enteignung des Unternehmens erfolgte erst am 25. August 1948. Foto: Slg. L. Weber

enteignet und von der Reichsbahn übernommen werden. Nach knapp vier Jahren hatte die SMAD am 1. April 1949 ihr Ziel erreicht.

3.1 Erste Befehle

Entsprechend der so genannten Berliner Erklärung vom 5. Juni 1945 übernahmen die alliierten Siegermächte formal die Regierungsgewalt in ihren Besatzungszonen. Der Oberste Befehlshaber der sowjetischen Truppen in Deutschland, Georgi Konstantinowitsch Schukow (01.12.1896–18.06.1974), rief mit seinem Befehl Nr. 1 vom 9. Juni 1945 die SMAD ins Leben. Diese Militärregierung, die Schukow bis zum 12. März 1946 in Personalunion als Oberbefehlshaber der Gruppe der sowjetischen Besatzungstruppen in Deutschland leitete, unterstand direkt dem Rat der Volkskommissare in Moskau und damit Josef Wissarionowitsch Stalin (18.12.1878–05.03.1953). Ihren Sitz hatte die SMAD in Berlin-Karlshorst, der die entsprechenden Behörden in den Provinzen Mecklenburg (-Vorpommern), Brandenburg, Sachsen-Anhalt, Thüringen und Sachsen unterstellt waren. Die SMAD gliederte sich in mehrere Fachabteilungen, die die Arbeit der ihnen zugeordneten deutschen Verwaltungsbehörden überwachten. Entsprechend des Befehls Nr. 17 der SMAD vom 27. Juli 1945 wurden 12 »Deutsche Zentralverwaltungen« (DZV) geschaffen, die offiziell am 1. August 1945 ihre Arbeit aufnahmen. Zu diesen Behörden gehörte auch die Deutsche Zentralverwaltung für Verkehr (DZVV), zu deren Präsident Dr. Wilhelm Fitzner (20.07.1891–16.01.1950) berufen wurde. Die DZVV war u.a. für den gesamten öffentlichen Eisenbahnverkehr in der SBZ verantwortlich. Offiziell hatten die DZV und die DZVV keine Weisungsbefug-

Die Aschersleben-Schneidlingen-Nienhagener Eisenbahn AG (ASN), hier eine Aufnahme im Bf Königsaue um 1920, gehörte zur Allgemeinen Deutschen Eisenbahn-Betriebs-Gesellschaft AG (ADEG). Die ASN wurde am 15. August 1948 beschlagnahmt. Foto: Slg. D. Endisch

Die Firma Lenz & Co. betrieb u.a. in Halle-Nietleben eine Hauptwerkstatt. Auch diese wurde enteignet und am 1. April 1949 von der DR übernommen. Ab 1. August 1952 unterstand die Werkstatt dem Raw Halle (Saale). Foto: Slg. D. Endisch

nisse. Sie sollten lediglich die Arbeit in den einzelnen Provinzen überwachen und koordinieren.

Mit dem Befehl Nr. 124 vom 30. Oktober 1945, der »*die Beschlagnahme und provisorische Übernahme einiger Eigentumskategorien in Deutschland*« vorsah, gewannen die DZV erheblich an Einfluss. In dem Befehl hieß es weiterhin: »*Sämtliche deutschen Ämter, Organisationen, Firmen und Unternehmen und sämtliche Privatpersonen (...) sind verpflichtet, (...) eine schriftliche Erklärung über (ihr) Eigentum an die örtlichen Selbstverwaltungsorgane*« abzugeben. In einer gemeinsam mit dem Befehl Nr. 124 erlassenen Durchführungsverordnung wurden jene Bereiche genannt, die davon betroffen waren: »*Handels-Industrie, Landwirtschaften und andere Unternehmungen wirtschaftlicher Bedeutung und ihren vollen Ausrüstungen*«. Zu diesem doch sehr weit gefassten Bereich gehörten auch die dem öffentlichen Verkehr dienenden Klein- und Privatbahnen, die sich in folgende Organisationsformen unterteilten:

- kommunale Eisenbahnunternehmen,
- private Aktiengesellschaften und Gesellschaften mit beschränkter Haftung (GmbH),
- Eisenbahnunternehmen, die einer Holdung gehörten oder an denen eine Betriebsführungsgesellschaft beteiligt war (»Konzernbahnen« genannt) oder
- Körperschaften des öffentlichen Rechts.

Bereits am 31. Oktober 1945 veröffentlichte die SMAD den Befehl Nr.

126, mit dem das Eigentum *»des früheren faschistischen Staates, der NSDAP, der Kriegsverbrecher und aktiven Nazis«* vorläufig beschlagnahmt wurde. Entsprechend dieses Befehls begannen die Verwaltungen in den Provinzen damit, die Klein- und Privatbahnen unter Zwangsverwaltung - »Sequester« genannt - zu stellen. Die Behörden gingen dabei unterschiedlich vor. Während der Oberbürgermeister von Weimar bereits am 20. November 1945 eine Vermögenssperre für die Thüringische Eisenbahn AG (Theag) und der ihr unterstellten Bahnen (siehe S. 21 f.) verhing, sequestierte die Provinz Sachsen-Anhalt die Halle-Hettstedter Eisenbahn AG (HHE) erst am 1. März 1946.

In der Zwischenzeit verstärkte die SMAD ihre Bemühungen zur Neuordnung der eigentumsrechtlichen Verhältnisse in ihrer Besatzungszone. Mit dem Befehl Nr. 97 vom 29. März 1946 wurde eine deutsche Kommission eingesetzt, die alle Unternehmen in der SBZ nach folgenden drei Kategorien einteilen sollte:

- »Liste A«: Zu dieser Kategorie gehörten die zu enteignenden Unternehmen, die fortan als »Volkseigene Betriebe« (VEB) bezeichnet wurden.
- »Liste B«: Hier sollten Betriebe erfasst werden, die zunächst zu beschlagnahmen waren, später aber an ihre alten Eigentümer zurückgegeben werden sollten.
- »Liste C«: Für die in dieser Kategorie zusammengefassten Unternehmen behielt sich die SMAD die letzte Entscheidung vor. Meist handelte es sich um Großunternehmen,

Nahezu alle Aktien der Eisenbahn-AG Könnern-Rothenburg (KKR) befanden sich nach dem Zweiten Weltkrieg in öffentlicher Hand. Das Unternehmen wurde am 11. März 1946 sequestiert. Dank des Drahtwerkes in Rothenburg (Saale) blieb die nur etwa 5 km lange Stichstrecke bis heute erhalten. *Foto: Slg. L. Weber*

Am 1. Mai 1938 versammelte sich die Belegschaft der Neuhaldenslebener Eisenbahn AG (NhE) vor der Lok 43 (DR: 91 6491) zu einem Erinnerungsbild. Die zum Bachstein-Konzern gehörende NhE wurde am 15. August 1947 enteignet. *Foto: Slg. L. Weber*

die die Besatzungsmacht in eine Sowjetische Aktiengesellschaft (SAG) umwandelte und deren Erzeugnisse als Reparationsleistung von der Sowjetunion beansprucht wurden.
Nachdem die SMAD die »Listen« der Kommission abgenommen hatte, wurden mit dem Befehl Nr. 154 vom 21. Mai 1946 die Betriebe entweder an die deutsche Verwaltung (»Liste A«) oder an die alten Eigentümer (»Liste B«) zurückgegeben.

3.2 Die Enteignung

Die gesellschaftlich notwendige Legitimation für die Enteignung verschafften sich die SMAD und die in der SBZ politisch dominierende Sozialistische Einheitspartei Deutschlands (SED) mit einem Volksentscheid am 30. Juni 1946 in der Provinz Sachsen. Hier stimmten 77,62 % der Wahlberechtigten dem *»Gesetz über die Übergabe von Betrieben von Kriegs- und Naziverbrechern in das Eigentum des Volkes«* zu. Im Unterschied zu späteren Abstimmungen entsprach dieses Ergebnis tatsächlich dem politischen Willen der Bevölkerung, wie ein Vergleich mit einer ähnlichen Volksabstimmung in Hessen am 1. Dezember 1946 zeigt. Auch hier sprach sich die Mehrheit für den »Sozialisierungsartikel« (§ 41) in der neuen Landesverfassung aus. Allerdings wurde diese Entscheidung von der amerikanischen Militärregierung annuliert.
Gleichwohl legten die SMAD, die Verwaltungen der Provinzen und die SED das Ergebnis des Volksentscheids in Sachsen äußerst großzügig aus, denn es wurden in der Folgezeit nicht nur Großkonzerne, Mitglieder und Unterstützer der NSDAP sowie Kriegsverbrecher enteignet, sondern auch Unternehmen, deren Eigentümer sich während der Nazi-Diktatur politisch nicht betätigt hatten oder die sogar als Gegner des Nationalsozialismus galten. Bis zum 1. April 1948 wurden in den Ländern Mecklenburg (883), Brandenburg (1.428), Sachsen-Anhalt (2.064), Thüringen (2.609) und Sachsen (2.297) über 9.200 Unternehmen der unterschiedlichsten Gesellschaftsformen enteignet. Dazu gehörten auch über 100 Klein- und Privatbahnen sowie zahlreiche Straßenbahnen, Kraftverkehrsbetriebe, Seilbahnen sowie Binnen- und Seeschifffahrtsunternehmen. In den westlichen Besatzungszonen wurde das Vorgehen der SMAD kritisch beobachtet. In der in München verlegten »Neuen Zeitung« (NZ), deren Herausgeber die Information Control Division der amerikanischen Militärregierung war, hieß es unter der Überschrift *»Landeseigene Bahnen in der Sowjetzone«* am 10. Februar 1947: *»Aus den Ländern in der Ostzone wird gemeldet, daß die bisher in Privatbesitz befindlichen Eisenbahnen von den (...) Provinzen enteignet und übernommen worden sind. Darunter befinden sich auch bekanntere Kleinbahnen wie (...) die Harzquerbahn von Nordhausen nach Wernigerode. Unter dem Vorwand, es handele sich um Konzernbetriebe, wurden diese Unternehmungen von den Ländern und Provinzen übernommen, die nun ihrerseits eine Konzernwirtschaft mit den zahlreichen Kreis- und Kleinbahnen treiben.«*
Doch diese Kritik störte keinen der politisch Verantwortlichen in der SBZ. Dort hatten die Länder inzwischen die Mehrzahl der Klein- und Privatbahnen enteignet, auch wenn es sich dabei um einen kommunalen Betrieb handelte bzw. die Unternehmensanteile ausschließlich der öffentlichen Hand gehörten. Für die Länder war es dabei unerheblich, ob es sich um eine große und wichtige Privatbahn, wie die Brandenburgische Städtebahn AG (BStB) mit der hauptbahnähnlich ausgebauten rund 125 km Süd-Nord-Verbindung Treuenbrietzen–Belzig–Brandenburg–Rathenow–Neustadt (Dosse) und die Ruppiner Eisenbahn AG (RE) mit einem über 210 km langen Streckennetz, oder die nur 5,6 km lange Kleinbahn von Könnern nach Rothenburg handelte. Der Wirtschaftsminister des am 6. Februar 1947 gegründeten Landes Brandenburg, Heinrich Rau (02.04.1899–23.03.1961), stellte dazu in einem Aktenvermerk am 25. März 1947 rückblickend fest: *»Da (...) grundsätzlich alle Aktiengesellschaften enteignet werden sollten, (sind) zur Vermeidung von Berufungsfällen keine Ausnahmen zugelassen. Aus diesem Grund (sind) sogar die Aktiengesellschaften enteignet worden, an denen die Provinz ausschließlich beteiligt war.«*
Gleichwohl gab es auch Widerstände gegen die Enteignungen, wie das Beispiel der Halberstadt-Blankenburger Eisenbahn-Gesellschaft (HBE) zeigt. Trotz der

Die Weimar-Berka-Blankenhainer Eisenbahn (WBBE) präsentierte am 16. Mai 1935 ihren fabrikneuen Triebwagen, hier im Bf Blankenhain. Die Theag, zu der die WBBE gehörte, wurde am 18. Juni 1946 enteignet. Foto: F. Haase, Slg. D. Endisch

Sequestierung durch die Provinz Sachsen-Anhalt im Herbst 1934 gelang es den beiden Vorständen Dr. Oskar Sommer und Regierungsbaurat a.D. Rudolf Lavezzari, noch einige Zeit die Selbstständigkeit der HBE zu bewahren. Doch am 1. September 1946 informierte die Abteilung Neuordnung der Wirtschaft in der Hauptabteilung Wirtschaft der Provinz Sachsen-Anhalt die Geschäftsführung über die Enteignung des Unternehmens. In dem Schreiben hieß es: *»Hierdurch erhalten Sie Kenntnis davon, daß Ihr Betrieb mit allen seinen (...) Betriebsteilen gemäß »Verordnung betreffend die Überführung sequestierter Unternehmen und Betriebe in das Eigentum der Provinz Sachsen« vom 30. Juli 1946 enteignet worden ist, nachdem der oberste Chef der Sowjetischen Militäradministration Deutschlands (...) die entsprechenden Befehle erlassen hatte. (...) Bis zum Empfang einer weiteren Verfügung ist der Betrieb in der bisherigen Weise fortzuführen. Die Werksleitung ist nunmehr für alle Betriebsangelegenheiten ausschließlich gegenüber der Provinzialverwaltung Sachsen verantwortlich und hat tunlichst dafür zu sorgen, daß der Verlauf der Betriebsgeschäfte reibungslos vonstatten geht (...).«*

Doch Dr. Oskar Sommer, der im Frühjahr 1945 unter Einsatz seines Lebens, die Verwendung einer Dampflok als Panzersperre bei Rübeland verhindert hatte, sah dieser Entwicklung nicht tatenlos zu. Am 11. Januar 1947 erhob er Einspruch gegen die Enteignung des Unternehmens. Der Präsident des Landes Sachsen-Anhalt lehnte diesen jedoch ab und teilte der HBE am 4. September 1948 abschließend mit: *»Die Enteignung Ihrer (...) beschlagnahmten Vermögenswerte, bestehend aus dem gesamten Betriebsvermögen der Firma, ist durch den Befehl Nr. 64 des obersten Chefs der Sowjetischen Militäradministration in Deutschland vom 17. April 1946 bestätigt und damit rechtskräftig geworden.«* Die HBE und ihre Tochterunternehmen waren damit, wie alle anderen Klein- und Privatbahnen in der SBZ endgültig Volkseigentum.

Die Westhavelländischen Kreisbahnen (WHKB) konnten bis zum Frühjahr 1949 ihre Selbstständigkeit bewahren. Die Aufnahme zeigt den Bf Roskow, den betrieblichen Mittelpunkt der WHKB, um 1910. *Foto: Slg. L. Weber*

Einzelnen, meist kommunalen Unternehmen gelang es dank findiger Landräte und Bürgermeister, die oft gute Kontakte zur Besatzungsmacht oder den lokalen Behörden besaßen, bis zum Frühjahr 1949 ihre Selbstständigkeit zu wahren. Dies war u.a. bei der Oberweißbacher Bergbahn GmbH (ObG), der Wenigentaft-Oechsener Eisenbahn GmbH (WOeE), der Trusebahn AG (TrB), der Kreisbahn Rathenow-Senzke-Nauen (RSN), der Kleinbahn Wegenstedt-Calvörde (KWC) und den Westhavelländischen Kreisbahnen (WHKB) der Fall. Bei der WHKB nutzte der zuständige Rathenower Landrat die Betriebsführung durch die benachbarte Aktiengesellschaft Osthavelländische Kreisbahnen (OHKB) als Vorwand, um die Selbstständigkeit der Kleinbahn zu bewahren. Zwar wandelte der Kreis Rathenow entsprechend der am 19. Oktober 1946 erlassenen »Verordnung über die Organisation, Leitung und Verwaltung provinzialeigener industrieller und gewerblicher Unternehmen in der Provinz Brandenburg« die WHKB in eine Körperschaft des öffentlichen Rechtes um, widersetzte sich aber der Übernahme der Kleinbahn durch die am 1. Juli 1948 gegründete Vereinigung Volkseigener Betriebe (VVB) Landesbahnen Brandenburg. Der Landrat verwies dabei auf die Betriebsführung durch die OHKB, deren Betriebsteile in der SBZ enteignet worden waren. Doch dauerhaft konnte sich der Kreis Rathenow nicht den Zentralisierungsbestrebungen der SMAD und der zivilen Verwaltung widersetzen. Auch die kreiseigenen WHKB wurden schließlich am 1. April 1949 der DR übergeben.

3.3 Klein- und Privatbahnen als Reparationsobjekt

Allerdings war das von der Reichsbahn übernommene Streckennetz der ehemaligen Klein- und Privatbahnen seit dem Sommer 1945 erheblich geschrumpft. Über 860 km Regel- und Schmalspurbahnen sowie zahlreiche Lokomotiven und Wagen hatte die SMAD als Reparationsleistung in die Sowjetunion verbracht.

Noch während des Zweiten Weltkrieges befasste sich das von Wjatscheslaw Michajlowitsch Molotow (09.03.1890–08.11.1986) geführte sowjetische Außenministerium mit der Frage, in welcher Form und in welchem Umfang nach dem Sieg über Deutschland Wiedergutmachung gefordert werden könne. Die Grundzüge der späteren sowjetischen Reparationspolitik erarbeitete in den Jahren 1942/43 Jewgeni Samuilowitsch Warga (06.11.1879-07.10.1964), der in den 1930er-Jahren zu den Beratern Stalins zählte. Warga sprach sich gegen Reparationsleistungen in Form von Geld aus. Er plädierte vielmehr für Entnahmen aus dem Volksvermögen (den später erfolgten Demontagen), Entnahmen aus der laufenden Produktion (u.a. durch die Gründung der Sowjetischen Aktiengesellschaften) und Arbeitsleistungen (Einsatz von deutschen Kriegsgefangenen). Allerdings spielte die Reparationsfrage bei den Verhandlungen der Sowjetunion mit ihren westlichen Bündnispartnern USA und Großbritannien zunächst nur eine untergeordnete Rolle.

Erst auf der Konferenz von Jalta (04.02.–11.02.1945) wurde das Thema intensiv diskutiert. Angesichts der

Erfahrungen aus dem Ersten Weltkrieg und den 1920er-Jahren – hier hatten die USA indirekt durch Kredite und Bürgschaften die deutschen Reparationszahlungen mitfinanziert – sprach sich der amerikanische Präsident Franklin Delano Roosevelt (30.01.1882–12.04.1945) für Reparationen ausschließlich in Form von Sachleistungen aus. Außerdem sollten die Reparationsverpflichtungen zeitlich begrenzt sein. Eine Gesamtsumme lehnte er ab. Stalin stimmte dem Vorschlag bezüglich der Sachleistungen zwar zu, forderte aber neben der Entnahme aus der laufenden Produktion auch die Demontage von Industrieanlagen. Die Gründe waren offensichtlich: Neben dem Aspekt des Schadensersatzes ging es der Sowjetunion darum, die deutsche Rüstungsindustrie zu zerschlagen, um so einen erneuten Krieg zu verhindern. Stalin bestand außerdem auf einer Festsetzung der Reparationsleistungen auf insgesamt 20 Milliarden US-Dollar. Davon sollten 10 Milliarden US-Dollar der Sowjetunion zustehen. Für Roosevelt schien diese Summe zunächst akzeptabel, da die US-Regierung Anfang 1945 die sowjetischen Kriegsschäden auf 35,7 Milliarden US-Dollar veranschlagt hatte. Doch im Laufe der Verhandlungen in Jalta änderte Roosevelt seine Meinung, zumal der britische Premierminister Winston Churchill (30.11.1874–24.01.1965) die von Stalin geforderte Gesamtsumme von 20 Milliarden von Beginn an abgelehnt hatte. Die Reparationsfrage sollte nun auf der Potsdamer Konferenz (17.07.-02.08.1945) endgültig geklärt werden.

Die Lok 22 der Gernrode-Harzgeroder Eisenbahn-Gesellschaft (GHE) wurde 1946 als Reparationsleistung von der sowjetischen Besatzungsmacht beschlagnahmt. Die Maschine gelangte gemeinsam mit den anderen Fahrzeugen der GHE auf die Insel Sachalin. *Foto: W. Hubert, Slg. D. Endisch*

Dazu wurde im Vorfeld eine so genannte Reparationskommission gebildet, die Ende Juni 1945 in Moskau ihre Arbeit aufnahm. Dabei traten die Gegensätze zwischen den Positionen der Sowjetunion und der USA offen zu Tage. Während die sowjetische Seite weiterhin auf einer festen Summe beharrte, wollten die amerikanischen Vertreter die Höhe der Reparationsverpflichtungen von der tatsächlich noch vorhandenen wirtschaftlichen Leistungsfähigkeit Deutschlands abhängig machen. Die Sowjetunion lehnte diesen Vorschlag kategorisch ab. Die offene Reparationsfrage war schließlich ein Grund für das Auseinanderbrechen der Anti-Hitler-Koalition. Erst am 31. Juli 1945 fixierten die Alliierten die Eckpunkte für die deutschen Reparationen: Danach sollte jede Siegermacht ihre Ansprüche aus ihrer Besatzungszone decken. Der Sowjetunion wurde in diesem Zusammenhang auch deutsches Eigentum in Ost- und Südosteuropa zugesprochen. Außerdem standen der Sowjetunion 10 % der Demontagen in den westlichen Besatzungszonen ohne Bezahlung sowie 15 % der deutschen Leistungen der Westzonen im Tausch gegen Braunkohle, Holz, Kalisalz und landwirtschaftliche Erzeugnisse zu. Allerdings musste die Sowjetunion aus ihrem Anteil an den Reparationen auch die polnischen Forderungen begleichen.

Bereits vor der Vereinbarung von Potsdam hatte die Sowjetunion mit der Demontage von Industrieanlagen in den von ihr besetzten Gebieten begonnen. Im Rahmen der so genannten Trophäenaktion wurden von speziellen Kommandos zunächst in Ostpreußen und Schlesi-

Die sowjetische Besatzungsmacht ließ zwar die Strecke der Greifswald-Grimmener Eisenbahn AG (GGE) als Reparationsleistung demontieren, doch die Lok 1141 (DR: 91 6280), hier 1938 auf der Drehscheibe in Tribsees, verblieb in der SBZ.
Foto: C. Bellingrodt, Slg. L. Weber

en, die später zu Polen gehörten, und dann in den späteren Westsektoren Berlins Fabriken abgebaut. Allein in Berlin konfiszierte die Rote Armee über 600 Objekte. Im August 1945 setzte eine zweite Demontagewelle in der SBZ ein, die im Frühjahr 1946 ihren Höhepunkt erreichte und gravierende Folgen vor allem für die Klein- und Privatbahnen in der Provinz Mecklenburg hatte. Entsprechend den Vorgaben der SMAD hatte jede Provinz einen festgelegten Wert an Reparationsleistungen zu erbringen. Allerdings waren diese Vorgaben im landwirtschaftlich geprägten Norden der SBZ mit den vorhandenen, bescheidenen Industriekapazitäten kaum zu erfüllen. Dies führte letztlich zu einem regelrechten Kahlschlag bei der Eisenbahn-Infrastruktur. Hier wurden im Sommer 1945 neben großen Teilen des 600 mm-Netzes der Mecklenburg-Pommerschen Schmalspurbahn (MPSB) außerdem vollständig die Schmalspurstrecken der Anklam-Lassaner Kleinbahn (ALKB), der Kleinbahn Casekow-Penkun-Oder (CPO), der Kleinbahn Greifswald-Wolgast (KGW), der Greifswald-Jarmener Kleinbahn (GJK), der Demminer Kleinbahnen Ost (DKBO) und der Demminer Kleinbahnen West (DKBW) sowie die als Nebenbahn (1.435 mm Spurweite) konzessionierten Greifswald-Grimmener Eisenbahn AG (GGE) und Eisenbahn-AG Stralsund-Tribsees (STE) demontiert. Insgesamt schrumpfte das Netz der Klein- und Privatbahnen in Mecklenburg und Vorpommern in den Jahren 1945/46 um mehr als 580 km. Auch in der Provinz Mark Brandenburg waren die Verluste durch die Demontage der Prenzlauer Kreisbahnen (PK), der Kreisbahn Schönermark-Damme (DS), der Kleinbahn AG Gransee-Neuglobsow (GrN), der Strecke Rheinsberg (Mark)–Flecken Zechlin der RE und des Abschnitts Rathenow–Kriele der RSN erheblich. In der Provinz Sachsen-Anhalt fielen nur der Abschnitt Derenburg–Silstedt der HBE sowie die Schmalspurstrecken der Gernrode-Harzgeroder Eisenbahn-Gesellschaft (GHE) und der Dessau-Radegast-Köthener Bahn (DRKB) unter die Reparationsforderungen der SMAD. Von der GHE blieb aber neben dem 2,5 km langen Abschnitt Lindenberg (Harz)–Anschluss »Fabrik Fluor«-Herzog-Schacht, den die Besatzungsmacht zum Abtransport von Flussspat benötigte, auch die Verbindung Eisfelder Talmühle–Hasselfelde erhalten. Dies war dem Bürgermeister der Kleinstadt Hasselfelde zu verdanken. Er wies die zuständigen Stellen bei der SMAD auf den geplanten Holzeinschlag im Raum Hasselfelde hin. Das Holz gehörte zu den deutschen Reparationsleistungen und konnte nur mit Hilfe der Schmalspurbahn abtransportiert werden. Die SMAD folgte offensichtlich dieser Argumentation, so dass die Verbindung nach Eisfelder Talmühle erhalten blieb. In Thüringen ließ die SMAD lediglich die meterspurige Weimar-Großrudestedter Eisenbahn (WGE) und die regelspurige Strecke Silberhausen–Hüpstedt der Obereichsfelder Eisenbahn-AG (OeK) demontieren.

Als Reparationsleistung demontierte Klein- und Privatbahnen in der sowjetischen Besatzungszone

Demontierte Strecke	Spurweite	Länge	Bemerkungen
Anklam-Lassaner Kleinbahn			
Anklam-Lassan	600 mm	19,5 km	Betriebseinstellung am 25.08.1945; anschließend Demontage
Kleinbahn Casekow-Penkun-Oder			
Casekow Landesbf-Barnimslow	750 mm	30,7 km	Demontage bis zum 18.09.1945 beendet
Demminer Kleinbahnen Ost			
Demmin Kleinbf-Schmarsow-Altentreptow	750 mm	50,6 km	Demontage ab Mitte Juni 1945; am 18.09.1945 beendet
(Demmin Kleinbf-) Schmarsow-Jarmen	750 mm	12,4 km	
Hafenbahn Jarmen	750 mm	0,8 km	
Demminer Kleinbahnen West			
Demmin Kleinbf-Stavenhagen-Bredenfelde	750 mm	51,1 km	Demontage ab Mitte Juni 1945; am 08.04.1946 beendet
Metschow-Altentreptow	750 mm	42,1 km	
Dessau-Radegast-Köthener Bahn			
Köthen-Radegast	750 mm	13,7 km	Betriebseinstellung auf allen Strecken am 21.03.1946; anschließend Demontage
Radegast-Zörbig	750 mm	3,5 km	
Quellendorf-Radegast	750 mm	14,4 km	
Gernrode-Harzgeroder Eisenbahn			
Gernrode-Alexisbad-Lindenberg	1.000 mm	21,8 km	Beginn der Demontage am 06.04.1946
Abzw. Herzogschacht-Stiege	1.000 mm	12,8 km	
Alexisbad-Harzgerode	1.000 mm	2,9 km	
Kleinbahn AG Gransee-Neuglobsow			
Gransee-Schulzendorf-Neuglobsow	1.435 mm	22,8 km	im Sommer 1945 demontiert
Schulzendorf-Lindow (Mark)	1.435 mm	8,9 km	
Greifswald-Grimmener Eisenbahn AG			
Greifswald-Grimmen Schützenplatz	1.435 mm	23,5 km	Demontage am 18.09.1945 beendet
Grimmen-Tribsees Ost	1.435 mm	23,3 km	
Kleinbahn Greifswald-Wolgast			
Greifswald-Lubmin Dorf-Wolgast Kleinbf	750 mm	49,4 km	Betriebseinstellung am 28.04.1945; Demontage der
Lubmin Dorf- Lubmin Seebad	750 mm	0,7 km	Strecken ab Juni 1945
Kemnitz-Kühlenhagen	750 mm	7,3 km	
Greifswald-Jarmener Kleinbahn			
Greifswald-Dargenzin-Jarmen	750 mm	28,9 km	Betriebseinstellung am 30.04.1945; Demontage der
Züssow-Dargenzin (-Jarmen)	750 mm	11,4 km	Strecken vom 20.06. bis 15.07.1945

Demontierte Strecke	Spurweite	Länge	Bemerkungen
Busdorf-Klein Zastrow	750 mm	7,2 km	
Halberstadt-Blankenburger Eisenbahn-Gesellschaft			
Derenburg-Silstedt	1.435 mm	4,2 km	1946 demontiert
Mecklenburg-Pommersche Schmalspurbahn			
Ferdinandshof-Friedland	600 mm	27,1 km	Demontage der Strecken vom 12.06. bis 20.09.1945
Dennin-Neuenkirchen	600 mm	6,4 km	
Uhlenhorst-Schmuggerow-Gellendin	600 mm	20,1 km	
Abzw. Schwerinsburg-Schwerinsburg	600 mm	2,7 km	
Bresewitz-Dishley	600 mm	1,8 km	
Dennin-Janow	600 mm	7,4 km	
Dennin-Spantekow	600 mm	2,7 km	
Neuenkirchen-Stetense	600 mm	6,0 km	
Anklam-Bugewitz-Leopoldshagen	600 mm	17,8 km	
Dargibell-Ducherow	600 mm	4,8 km	
Blesewitz-Medow	600 mm	7,4 km	
Bresewitz-Bornthin	600 mm	7,2 km	
Heinrichshöh-Brohm-Jatzke-Eichhorst	600 mm	15,1 km	
Brohm-Ratteys	600 mm	4,4 km	
Brohm-Groß Daberkow	600 mm	16,7 km	
Löwitz-Putzar	600 mm	4,3 km	
Obereichsfelder Eisenbahn-AG			
Silberhausen-Hüpstedt	1.435 mm	8,1 km	Betriebseinstellung am 05.11.1947; anschließend Demontage
Prenzlauer Kreisbahnen			
Falkenhagen-Fürstenwerder	1.435 mm	13,1 km	Demontage im Frühjahr und Sommer 1945
Kutzerow-Strasburg	1.435 mm	10,9 km	
Abzw Prenzlau-Klockow	1.435 mm	13,5 km	
Prenzlau-Brüssow	1.435 mm	31,3 km	
Kreisbahn Rathenow-Senzke-Nauen (RSN)			
Rathenow-Kriele	750 mm	16,7 km	Demontage im Sommer 1945
Ruppiner Eisenbahn AG			
Rheinsberg-Flecken Zechlin	1.435 mm	13,1 km	Demontage im Sommer 1945
Kreisbahn Schönermark-Damme			
Schönermark-Gramzow-Damme	1.435 mm	25,3 km	Demontage im Sommer 1945
Eisenbahn-AG Stralsund-Tribsees			
Stralsund Vorstadt-Franzburg-Tribsees	1.435 mm	33,5 km	Demontage vom 06.08. bis 18.09.1945
Weimar-Großrudestedter Eisenbahn (WGE)			
Weimar-Buttelstedt-Großrudestedt	1.000 mm	34,3 km	Betriebseinstellung am 11.04.1946; anschließend Demontage des Abschnitts Schöndorf-Großrudestedt bis 11.10.1946

Als diese jedoch im Herbst 1947 abgebaut wurden, hatte die sowjetische Regierung bereits einen Kurswechsel in ihrer Reparationspolitik vollzogen: Anstelle der Demontagen setzten die Sowjets ab dem Frühjahr 1946 verstärkt auf das Konzept der Entnahmen aus der laufenden Produktion. Dazu ordnete die SMAD am 5. Juni 1946 mit ihrem Befehl Nr. 167 die Umwandlung von mehr als 200 ursprünglich zum Abbau vorgesehenen Unternehmen in SAG-Betriebe an. Allerdings gingen die Demontagen weiter, die jedoch im Gegensatz zu den vorhergehenden Aktionen besser geplant waren. Erst im Frühjahr 1948 folgte die letzte Demontagewelle. Insgesamt wurden rund 3.400 Unternehmen aller Industriezweige in der SBZ beschlagnahmt und abgebaut.
Die Demontage der Klein- und Privatbahnen war für die oft verkehrstechnisch nur schlecht erschlossenen Regionen ein schwerer Rückschlag. Daher bemühten sich die Bürgermeister und Landräte meist umgehend um einen Wiederaufbau. Trotz der beschränkten Mittel konnten bis zum Frühjahr 1949 immerhin mehr als 150 km Strecke wieder aufgebaut werden. Auch die DR ließ einzelne ehemaligen Klein- und Privatbahnen wiedererrichten. Mit der Eröffnung der Verbindung Gransee-Großwoltersdorf (ex GrN) am 26. August 1953 endete de facto der Wiederaufbau demontierter Kleinbahnen.

Nach dem Ende der Demontagen deckte die Sowjetunion ab 1948 ihre Reparationsforderungen mit Hilfe der SAG-Betriebe, deren Zahl bis 1950 schrittweise sank. Nach der Rückgabe von 66 Unternehmen am 1. April 1952 existierten noch 33 Sowjetische Aktiengesellschaften in der DDR. Erst 1954 wurden diese mit Aus-

Wiederaufgebaute ehemalige Klein- und Privatbahnen in der sowjetischen Besatzungszone/DDR

Bahngesellschaft / Strecke	Spurweite	Länge	Bemerkungen
DKBO / Jarmen Nord-Schmarsow	600 mm	12,4 km	Wiedereröffnung am 22.06.1949
DS / Damme-Gramzow	1.435 mm	10,3 km	Wiedereröffnung am 04.04.1947
DS / Gramzow-Zichow	1.435 mm	2,7 km	Wiedereröffnung am 01.10.1947
DS / Zichow-Briesenbrow Ladestelle	1.435 mm	9,4 km	Wiedereröffnung am 31.12.1948
DS / Briesenbrow Ladestelle-Schönermark	1.435 mm	2,9 km	Wiedereröffnung am 01.07.1949
GHE / Gernrode-Alexisbad-Lindenberg	1.000 mm	21,8 km	Wiedereröffnung am 08.03.1949; Personenverkehr ab 16.05.1949
GHE / Alexisbad-Harzgerode	1.000 mm	2,9 km	Wiedereröffnung am 01.07.1950
GrN / Gransee-Großwoltersdorf	1.435 mm	13,8 km	Wiedereröffnung am 26.08.1953
MPSB / Friedland-Uhlenhorst-Ferdinandshof	600 mm	27,1 km	Wiedereröffnung am 07.11.1947
PK / Falkenhagen-Fürstenwerder	1.435 mm	13,1 km	Wiedereröffnung im Oktober 1946; Personenverkehr ab 05.05.1947
PK / Kutzerow-Strasburg	1.435 mm	10,9 km	Wiedereröffnung im Oktober 1946; Personenverkehr ab 05.05.1947
PK / Abzw Prenzlau-Klockow	1.435 mm	13,5 km	Wiedereröffnung am 01.11.1946, Personenverkehr ab 05.05.1947
PK / Prenzlau-Brüssow	1.435 mm	31,3 km	Wiedereröffnung am 01.11.1946, Personenverkehr ab 05.05.1947

Die Gleise und Fahrzeuge der Kleinbahn Greifswald-Wolgast (KGrW) wurden 1945 als Reparationsleistung in die Sowjetunion verbracht. Die Lok 1ᵐ, hier eine Aufnahme aus dem Jahr 1935, gelangte nach Leningrad, wo sie auf einer der zahlreichen Feldbahnen zum Wiederaufbau der zerstörten Stadt eingesetzt wurde.
Foto: C. Bellingrodt, Slg. L. Weber

nahme der SAG Wismut, die für die Uranförderung in Sachsen und Thüringen verantwortlich war, in Volkseigentum umgewandelt.

Über die Höhe der Reparationsleistungen der SBZ an die Sowjetunion liegen keine exakten Zahlen vor. Schätzungen aus den 1960er-Jahren sprachen von rund 60 Milliarden US-Dollar. Heute gehen die Historiker von etwa 14 Milliarden US-Dollar aus.

Am 13. Februar 1936 wurde in Großrudestedt der fabrikneue Triebwagen T 06 der Weimar-Großrudestedter Eisenbahn (WGE) entladen. Zehn Jahre später wurde das Fahrzeug als Reparationsleistung in die Sowjetunion verbracht. Sein Schicksal ist bis heute ungeklärt.
Foto: Slg. D. Endisch

Als Reparationsleistung bei den Klein- und Privatbahnen beschlagnahmte Dampflokomotiven						
Betriebs-Nr. / PLB-Nr.	**Bauart**	**Hersteller**	**Baujahr**	**Fabrik-Nr.**	**sowjetische Betriebs-Nr.**	**Bemerkungen**
Anklam-Lassaner Kleinbahn						
1q / 301 N 3304	Cn2t	Vulcan	1895	1480	T-301	Abnahme am 13.11.1895; Einsatz in Leningrad
2q / 302 N 3305	Cn2t	Vulcan	1895	1481	T-302	Abnahme am 13.11.1895; Einsatz in Leningrad
Kleinbahn Casekow-Penkun-Oder						
2o / 224 N 3305	Cn2t	Hohen-zollern	1898	1061	T-224	Abnahme am 26.11.1898; Einsatz in Leningrad
3o / 225 N 3305	Cn2t	Hohen-zollern	1898	1062	T-225	Abnahme am 03.12.1898; Einsatz in Leningrad
4o / 226 N 3305	Cn2t	Hohen-zollern	1898	1063	T-226	Abnahme am 16.12.1898; Einsatz in Leningrad
5o / 227 N 3305	Cn2t	Hohen-zollern	1900	1224	T-227	Abnahme am 24.07.1900; Einsatz in Leningrad
10M / 256 N 4406	Dn2t	Vulcan	1913	2894	T-256	Abnahme am 02.06.1913; an Hüttenwerk Magnitogorsk
21D / 271 H 4606	1´D1´h2t	Henschel	1930	21781	T-256	Abnahme am 07.04.1930; an Hüttenwerk Magnitogorsk
Demminer Kleinbahnen Ost						
1m / 206 N 2206	Bn2t	Vulcan	1896	1516	T-206	Abnahme am 05.12.1896; Einsatz in Leningrad
5m / 209 N 2206	Bn2t	Vulcan	1897	1590	T-209	Abnahme am 16.03.1897; Einsatz in Leningrad
6o / 223 N 3305	Cn2t	Hohen-zollern	1899	1290	T-223	Abnahme am 16.05.1899; Einsatz in Leningrad
11nn / 246 N 4405	B´Bn4vt	Vulcan	1909	2571	T-246	Abnahme am 28.09.1909; Einsatz in Leningrad
51M / 251 N 4406	Dn2t	Vulcan	1914	3018	T-251	Abnahme am 03.08.1914; Einsatz in Leningrad
52Dh / 261 H 4406	Dh2t	Maffei	1912	3745	T-261	Abnahme am 30.09.1912; geliefert an Bleckeder Kleinbahn (Nr. 5[II]); 1922 an Schlawer Kreisbahn (Nr. 8); 1935 an DKBO; an Estnische Eisenbahn
Demminer Kleinbahnen West						
101nn / 247 N 4406	B´Bn4vt	Hanomag	1912	6653	T-247	Abnahme am 06.12.1912; Einsatz in Leningrad
102nn / 248 N 4406	B´Bn4vt	Hanomag	1912	6654	T-248	Abnahme am 17.12.1912; Einsatz in Leningrad
103nn / 249 N 4406	B´Bn4vt	Hanomag	1912	6655	T-249	Abnahme am 04.01.1913; Einsatz in Leningrad
111m / 210 N 2206	Bn2t	Henschel	1912	11345	T-210	Abnahme am 31.03.1912: Einsatz in Leningrad
112m / 211 N 2206	Bn2t	Henschel	1912	11346	T-211	Abnahme am 04.04.1912; Einsatz in Leningrad
151M / 252 N 4406	Dn2t	Vulcan	1914	2952	T-252	Abnahme am 03.05.1914; Einsatz in Leningrad
152M / 253 N 4406	Dn2t	Vulcan	1914	2953	T-253	Abnahme am 16.05.1914; Einsatz in Leningrad
153M / 254 N 4406	Dn2t	Vulcan	1913	2895	T-254	Abnahme am 04.11.1913; geliefert an GJK (Nr. 10M); 1931 an DKBW; Einsatz in Leningrad
Dessau-Radegast-Köthener Bahn (DRKB)						
CÖTHEN	Cn2t	Hohen-zollern	1895	830	T-830	Abnahme am 02.06.1895; Einsatz in Leningrad
ZÖRBIG	Cn2t	Hohen-zollern	1896	949	T-949	Abnahme am 30.09.1896; Einsatz in Leningrad
3	Cn2t	Henschel	1921	17365	T-17365	Abnahme am 25.07.1921; Einsatz in Leningrad
4	Cn2t	Henschel	1924	20397	T-20397	Abnahme am 19.03.1924; Einsatz in Leningrad

Betriebs-Nr. / PLB-Nr.	Bauart	Hersteller	Baujahr	Fabrik-Nr.	sowjetische Betriebs-Nr.	Bemerkungen
5	Cn2t	Henschel	1927	20812	T-20812	Abnahme am 01.09.1927; Einsatz in Leningrad
Gernrode-Harzgeroder Eisenbahn						
SELKE	Cn2t	Henschel	1887	2226	T-2226	Umbau auf 1.067 mm Spurweite; an Sachalin-Eisenbahn; + 18.09.1958
HARZGERODE	Cn2t	Henschel	1887	2228	T-2228	Umbau auf 1.067 mm Spurweite; an Sachalin-Eisenbahn; + 24.07.1958
GÜNTERSBERGE	Cn2t	Henschel	1888	2703	T-2703	Umbau auf 1.067 mm Spurweite; an Sachalin-Eisenbahn; + 22.05.1958
ALEXISBAD	Cn2t	Henschel	1890	3350	T-3350	Umbau auf 1.067 mm Spurweite; an Sachalin-Eisenbahn; + 10.07.1958
HASSELFELDE	Cn2t	Henschel	1890	3351	T-3351	Umbau auf 1.067 mm Spurweite; an Sachalin-Eisenbahn; + 22.01.1958
20	Dn2t	O & K	1910	3826	T-3826	an Ruhr-Lippe Kleinbahnen geliefert; 1914 an GHE; Umbau auf 1.067 mm Spurweite; an Sachalin-Eisenbahn; + 24.12.1959
21	Eh2t	O & K	1928	11746	T-11746	Umbau auf 1.067 mm Spurweite und Ausbau des Luttermöller-Antriebs; an Sachalin-Eisenbahn; + 23.08.1965
22	Eh2t	O & K	1928	11747	T-11747	Umbau auf 1.067 mm Spurweite und Ausbau des Luttermöller-Antriebs; an Sachalin-Eisenbahn; + 28.11.1964
Greifswald-Jarmener Kleinbahn						
1m / 212 N 2206	Bn2t	Vulcan	1897	1584	T-212	Abnahme am 05.07.1897; Einsatz in Leningrad
2m / 213 N 2206	Bn2t	Vulcan	1897	1585	T-213	Abnahme am 18.07.1897; Einsatz in Leningrad
3m / 214 N 2206	Bn2t	Vulcan	1897	1586	T-214	Abnahme am 11.08.1897; Einsatz in Leningrad
4m / 215 N 2206	Bn2t	Vulcan	1897	1612	T-215	Abnahme am 28.10.1897; Einsatz in Leningrad
11Mh / 260 H 4406	Dh2t	Vulcan	1925	3850	T-260	Abnahme am 22.05.1925; an Hüttenwerk Magnitogorsk
Kleinbahn Greifswald-Wolgast						
1m / 216 N 2206	Bn2t	Union	1898	949	T-216	Abnahme am 02.09.1898; Einsatz in Leningrad
2m / 217 N 2206	Bn2t	Union	1898	950	T-217	Abnahme am 14.09.1898; Einsatz in Leningrad
11n / 250 N 4405	B´Bn4vt	Vulcan	1909	2494	T-250	Abnahme am 31.07.1909; Einsatz in Leningrad
51M / 255 N 4406	Dn2t	Vulcan	1914	3019	T-255	Abnahme am 22.08.1914; an Hüttenwerk Magnitogorsk; später an Torfbahn Nasaja
Jüterbog-Luckenwalder Kreiskleinbahnen						
1 / JÜTERBOG	C1´n2t	Krauss	1900	4190	T-4190	Abnahme am 15.11.1900; 1939 an Heeresfeldbahnen; Einsatz in Leningrad
3 / GÖRSDORF	C1´n2t	Krauss	1900	4192	T3-DL	Abnahme am 02.12.1900; 1939 an Heeresfeldbahnen; an Estnische Eisenbahn
5 / MARKENDORF	C1´n2t	Krauss	1900	4194	T5-DL	Abnahme am 12.12.1900; 1939 an Heeresfeldbahnen; an Estnische Eisenbahn
6 / PETKUS	C1´n2t	Krauss	1900	4195	T-4195	Abnahme am 12.12.1900; 1939 an Heeresfeldbahnen; Einsatz in Leningrad
Mecklenburg-Pommersche Schmalspurbahn						
2[II] / REUSS	C1´n2t	Jung	1906	990	T2-MP	Abnahme am 13.09.1906; Einsatz in Leningrad

Betriebs-Nr. / PLB-Nr.	Bauart	Hersteller	Baujahr	Fabrik-Nr.	sowjetische Betriebs-Nr.	Bemerkungen
3^{II} / FREIHERR	C1´n2t	Jung	1907	1137	T3-MP	Abnahme am 02.06.1907; FREIHERR VON TROSCHKE; Einsatz in Leningrad
6^{II} / KATTER	C1´n2t	Jung	1911	1639	T6-MP	Abnahme am 30.08.1911; Einsatz in Leningrad
7^{II} / RAT VOSS	C1´n2t	Jung	1913	1974	T7-MP	Abnahme am 04.04.1913; Einsatz in Leningrad
10^{II}	Dh2	O & K	1930	12178	T10-MP	Abnahme am 29.06.1930; Einsatz in Leningrad
11^{II}	Dh2	O & K	1934	12494	T11-MP	Abnahme am 20.07.1934; Einsatz in Leningrad
13^{II}	Dh2	O & K	1937	12894	T13-MP	Abnahme am 25.04.1937; Einsatz in Leningrad
15	Cn2t	Jung	1895	201	T15-MP	Abnahme am 17.04.1895; Einsatz in Leningrad
16^{II} / ANCLAM	Bn2t	Hagans	1896	336	T16-MP	Abnahme am 26.10.1896; Einsatz in Leningrad
17^{II}	En2t	O & K	1918	8713	T17-MP	Abnahme am 06.06.1937; Einsatz in Leningrad
18^{II}	En2t	O & K	1918	8719	T18-MP	Abnahme am 23.09.1934; Einsatz in Leningrad
19^{II}	Dn2t	O & K	1916	8249	T19-MP	Abnahme am 02.10.1927; Einsatz in Leningrad
20^{II}	Dn2t	Krauss	1919	7551	T20-MP	von Firma Otto Hoffmann (Abnahme am 13.07.1926); Einsatz in Leningrad
21^{II}	Dn2t	Henschel	1914	13309	T21-MP	von WEM (Abnahme am 06.01.1934); Einsatz in Leningrad
22^{II}	Dn2t	Borsig	1914	9205	T22-MP	von Firma Richard Dolberg & Co. (Abnahme am 25.11.1933); Einsatz in Leningrad
23^{II}	Dn2t	O & K	1918	8282	T23-MP	Abnahme am 03.03.1935; Einsatz in Leningrad
24	C1´n2t	Jung	1895	198	T24-MP	Abnahme am 08.04.1895; Umbau von Cn2t in C1´n2t bei O & K (Abnahme am 17.01.1915); Einsatz in Leningrad
25	C1´n2t	Jung	1895	200	T25-MP	Abnahme am 12.04.1895; Umbau von Cn2t in C1´n2t bei O & K (Abnahme am 23.01.1920); Einsatz in Leningrad
26	Dn2t	Borsig	1914	9019	T26-MP	von Firma Richard Dolberg & Co. (Abnahme am 12.04.1937); Einsatz in Leningrad
27	C1´n2t	Jung	1895	199	T27-MP	Abnahme am 12.04.1895; Umbau von Cn2t in C1´n2t bei O & K (Abnahme am 08.07.1925); Einsatz in Leningrad
Ost- und Westprignitzer Kreiskleinbahnen						
15 KYRITZ / 07-21	Cn2t	Hartmann	1897	2263	T7-21	Abnahme am 06.06.1897; Einsatz in Leningrad
18 / 07-23	Cn2t	Henschel	1914	13021	T7-23	Abnahme am 12.09.1914; Einsatz in Leningrad
21 HEINZ / 07-24	Cn2t	O & K	?	2087	T7-24	Abnahme am 02.12.1906; Einsatz in Leningrad
Kreisbahn Rathenow-Senzke–Nauen						
1	C1´n2t	Krauss	1899	4111	T1-RSN	Abnahme am 16.02.1900; Einsatz in Leningrad
2	C1´n2t	Krauss	1899	4112	T2-RSN	Abnahme am 16.02.1900; Einsatz in Leningrad
4	C1´n2t	O & K	1901	845	T4-RSN	Abnahme am 25.06.1901; Einsatz in Leningrad
6	Dn2t	Borsig	1929	12090	T6-RSN	Abnahme am 14.01.1929; Einsatz in Leningrad
Rügensche Kleinbahnen						
4n / 201 N 2205	Bn2t	Vulcan	1895	1491	T-201	Abnahme am 14.09.1895; 1947 an SAG Wismut; später Einsatz in Leningrad
6n / 202 N 2205	Bn2t	Vulcan	1895	1494	T-202	Abnahme am 18.10.1895; 1947 an SAG Wismut; später Einsatz in Leningrad
8m / 204 N 2206	Bn2t	Vulcan	1896	1561	T-204	Abnahme am 02.05.1896; 1947 an SAG Wismut; später Einsatz in Leningrad

Betriebs-Nr. / PLB-Nr.	Bauart	Hersteller	Baujahr	Fabrik-Nr.	sowjetische Betriebs-Nr.	Bemerkungen
11o / 221 N 3306	Cn2t	Hanomag	1902	3809	T-221	geliefert an Altmärkische Kleinbahn (Nr. 4); Abnahme am 02.08.1902; 1924 an RüKB; 1947 an SAG Wismut; später Einsatz in Leningrad
12o / 222 N 3306	Cn2t	Hanomag	1910	5966	T-222	geliefert an Altmärkische Kleinbahn (Nr. 5); Abnahme am 01.08.1910; 1924 an RüKB; 1947 an SAG Wismut; später Einsatz in Leningrad
Waldeisenbahn Muskau						
MUSKAU	Cn2t	Krauss	1896	3489	T-3489	Abnahme am 23.05.1896; Einsatz in Leningrad
FÜRST PÜCKLER	Cn2t	Krauss	1899	3968	T-3968	Abnahme am 07.11.1899; Einsatz in Leningrad
ELEPHANT	C1´n2t	Krauss	1919	7251	T-7251	Abnahme am 13.01.1920; Einsatz in Leningrad
GORA	Dn2t	Henschel	1919	16155	T-16155	am 30.05.1919 aus Demobilisierungslager Dallgow-Döberitz; Abnahme am 18.07.1920; Einsatz in Leningrad
HALBENDORF	Dn2t	Krauss	1917	7351	T-7351	am 23.05.1919 aus Demobilisierungslager Hanau; Abnahme am 03.02.1920; Einsatz in Leningrad
JÄMLITZ	Dn2t	Krauss	1917	7352	T-7352	am 06.05.1919 aus Demobilisierungslager Hanau; Abnahme am 18.07.1920; Einsatz in Leningrad
KAROLINE	Dn2t	Krauss	1917	7353	T-7353	am 23.04.1919 aus Demobilisierungslager Hanau; Abnahme am 24.07.1920; Einsatz in Leningrad
KÖBELIN	Dn2t	Henschel	1917	15309	T-15309	am 12.04.1919 aus Demobilisierungslager Hanau; Abnahme am 25.05.1920; Einsatz in Leningrad
KRAUSCHWITZ	Dn2t	Krauss	1917	7356	T-7356	am 23.05.1919 aus Demobilisierungslager Hanau; Abnahme am 02.06.1920; Einsatz in Leningrad
MÜHLROSE	Dn2t	Henschel	1916	14282	T-14282	am 23.05.1919 aus Demobilisierungslager Hanau; Abnahme am 15.04.1920; Einsatz in Leningrad
REICHWALDE	Dn2t	Henschel	1917	15225	T-15225	am 18.04.1919 aus Demobilisierungslager Hanau; Abnahme am 21.08.1920; Einsatz in Leningrad
RUHLMÜHLE	Dn2t	Borsig	1914	8834	T-8834	am 23.04.1919 aus Demobilisierungslager Hanau; Abnahme am 28.02.1920; Einsatz in Leningrad
TREBENDORF	Dn2t	Henschel	1919	16156	T-16156	am 30.05.1919 aus Demobilisierungslager Dallgow-Döberitz; Abnahme am 24.06.1920; Einsatz in Leningrad
TZSCHELLN	?	LHW	1918	1709	T-1709	am 15.02.1921 aus Demobilisierungslager Dallgow-Döberitz; Abnahme am 04.09.1923; Einsatz in Leningrad
WEISKEISEL	?	O & K	1916	6234	T-6234	am 23.04.1919 aus Demobilisierungslager Hanau; Abnahme am 30.04.1920; Einsatz in Leningrad
WEISSWASSER	Dn2t	Henschel	1919	16157	T-16157	am 30.05.1919 aus Demobilisierungslager Dallgow-Döberitz; Abnahme am 22.06.1920; Einsatz in Leningrad

Betriebs-Nr. / PLB-Nr.	Bauart	Hersteller	Baujahr	Fabrik-Nr.	sowjetische Betriebs-Nr.	Bemerkungen
Weimar-Großrudestedter Eisenbahn						
53	B´Bn4vt	Jung	1898	329	T-329	geliefert an SHE (»ACHTERMANN«); 1936 an WGE; Umbau auf 1.067 mm Spurweite; an Sachalin-Eisenbahn; + 28.10.1957
54	B´Bn4vt	Jung	1901	534	T-534	geliefert an SHE (»BRAUNLAGE«); 1925 an WGE; Umbau auf 1.067 mm Spurweite; an Sachalin-Eisenbahn; + 10.07.1958
55II	B´Bn4vt	Jung	1916	2389	T-2389	geliefert an SHE; 1926 an WGE; Umbau auf 1.067 mm Spurweite; an Sachalin-Eisenbahn; + 28.10.1958
6 / 64	Cn2t	Hartmann	1888	1556	T-1556	Umbau auf 1.067 mm Spurweite; an Sachalin-Eisenbahn; + 24.11.1958
7 / 65	Cn2t	Hartmann	1891	1828	T-1828	Umbau auf 1.067 mm Spurweite; an Sachalin-Eisenbahn; + 28.10.1957

Bis zur Übernahme der Kleinbahn-AG Genthin (GeK) durch die DR gab es in Schönhausen (Elbe) zwei Bahnhöfe. Diese Aufnahme zeigt die Empfangsgebäude der Staatsbahn (rechts) und der Kleinbahn (links). Der Bahnhof der GeK hieß bis zum 31. Dezember 1949 »Schönhausen (Elbe) Nord«. *Foto: Slg. L. Weber*

3.4 Fünf Länder, ein Endergebnis

Nach der Enteignung der Klein- und Privatbahnen in der SBZ gab es Ende 1946 erste Überlegungen, die Strecken im Hinblick auf die von der SMAD geforderte einheitliche Transportplanung und -abwicklung der DR zu unterstellen. Diese Bestrebungen stießen aber nicht nur bei den Verwaltungen der Länder, sondern auch bei den meisten Betriebsleitungen der ehemaligen Klein- und Privatbahnen auf Ablehnung. Auch Vertreter der DR waren skeptisch, ob diese vielen Betriebe mit ihren höchst unterschiedlichen Vorschriften, Fahrzeugen und Betriebstechnologien in die Reichsbahn integriert werden konnten. Dies galt u.a. für die Schmalspurbahnen und die HBE mit ihrem anspruchsvollen Steilstreckenbetrieb auf der Strecke Blankenburg (Harz)-Rübeland-Tanne.

Der brandenburgische Wirtschaftsminister Heinrich Rau betonte in einem Referat vor Bürgermeistern und Landräten am 7. Januar 1947 in Potsdam zwar die Notwendigkeit eines »*Zusammenschlusses der Provinz- und Kreisbahnen*«, lehnte aber die von der SMAD forcierte Übernahme durch die Reichsbahn ab. In der Zeitung »Neue Zeit« der Ost-CDU hieß es daraufhin am 31. Januar 1947: »*Verlangt wird ein Verkehrssystem, das einheitlich aufeinander abgestellt ist. Das war ja auch der Sinn der Einrichtung der Zentralverwaltungen. Das wird keineswegs erreicht, wenn (...) Länder, wie es bei Brandenburg der Fall zu sein scheint, erkennen lassen, daß ein Anschluß an die Reichsbahn nicht beabsichtigt sei.*«

Damit lag die »Neue Zeit« voll auf der Linie der gemäß des Befehls Nr. 138 der SMAD am 11. Juni 1947 geschaffenen Deutschen Wirtschaftskommission (DWK), der die 1945 gegründeten Zentralverwaltungen unterstellt worden waren. Der stellvertretende Präsident der DZVV, Otto Kühne (12.05.1893-08.12.1955), erklärte dazu im »Neuen Deutschland«, dem Zentralorgan der SED, am 26. Juni 1947: »*Mit aller Deutlichkeit muß festgestellt werden, daß die Privat- und Kleinbahnen mit ihren Sondertarifen eine Sonderbelastung der Wirtschaft (...) darstellen. Der Betrieb und die Verwaltung der 103 Privat- und Kleinbahnen (...) könnte durch Zusammenfassung und Regie der Reichsbahn viel wirtschaftlicher gestaltet werden (...). Eine Vereinheitlichung und dadurch bedingte Vereinfachung der Verwaltung, des Abfertigungswesens, des Personen- und Gütertarifs, des Beschaffungswesens und der Personalpolitik sind wesentliche Vorteile, die im Interesse einer gesunden Wirtschaftspolitik liegen. (...) Von der Deutschen Zentralverwaltung des Verkehrs wird alles getan werden, diesen Zustand herbeizuführen.*«

Die Eisenbahn-AG Wallwitz-Wettin (KWW) gehörte einst zur Kleinbahnabteilung Merseburg (Aufnahme um 1905). Nach der Übernahme durch die DR verlor die KWW zusehends an Bedeutung. Bereits am 25. Mai 1963 endete der Personenverkehr auf der Strecke Wallwitz-Wettin. *Foto: Slg. L. Weber*

Doch diese Bestrebungen stießen auch weiterhin nicht überall auf Zustimmung. Allerdings wurde dies von der DZVV und der DWK ignoriert. Auf einer Besprechung am 24. November 1947 signalisierte die DR erstmals ihre Bereitschaft, die ehemaligen Klein- und Privatbahnen zu übernehmen. Auch Anfang 1948 bestanden seitens der Länder noch immer unterschiedliche Meinungen hinsichtlich der Zukunft der von ihnen verwalteten Strecken. Während Brandenburg und Sachsen-Anhalt für einen Weiterbetrieb der ehemaligen Klein- und Privatbahnen unter

Nicht von der DR übernommene Kleinbahnen		
Unternehmen	**Spurweite**	**Bemerkungen**
Forster Stadteisenbahn	1.000 / 1.435 mm	ab 01.08.1946: VEB Forster Stadteisenbahn
Industrie- und Hafenbahn der Stadt Frankfurt (Oder)	1.435 mm	ab 01.01.1950: Industrie- und Hafenbahn Frankfurt (Oder)
Sächsische Überlandbahn GmbH	1.000 mm	
Schweriner Hafenbahn	1.435 mm	ab 01.01.1950: VE (K) Industrie- und Hafenbahn Schwerin
Spremberger Stadtbahn	1.000 mm	ab 16.08.1946: VEB Spremberger Stadtbahn
Strausberger Eisenbahn	1.435 mm	ab 1951: VEB Strausberger Eisenbahn
Hafenbahn Torgau	1.435 mm	
Zschornewitzer Kleinbahn	1.435 mm	1946 an SAG für Brennstoffindustrie; ab 03.03.1950 als Werkbahn betrieben; 1953 an VEB Braunkohlenwerk Golpa

ihrer Regie plädierten, stimmten Mecklenburg und Thüringen für eine Abgabe an die DR. Für die sächsische Landesregierung spielte dieses Thema keine große Rolle, da sie mit der Strecke Horka–Steinbach (ex Kleinbahn AG Wehrkirch-Rothenburg-Priebus / WRP), der Sächsischen Überlandbahn GmbH (Straßenbahn Hohenstein-Ernstthal-Oelsnitz), der Görlitzer Kreisbahn AG (GöK) und der Mittweida-Dreiwerden-Ringethaler Eisenbahn nur über vier ehemalige Klein- und Privatbahnen verfügte, die die DR ohne Komplikationen am 11. Mai 1948 (WRP und GöK) bzw. am 1. Januar 1949 (Mittweida-Dreiwerden-Ringethaler Eisenbahn) übernahm.

Aber auch seitens der Reichsbahn gab es Vorbehalte gegenüber den Plänen der DWK und der DZVV. Die DR bekundete zunächst nur ein Interesse an 16 Unternehmen, deren Strecken die Reichsbahn als Verbindungslinien nutzen konnte. Doch letztlich setzten sich die Verwaltungen durch. Die DWK ordnete am 9. März 1949 die Übernahme der *»Verwaltung und Nutznießung«* von insgesamt 90 ehemaligen Klein- und Privatbahnen durch die DR zum 1. April 1949 an. Nur einige wenige Strecken (siehe Tabelle oben) waren davon ausgenommen. Die erste Ausführungsbestimmung dazu wurde am 25. März 1949 erlassen. Auf der Grundlage des Beschlusses S 63/49 der DWK übergaben schließlich die Länder Mecklenburg, Brandenburg, Sachsen-Anhalt und Thüringen die Strecken und Fahrzeuge an die Reichsbahn.

Zuvor hatten jedoch die vier Länder ihre Bahnverwaltungen mehrfach umstrukturiert. In **Mecklenburg** nahm unmittelbar nach Kriegsende die Direktion der Pommerschen Landesbahnen (PLB) in der provisorisch eingerichteten Ausweichstelle Binz mit 12 Mitarbeitern die Arbeit wieder auf. Ab August 1945 bemühte sich die PLB (siehe S. 27 ff.) darum, ihren Sitz von Binz auf das Festland zu verlegen. Zunächst gab es Überlegungen, die so genannte Landesbahndirektion in Greifswald anzusiedeln. Allerdings entschied die Regierung der Provinz Mecklenburg nach Abstimmung mit der Besatzungsmacht schließlich, die Räume des Landesbahnamtes in Demmin (Bahnhofstraße 22) zu nutzen. Ende März 1946 hatte die Ausweichstelle in Binz ausgedient und die Landesbahndirektion nahm ihre Tätigkeit in Demmin auf. Zum 1. Januar 1947 wurde die Behörde in die Hauptverwaltung der Eisenbahnen des Landes Mecklenburg umgewandelt, die dem Ministerium für Wirtschaft und Verkehr in Schwerin unterstellt war. Die Hauptverwaltung betreute 1947 ein rund 340 km langes Streckennetz mit 56 Lokomotiven, 3 Triebwagen sowie 109 Personen- und 723 Güterwagen. Für das Geschäftsjahr 1947 wies die Hauptverwaltung die Beförderung von über 2,4 Millionen Reisenden und rund 604.000 t Gütern aus.

Entsprechend des Befehls Nr. 76 der SMAD vom 23. April 1948, der die Bildung von Vereinigungen Volkseigener Betriebe (VVB) vorsah, löste die Landesregierung

Die Lok 380 der SEG (DR: 92 6176) stand um 1935 mit einem gemischten Zug im Bf Gehren. Die SEG, deren größter Aktionär die Stadt Essen war, wurde in der SBZ am 17. April 1948 enteignet. Foto: C. Bellingrodt, Slg. L. Weber

die Hauptverwaltung der Eisenbahnen auf und schuf am 1. Juli 1948 die »Industrieverwaltung Bahnen der VVB Landeseigene Betriebe Mecklenburg«, die weiterhin ihren Sitz in Demmin hatte und daher auch als »VVB Verkehr Demmin« bezeichnet wurde. Die VVB Verkehr Demmin hatte mit der Übergabe der Strecken an die DR am 1. April 1949 ausgedient.

Auch in **Brandenburg** griff die Provinzialverwaltung auf bestehende Strukturen (siehe S. 30 f.) zurück. Aus dem Landesverkehrsamt (LVA) Brandenburg entstand die Eisenbahnabteilung (Abteilung II Wirtschaft und Verkehr), die am 5. Juli 1945 offiziell ihre Amtsgeschäfte aufnahm und der Provinzialverwaltung unterstand. Am 1. Oktober 1945 entstand aus der Eisenbahnabteilung die Provinzialeisenbahndirektion (PED) der Provinzialverwaltung Mark Brandenburg, die ein Jahr später (01.10.1946) in die Generaldirektion Provinzbahnen umgewandelt wurde. Diese Behörde, ab 18. November 1946 als »Verkehrsabteilung« bezeichnet, war zunächst der Hauptverwaltung Provinzialbetriebe, später der Hauptverwaltung landeseigener Betriebe, zugeordnet. Ab 28. Juli 1947 wurde die Behörde als »Generaldirektion Landesbahnen Brandenburg« bezeichnet, die nun zum Finanzministerium, Abteilung Verkehr, gehörte. Am 1. Juli 1948 wandelte die Landesregierung die Generaldirektion in die VVB Generaldirektion Landesbahnen Brandenburg um, die nach der Übernahme der ehemaligen Klein- und Privatbahnen im Frühjahr 1949 nicht mehr benötigt wurde.

In der Provinz **Sachsen-Anhalt**, die erst ab 1. Juli 1945 zur SBZ gehörte, nahm die neue Verwaltung erst im August 1945 in Halle (Saale) ihre Arbeit auf. Die ehemalige Kleinbahnabteilung (siehe S. 31 f.) hieß nun »Referat Privat-, Klein- und Straßenbahnen« und gehörte zur Hauptabteilung Verkehr. Ab 1. Mai 1946 bestand in Halle (Saale) die »Eisenbahnverwaltung in der Abteilung Verkehr des Präsidenten der Provinz Sachsen«. Deren Oberster Betriebsleiter fungierte auch als Treuhänder für die enteigneten oder unter Sequester gestellten Kleinbahnen. Eine Sonderrolle nahmen dabei die Zschornewitzer Kleinbahn GmbH (ZKB) sowie die Eisenbahn-AG Ellrich-Zorge (KEZ), die Eisenbahn-AG Erfurt-Nottleben (KEN), die Langensalzaer Eisenbahn-AG (LaK), die Obereichsfelder Eisenbahn-AG (OeK) und die Eisenbahn-AG Rennsteig-Frauenwald (KRF) ein. Die am 22. März 1946 enteignete ZKB wurde auf Befehl der SMAD der SAG der Brennstoffindustrie unterstellt. KEZ, KEN, LaK, OeK und KRF lagen zwar in Thüringen, wurden aber von Halle (Saale) aus verwaltet. Erst am 14. Januar 1949 wurden diese fünf Kleinbahnen rückwirkend zum 1. Januar 1949 an das Land Thüringen übergeben. Das Ministerium für Wirtschaft und Verkehrs gründete 1946 die Sächsische Provinzbahnen GmbH, die ihren Sitz in Halle (Saale) hatte und im Wesentlichen aus der ehemaligen Betriebsabteilung Halle der Firma Lenz & Co. (siehe S. 17) hervorging. Damit hatte die ehemalige Kleinbahnabteilung ausgedient. Die Provinzregierung informierte am 15. Dezember 1946 alle Betriebsleitungen der ehemaligen Klein- und Privatbahnen darüber, dass die Betriebsführung ab 1. Januar 1947 der Sächsischen Provinzbahnen GmbH oblag. Allerdings bestand dieses Unternehmen, das ab 20. Januar 1948 als »Landesbahnen Sachsen-Anhalt GmbH« firmierte, nur kurze Zeit. Am 15. August 1948 wurde die Gesellschaft aufgelöst und in die VVB des Verkehrswesens Sachsen-Anhalt umgewandelt. Diese hatte mit der Abgabe der ehemaligen Klein- und Privatbahnen an die DR im Frühjahr 1949 ausgedient.

In **Thüringen** bediente sich die Provinzialverwaltung der Theag, die der Oberbürgermeister der Stadt Weimar am 20. November 1945 beschlagnahmt hatte (siehe S. 21 und 22). Entsprechend des Befehls Nr. 310 der sowjetischen Militäradministration für Thüringen wurden die Theag und ihre Eisenbahnen am 18. Juni 1946 enteignet und in Eigentum der Provinz Thüringen umgewandelt. Zunächst unterstand die Theag der Verwaltung Landeseigener Betriebe, Industriegruppe Altenburg, bevor sie am 4. November 1946 in die Hauptverwaltung Landeseigener Betriebe umgewandelt wurde, der nun auch die Arnstadt-Ichtershausener Eisenbahn (AIE), die Gera-Meuselwitz-Wuitzer Eisenbahn AG (GMWE), die Hohenebra-Ebelebener Eisenbahn (HEE), die Ilmenau-Großbreitenbacher Eisenbahn und die Mühlhausen-Ebelebener Eisenbahn AG (MEE) unterstanden. Ab 8. April 1947 firmierte die ehemalige Theag als »Thüringer Landesbahnen« und ab 30. Juni 1947 als »Thüringer Landesbahnen – Landeseigener Betrieb, Weimar«. Ein Jahr später, am 1. August 1948, wandelte die Landesregierung die einstige Theag in die VVB Handel – Thüringen, Thüringer Landesbahnen, um. Trotz dieser vielen Strukturwechsel änderte sich am Firmensitz Weimar nichts. Dies änderte sich erst mit der Abgabe der ehemaligen Klein- und Privatbahnen an die Deutsche Reichsbahn, die die im Berkaer Bahnhof untergebrachte Verwaltung bis Anfang 1950 auflöste.

Im Sommer 1951 hatte 89 6279 mit einem Personenzug den Bf Wernstedt erreicht. Erst gut zwei Jahre zuvor hatte die DR die Strecken und Fahrzeuge der ehemaligen Altmärkischen Eisenbahn-AG (AMK) übernommen. *Foto: Slg. D. Endisch*

Land	ehemalige Bahngesellschaft	Strecken	Spurweite	Streckenlänge (gesamt)
Brandenburg	Havelberger Eisenbahn	Glöwen-Havelberg	750 mm	9,2 km
Brandenburg	Kleinbahn Klockow-Pasewalk	Pasewalk-Klockow (Uckermark)	750 mm	16,0 km
Brandenburg	Königs Wusterhausen-Mittenwalde-Töpchiner Kleinbahn AG	Königs Wusterhausen-Mittenwalde-Töpchin	1.435 mm	18,8 km
		Mittenwalde Ost-Mittenwalde Nord		
Brandenburg	Lehniner Kleinbahn AG	Groß Kreutz-Lehnin	1.435 mm	11,9 km
Brandenburg	Luckenwalde-Jüterboger Kleinbahn	Dahme-Hohenseefeld-Jüterbog	750 mm	68,8 km
		Hohenseefeld-Luckenwalde		
Brandenburg	Niederbarnimer Eisenbahn AG	Berlin Nordbf-Basdorf-Groß Schönebeck	1.435 mm	67,5 km
		Basdorf-Liebenwalde		
Brandenburg	Niederlausitzer Eisenbahn AG	Falkenberg-Luckau-Lübben-Beeskow	1.435 mm	113,3 km
Brandenburg	Neukölln-Mittenwalder Eisen-	Neukölln Stadtgrenze-Mittenwalde	1.435 mm	18,9 km
	bahn-AG	Mittenwalde-Schöneicher Plan		
Brandenburg	Oderbruchbahn AG	Dahmsdorf-Müncheberg Stadt	1.435 mm	126,4 km
		Fürstenwalde-Hasenfelde-Wriezen		
		Hasenfelde-Müncheberg (Mark)		
		Friedrichsaue-Genschar		
		Wollrupp-Voßberg		
		Hafenbahn Kienitz		
		Hafenbahn Neuendorf		
		Wriezen-Dolgelin		
Brandenburg	Aktiengesellschaft Osthavelländische Kreisbahnen	Nauen-Neugarten-Ketzin	1.435 mm	46,2 km
		Nauen-Velten		
		Bötzow-Spandau Stadtgrenze		
Brandenburg	Ost- und Westprignitzer Kreiskleinbahnen	Perleberg Süd-Karstädt-Berge-Perleberg Süd	1.435 mm	101,9 km
		Berge-Putlitz		
		Pritzwalk-Putlitz-Suckow (Kr. Parchim)		
		Perleberg-Lindenberg-Kyritz	750 mm	92,2 km
		Pritzwalk-Lindenberg-Glöwen		
		(Kyritz-) Rehfeld Abzw-Breddin		
Brandenburg	Prenzlauer Kreisbahnen	Prenzlau-Dedelow-Strasburg (Meck.)	1.435 mm	96,0 km
		Dedelow-Fürstenwerder		
		Prenzlau-Klockow (Uckermark)		
		Prenzlau-Damme-Löcknitz		
Brandenburg	Kreisbahn Rathenow-Senzke-Nauen	Kriele-Nauen	750 mm	25,9 km

Land	ehemalige Bahngesellschaft	Strecken	Spurweite	Strecken-länge (gesamt)
Brandenburg	Ruppiner Eisenbahn AG	Kremmen-Wittstock (Dosse)-Meyenburg	1.435 mm	216,7 km
		Neustadt (Dosse)-Neuruppin-Herzberg (Mark)		
		Löwenberg-Herzberg (Mark)-Rheinsberg		
		Paulinenaue-Neuruppin		
Brandenburg	Kreisbahn Schönermark-Damme	Schönermark (Kr Angermünde)-Damme	1.435 mm	25,3 km
Brandenburg	Spreewaldbahn-AG	Lübben-Straupitz-Burg-Cottbus	1.000 mm	84,6 km
		Straupitz-Goyatz		
		(Burg-) Byhlen-Lieberose		
Brandenburg	Strausberg-Herzfelder Kleinbahn AG-	Strausberg-Herzfelde-Möllensee Hafen	1.435 mm	16,4 km
		Henneckendorf-Stimitzsee		
Brandenburg	Teltower Eisenbahn AG	Teltwo-Teltow Hafen	1.435 mm	7,9 km
Brandenburg	Westhavelländische Kreisbahnen	Brandenburg Krakauer Tor-Roskow-Röt-hehof	1.435 mm	45,7 km
		Brandenburg Silokanalbrücke-Roskow		
Mecklenburg	Boizenburger Stadt- und Hafenbahn AG	Boizenburg (Elbe)-Boizenburg Stadt	1.435 mm	2,6 km
Mecklenburg	Demminer Kleinbahnen Ost	Jarmen Nord-Schmarsow	600 mm	12,4 km
Mecklenburg	Franzburger Kreisbahnen	Stralsund-Altenpleen-Ribnitz-Damgarten	1.000 mm	67,2 km
		Klausdorf-Altenpleen		
Mecklenburg	Franzburger Südbahn	Velgast-Neuseehagen-Tribsees	1.435 mm	39,4 km
		Neuseehagen-Franzburg		
Mecklenburg	Greifswald-Grimmener	Grimmen Schützenplatz-Grimmen	1.435 mm	1,9 km
	Eisenbahn AG			
Mecklenburg	Kleinbahn Greifswald-Wolgast	Wolgast-Köslin	1.435 mm	8,9 km
Mecklenburg	Mecklenburgische Bäderbahn AG	Rövershagen-Graal Müritz	1.435 mm	10,3 km
Mecklenburg	Mecklenburg-Pommersche Schmalspurbahn	Friedland-Dennin-Anklam	600 mm	62,5 lm
		Friedland-Uhlenhorst-Ferdinandshof		
Mecklenburg	Neubrandenburg-Friedländer	Neubrandenburg-Friedland	1.435 mm	25,7 km
	Eisenbahn AG			
Mecklenburg	Kleinbahn Neuhaus-Brahlstorf	Neuhaus-Brahlstorf	1.435 mm	10,7 km
Mecklenburg	Rügensche Kleinbahnen AG	Altefähr-Putbus-Göhren	750 mm	97,3 km
		Bergen-Altenkirchen		
		Abzw Buhrkow-Grammitz		
Mecklenburg	Eisenbahn-AG Stralsund-Tribsees	Stralsund-Stralsund Vorstadt	1.435 mm	1,2 km
Mecklenburg	Kleinbahn Toitz-Rustow-Loitz	Toitz-Rustow-Loitz	1.435 mm	7,2 km
Sachsen	Görlitzer Kreisbahn AG	Görlitz-Weißenberg (Sachsen)	1.435 mm	28,4 km

Land	ehemalige Bahngesellschaft	Strecken	Spurweite	Streckenlänge (gesamt)
Sachsen	Kleinbahn AG Horka-Rothenburg-Priebus	Horka-Steinbach	1.435 mm	15,1 km
Sachsen	Mittweida-Dreiwerden-Ringethaler Eisenbahn	Mittweida-Dreiwerden-Ringethal	1.435 mm	5,6 km
Sachsen	Waldeisenbahn Muskau	Betriebsbahnhof Krauschwitz-Weißkeisel	600 mm	67,1 km
		Betriebsbahnhof Krauschwitz-Pechern		
		Betriebsbahnhof Krauschwitz-Papierfabrik Muskau		
		Muskau-Weißwasser-Halbendorf-Mühlrose		
		Gora-Weiche-Feinpapierfabrik Köbeln		
		Tiergarten Ost-Sägewerk Weißwasser		
		Tiergarten Ost-Ruhlmühle		
Sachsen-Anhalt	Altmärkische Eisenbahn-AG	Hohenwulsch-Kalbe (Milde)-Beetzendorf	1.435 mm	115,4 km
		Beetzendorf-Rohrberg-Diesdorf-Waddekath-Rade		
		Rohrberg-Hanum		
		Klötze-Wernstedt-Kalbe (Milde)		
		Gardelegen-Wernstedt		
Sachsen-Anhalt	Aschersleben-Schneidlingen-Nienhagener Eisenbahn AG	Aschersleben Hecklinger Str.-Aschersleben Nord	1.435 mm	47,0 km
		Aschersleben Nord-Scheidlingen-Nienhagen		
Sachsen-Anhalt	Eisenbahn-AG Bebitz-Alsleben	Bebitz-Alsleben (Saale)-Alsleben Stadtmühle	1.435 mm	8,4 km
Sachsen-Anhalt	Kleinbahn Bergwitz-Kemberg	Bergwitz-Kemberg	1.435 mm	6,0 km
Sachsen-Anhalt	Eisenbahn-AG Neuburxdorf-Mühlberg	Neuburxdorf-Mühlberg (Elbe)	1.435 mm	7,4 km
Sachsen-Anhalt	Delitzscher Eisenbahn-AG	Delitzsch unter Bf-Glesien-Rackwitz	1.435 mm	37,3 km
		Rackwitz-Krensitz		
Sachsen-Anhalt	Dessau-Radegast-Köthener Bahn	Anschlussbahn Köthen	1.435 mm	1,5 km
Sachsen-Anhalt	Dessau-Wörlitzer Eisenbahn	Dessau-Wörlitz-Gohrau-Rehsen	1.435 mm	18,7 km
Sachsen-Anhalt	Gardelegen-Haldensleben-Weferlinger Eisenbahn AG	Haldensleben-Abzw Süpplingen-Weferlingen	1.435 mm	74,1 km
		Abzw Süpplingen-Bebertal		
		Haldensleben-Letzlingen-Gardeleben		
Sachsen-Anhalt	Genthiner Eisenbahn AG	Genthin-Jerichow-Schönhausen (Elbe)	1.435 mm	154,3 km
		Genthin-Milow (Havel)		
		Schönhausen (Elbe)-Sandau (Elbe)		
		Güsen (Kr Genthin)-Jerichow		

Land	ehemalige Bahngesellschaft	Strecken	Spurweite	Strecken-länge (gesamt)
		Güsen (Kr Genthin)-Ziesar		
		Wusterwitz-Ziesar-Görzke		
		Rogäsen-Karow		
Sachsen-Anhalt	Gernrode-Harzgeroder Eisenbahn-Gesellschaft	Gernrode (Harz)-Alexisbad-Straßberg (Harz)	1.000 mm	24,8 km
		Alexisbad-Harzgerode		
Sachsen-Anhalt	Kleinbahn GmbH Goldbeck-Werben	Goldbeck (Kr Osterburg)-Werben (Elbe)	1.435 mm	19,6 km
		Werben (Elbe)-Hafen		
Sachsen-Anhalt	Halberstadt-Blankenburger Eisenbahn-Gesellschaft	Halberstadt-Langenstein-Blankenburg (Harz)	1.435 mm	87,2 km
		Langenstein-Derenburg		
		Blankenburg (Harz)-Rübeland-Tanne		
		Abzw Wechsel-Drei Annen Hohne Ost		
		Blankenburg (Harz)-Thale Bodetal-Quedlinburg		
Sachsen-Anhalt	Haldenslebener Eisenbahn AG	Haldensleben-Eilsleben	1.435 mm	36,4 km
		Haldensleben-Haldensleben Werke		
		Abzw. Haldensleben-Haldensleben Hafen		
Sachsen-Anhalt	Halle-Hettstedter Eisenbahn AG	Halle Klaustor-Gerbstedt-Hettstedt	1.435 mm	59,1 km
		Gerbstedt-Friedeburg		
		Halle Thüringer Bf-Halle Turmstadt-Halle Klaustor		
		Industriebahn Halle	1.000 mm	1,2 km
Sachsen-Anhalt	Eisenbahn-AG Heudeber-Mattierzoll	Heudeber-Danstedt-Hessen-Veltheim	1.435 mm	18,6 km
Sachsen-Anhalt	Kleinbahnen des Kreises Jerichow I	Burg Umladebf-Magdeburgerforth-Ziesar West	750 mm	101,6 km
		Burg Umladebf-Lübars-Magdeburgerforth		
		Lübars-Loburg-Gommern		
		Burg Umladebf-Ihlekanal		
Sachsen-Anhalt	Eisenbahn-AG Könnern-Rothenburg	Könnern-Rothenburg (Saale)	1.435 mm	5,4 km
Sachsen-Anhalt	Marienborn-Beendorfer Kleinbahn-Gesellschaft	Marienborn-Beendorf	1.435 mm	5,4 km
Sachsen-Anhalt	Nauendorf-Gerlebogker Eisenbahn AG	Nauendorf-Löbejün-Gottgau	1.435 mm	18,1 km
		Gottgau-Zeche Plötz		
Sachsen-Anhalt	Nordhausen-Wernigeroder Eisen-bahn-Gesellschaft	Nordhausen-Drei Annen Hohne-Wernigerode	1.000 mm	96,2 km
		Drei Annen Hohne-Brocken		
		Sorge-Tanne[1]		
		Eisfelder Talmühle-Hasselfelde[2]		

Land	ehemalige Bahngesellschaft	Strecken	Spurweite	Streckenlänge (gesamt)
Sachsen-Anhalt	Oschersleben-Schöninger Eisenbahn AG	Oschersleben (Bode) Nord-Hötensleben	1.435 mm	23,6 km
		Oschersleben (Bode) Nordwest-Abzw Personenbf		
Sachsen-Anhalt	Eisenbahn-AG Osterburg-Deutsch Pretzier	Osterburg-Klein Rossau-Pretzier	1.435 mm	39,3 km
Sachsen-Anhalt	Osterwieck-Wasserlebener Eisenbahn AG	Osterwieck-Bühne-Rimbeck	1.435 mm	12,4 km
Sachsen-Anhalt	Prettin-Annaburger Eisenbahn AG	Annaburg-Prettin	1.435 mm	12,5 km
Sachsen-Anhalt	Salzwedeler Kleinbahnen GmbH	Salzwedel Neustadt-Dähre-Diesdorf	1.435 mm	56,4 km
		Salzwedel Neustadt-Badel (-Kalbe/Milde)		
Sachsen-Anhalt	Eisenbahn-AG Schildau-Mockrehna	Mockrehna-Schildau	1.435 mm	10,6 km
Sachsen-Anhalt	Stendaler Eisenbahn-AG	Stendal-Arneburg	1.435 mm	81,0 km
		Stendal-Peulingen-Klein Rossau-Arendsee		
		Peulingen-Hohenwulsch		
Sachsen-Anhalt	Stendal-Tangermünder Eisenbahn-Gesellschaft	Stendal-Tangermünde	1.435 mm	13,4 km
		Tangermünde-Tangermünde Hafen		
Sachsen-Anhalt	Eisenbahn-AG Wallwitz-Wettin	Wallwitz-Wettin (Saale)	1.435 mm	9,1 km
Sachsen-Anhalt	Kleinbahn Wegenstedt-Calvörde	Wegenstedt-Calvörde	1.435 mm	6,2 km
Sachsen-Anhalt	Eisenbahn-AG Wolmirstedt-Colbitz	Wolmirstedt-Colbitz	1.435 mm	8,4 km
Thüringen	Arnstadt-Ichtershausener Eisenbahn	Arnstadt-Ichtershausen	1.435 mm	5,1 km
Thüringen	Buttstädt-Rastenberger Eisenbahn	Buttstädt-Rastenberg	1.435 mm	5,4 km
Thüringen	Eisenbahn-AG Ellrich-Zorge	Ellrich-Ellrich Stadt	1.435 mm	1,3 km
Thüringen	Eisenbahn-AG Erfurt-Nottleben	Erfurt-Erfurt West-Nottleben	1.435 mm	21,3 km
Thüringen	Esperstedt-Oldislebener Eisenbahn	Esperstedt-Oldisleben	1.435 mm	4,2 km
Thüringen	Gera-Meuselwitz-Wuitzer Eisenbahn AG	Gera-Wuitz-Mumsdorf	1.000 mm	33,2 km
		Söllmnitz-Reußengrube		
Thüringen	Greußen-Ebeleben-Keulaer Eisenbahn	Greußen-Ebeleben-Keula (Thür.)	1.435 mm	37,1 km
Thüringen	Hohenebra-Ebelebener Eisenbahn	Hohenebra-Ebeleben	1.435 mm	8,7 km
Thüringen	Ilmenau-Großbreitenbacher Eisenbahn	Ilmenau-Großbreitenbach	1.435 mm	20,6 km
Thüringen	Kyffhäuser Eisenbahn-AG	Berga-Kelbra-Artern	1.435 mm	28,8 km
Thüringen	Langensalzaer Eisenbahn-AG	Langensalza-Kirchheilingen-Haussömmern	1.435 mm	28,0 km
Thüringen	Mühlhausen-Ebelebener Eisenbahn AG	Mühlhausen-Ebeleben	1.435 mm	25,4 km

Land	ehemalige Bahngesellschaft	Strecken	Spurweite	Streckenlänge (gesamt)
Thüringen	Oberweißbacher Bergbahn AG	Obstfelderschmiede-Lichtenhain	1.800 mm	1,4 km
		Lichtenhain-Cursdorf	1.435 mm	3,0 km
Thüringen	Eisenbahn-AG Rennsteig-Frauenwald	Rennsteig-Frauenwald	1.435 mm	4,8 km
Thüringen	Schleizer Kleinbahn AG	Schleiz-Saalburg	1.435 mm	21,8 km
Thüringen	Schmalkaldener Eisenbahn	Pappenheim-Brotterode	1.435 mm	8,5 km
Thüringen	Trusebahn AG	Wernshausen-Trusetal	750 mm	9,0 km
Thüringen	Weimar-Berka-Blankenhainer Eisenbahn	Weimar-Bad Berka-Kranichfeld Bad Berka-Blankenhain	1.435 mm	31,5 km
Thüringen	Weimar-Großrudestedter Eisenbahn	Weimar Nord-Großobringen-Buchenwald	1.435 mm	15,4 km
Thüringen	Wenigentaft-Oechsener Eisenbahn AG	Wenigentaft-Oechsen	1.435 mm	10,1 km
Thüringen	Wutha-Ruhlaer Eisenbahn	Wutha-Ruhla	1.435 mm	7,3 km
Anmerkungen:				
1 = ehemals Südharz-Eisenbahn; ab 13.04.1946 von der NWE verwaltet				
2 = ehemals Gernrode-Harzgeroder Eisenbahn-Gesellschaft; ab 13.04.1946 von der NWE verwaltet				

Die Eingliederung der ehemaligen Klein- und Privatbahnen war für die DR eine Herausforderung. Die Strecken konnten hinsichtlich ihrer betrieblichen Verhältnisse und des Verkehrsaufkommens unterschiedlicher nicht sein. Die Vielfalt reichte von den nur wenige Kilometer kurzen Stichstrecken, z.B. der Eisenbahn-AG Bebitz-Alsleben (KBA), der Eisenbahn-AG Könnern-Rothenburg (KKR) und der Eisenbahn-AG Neuburxdorf-Mühlberg (KBM), über das 600 mm-Streckennetz der Mecklenburg-Pommerschen Schmalspurbahn (MPSB), die 750 mm-Streckennetze der Ost- und Westprignitzer Kreiskleinbahnen (OWPK), der Rügenschen Kleinbahnen (RüKB), der Luckenwalde-Jüterboger Kleinbahn (LJK) und der Kleinbahnen des Kreis Jerichow I (KJ I) sowie die meterspurigen Gebirgsbahnen der Gernrode-Harzgeroder Eisenbahn-Gesellschaft (GHE) und der Nordhausen-Wernigeroder Eisenbahn-Gesellschaft (NWE) bis hin zu den großen regelspurigen Streckennetzen der Altmärkischen Eisenbahn-AG (AMK), der Genthiner Eisenbahn AG (GeK), der Halberstadt-Blankenburger Eisenbahn-Gesellschaft (HBE) und der Ruppiner Eisenbahn AG (RE). Viele ehemaligen Klein- und Privatbahnen befanden sich in einem denkbar schlechten Zustand. Die Infrastruktur und die Fahrzeuge waren infolge von Kriegsschäden, der mangelnden Unterhaltung während des Zweiten Weltkrieges und der fehlenden finanziellen Mittel in den 1920er- und 1930er-Jahren zu einem erheblichen Teil verschlissen. Auch ein großer Teil der Lokomotiven und Wagen war vergleichsweise alt und wies durch den intensiven Einsatz in den letzten Jahren erhebliche Verschleißerscheinungen auf. Vielerorts fehlten betriebsfähige Fahrzeuge für den täglichen Betrieb. Doch die Reichsbahn musste alle übernommenen Strecken zunächst weiter betreiben, egal in welchem Zustand sie sich befanden oder wie hoch das Verkehrsaufkommen war. Omnibusse und Lastkraftwagen standen für einen Verkehrsträgerwechsel auf absehbare Zeit nicht zur Verfügung.

Die jeweils zuständigen Reichsbahndirektionen und die als Zwischeninstanz fungierenden Reichsbahnämter (Rba) beschritten bei der Eingliederung der ehemaligen Klein- und Privatbahnen unterschiedliche Wege. Während die Rbd Berlin ihre Mitarbeiter zu den örtlichen Betriebsleitungen schickte und schnellstens die Übernahmeprotokolle ausstellen ließ, schuf die Rbd Greifswald eine »Kleinbahnabwickelungsstelle«, die die Übernahme bis zum 12. August 1949 vollzogen hatte. Die Rbd

Magdeburg, die mit 26 ehemaligen Klein- und Privatbahnen und einer Gesamtstreckenlänge von mehr als 1.080 km in 750, 1.000 und 1.435 mm Spurweite den größten Teil übernahm, beließ zunächst die örtlichen Betriebsleitungen. Die Direktion bildete zunächst Kommissionen, die sich umgehend einen Überblick über die Lage bei den einzelnen Strecken verschaffte. Eine solche Kommission besuchte beispielsweise am 10. April 1949 die Schmalspurbahnen im Harz. Ab dem Sommer 1949 führten die Direktionen bzw. Reichsbahnämter bei den ehemaligen Klein- und Privatbahnen die bei der DR üblichen Strukturen ein. Bis zum 1. Januar 1950 entstanden so zahlreiche neue Dienststellen. Neben neuen Bahnhöfen (Bf) und Bahnmeistereien (Bm) wurden auch einige ehemalige Betriebswerkstätten in Bahnbetriebswerke (Bw) umgewandelt.

Zu Bahnbetriebswerken umgewandelte Klein- und Privatbahn-Werkstätten

Bahnbetriebswerk	ehemalige Bahngesellschaft	selbstständig ab	Bemerkungen
Barth	FKB / DR	01.01.1950	ab 01.01.1968 Einsatzstelle des Bw Stralsund; am 31.12.1992 geschlossen
Basdorf	NbEB	01.01.1951	ab 01.01.1957 Lokbahnhof des Bw Berlin-Pankow; ab 01.01.1993 Personal-Einsatzstelle
Blankenburg (Harz)	HBE	01.01.1950	ab 01.07.1993 Einsatzstelle des Bw Halberstadt; ab 01.01.1999 Einsatzstelle des Bh Magdeburg-Rothensee; am 31.03.2006 geschlossen
Brandenburg-Altstadt	BStB	01.01.1950	ab 01.01.1958 Betriebsteil des Bw Brandenburg; am 28.02.1993 geschlossen
Burg (b Magdeburg)	KJ I	01.01.1954	ab 01.01.1958 Lokbahnhof des Bw Jerichow; ab 01.01.1972 Einsatzstelle des Bw Magdeburg; am 21.09.1991 geschlossen
Friedland	MPSB / NFE	01.01.1950	ab 01.01.1951 Lokbahnhof des Bw Neubrandenburg; 1991 geschlossen
Haldensleben	GHWK / NhE	01.01.1950	ab 01.07.1993 Einsatzstelle des Bw Magdeburg; am 31.05.1999 aufgelöst; im Mai 2000 an Norddeutsche Eisenbahn (noch in Betrieb)
Halle Klaustor	HHE	01.01.1950	ab 01.08.1952 Lokbahnhof des Bw Halle P; 1968 geschlossen
Jerichow	GeK	01.01.1950	ab 01.07.1993 Einsatzstelle des Bw Stendal; am 29.05.1999 geschlossen
Ketzin	OHKB	01.01.1950	ab 01.01.1966 Einsatzstelle des Bw Brandenburg; ab 01.01.1973 Einsatzstelle des Bw Stendal; am 31.12.1981 geschlossen
Krauschwitz / Muskau	WEM	01.01.1951	aufgelöst am 31.12.1977
Luckau	NLE	01.01.1950	ab 01.09.1967 Einsatzstelle des Bw Cottbus; geschlossen
Neuruppin	RE	01.01.1950	ab 01.01.1994 Einsatzstelle des Bh Wittenberge; am 24. Mai 1998 Umwandlung in einen Betriebshof (noch in Betrieb)
Perleberg	OWPK / DR	01.01.1950	ab 01.10.1950 Lokbahnhof des Bw Wittenberge; am 25.07.1992 geschlossen
Putbus	RüKB	01.01.1950	ab 01.01.1967 Einsatzstelle des Bw Stralsund; am 23.01.1996 an Rügensche Kleinbahn GmbH (noch in Betrieb)
Straupitz	Sp	01.01.1950	ab 01.01.1965 Einsatzstelle des Bw Cottbus; am 31.01.1970 geschlossen
Wernigerode Westerntor	NWE	01.01.1950	am 01.02.1993 an Harzer Schmalspurbahnen GmbH (noch in Betrieb)
Wriezen	OrB / DR	01.04.1955	ab 01.01.1968 Einsatzstelle des Bw Frankfurt (Oder); geschlossen

Die Ost- und Westprignitzer Kreiskleinbahnen (OWPK) besaßen ab 1911 in Perleberg eine moderne und leistungsfähige Hauptwerkstatt. Ende der 1940er-Jahre nutzten die Lehrlinge der Hauptwerkstatt die Lok 07-26 (DR: 99 4505) als Kulisse für ein Erinnerungsbild. *Foto: Slg. D. Endisch*

Aus heutiger Perspektive mag dieser Schritt als ein Anachronismus erscheinen. Doch im Herbst 1949 konnten die Direktionen diese Entscheidung gegenüber der Generaldirektion (GD) der DR gut begründen. Die bei den ehemaligen Klein- und Privatbahnen beschäftigten Eisenbahner kannten ihre Strecken sowie die hier eingesetzten Fahrzeuge am besten und konnten damit den weiteren Betrieb sicherstellen. Für die Gründung neuer Bahnbetriebswerke sprach zudem die Größe und die technische Ausstattung einzelner Betriebswerkstätten. Beispielsweise konnten sich Anlagen der HBE in Blankenburg, der GeK in Jerichow, der NWE in Wernigerode Westerntor oder der RE in Neuruppin durchaus mit den Bahnbetriebswerken der DR messen.

Mit der Übernahme der Strecken durch die DR erhielten alle Mitarbeiter der ehemaligen Klein- und Privatbahnen neue Arbeitsverträge unter Anrechnung ihrer bisher geleisteten Dienstjahre. Allerdings nahm die Anerkennung der erworbenen Qualifikationen und die Eingruppierung einige Zeit in Anspruch. Für die ehemaligen Klein- und Privateisenbahner war der Übergang zur DR hinsichtlich der Entlohnung und der Zusatzleistungen (Freifahrten etc.) eine deutliche Verbesserung.

Als problematisch erwies sich jedoch die Übernahme der so genannten Agenten. Zahlreiche Klein- und Privatbahnen hatte vor allem kleinere Stationen nicht mit Betriebseisenbahnern, sondern den offiziell als »Vertragseisenbahnern« bezeichneten Agenten besetzt. Diese

Von der DR übernommene Klein- und Privatbahn-Ausbesserungswerke		
Ausbesserungswerk	**ehemalige Bahngesellschaft**	**Bemerkungen**
Raw Blankenburg (Harz)	HBE	ab 01.01.1957 FEW Blankenburg (Harz); am 01.08.2003 privatisiert (noch in Betrieb)
Werkabteilung Friedland	MPSB	ab 01.01.1950 Bww Neustrelitz; ab 01.07.1951 Raw Malchin; ab 01.01.1971 Raw Eberswalde; am 31.12.1993 geschlossen
Werkabteilung Gehren	IGE / SEG	ab 01.01.1950 Bw Arnstadt; am 31.12.1951 geschlossen
Werkabteilung Halle-Nietleben	HHE	ab 01.01.1950 Bw Halle Klaustor; ab 01.08.1952 Raw Halle (Saale); 1968 geschlossen
Werkabteilung Müncheberg (Mark)	ObrB	ab 01.03.1950 Raw Berlin Warschauer Straße; am 26.06.1951 an VVB Maschinen-Ausleih-Stationen Brandenburg
Werkabteilung Perleberg	OWPK	ab 01.01.1950 Raw Wittenberge; am 30.06.1992 geschlossen
Werkabteilung Stendal Ost	Sachsenwerk GmbH	ab 01.01.1950 Raw Stendal; 1993 geschlossen
Werkabteilung Weimar Berkaer Bf	Theag	ab 01.01.1950 Bw Weimar; ab 01.01.1951 Kesselwagenleitstelle der DR; ab 01.01.1954 Signalwerkstatt der Rbd Erfurt

Die Genthiner Eisenbahn AG (GeK) weihte im März 1937 ihr neues Empfangsgebäude im Bf Jerichow ein. Ab 1. Januar 1950 war das Gebäude Sitz der DR-Dienststelle »Bf Jerichow«, die erst am 1. März 1991 aufgelöst wurde. *Foto: Slg. L. Weber*

Der Bf Kalbe (Milde), hier ein Bild um 1900, war der Sitz der Betriebsleitung der Altmärkischen Kleinbahn-AG (AMK). Diese wurde zunächst von Lenz & Co. betrieben (bis 30.09.1903). *Foto: Slg. L. Weber*

übernahmen im Auftrag des jeweiligen Unternehmens nicht nur den Fahrkartenverkauf, sondern fertigten auch Expressgut und Frachten ab. Für diese Tätigkeiten zahlte die Klein- bzw. Privatbahn den Agenten eine monatliche Grundvergütung. Außerdem erhielten sie eine Provision auf die verkauften Fahrkarten und eingenommenen Frachtgebühren. Meist besaßen die Agenten auch eine Dienstwohnung oder betrieben die Bahnhofsgaststätte. Allein im Bereich der Rbd Magdeburg waren im Sommer 1949 bei 15 ehemaligen Klein- und Privatbahnen insgesamt rund 160 Frauen und Männer als Vertragseisenbahner beschäftigt. Nach den Dienstvorschriften der DR konnten diese aber aufgrund ihrer fehlenden eisenbahnbetrieblichen Ausbildung nur als Hilfsarbeiter übernommen werden. Die meisten Agenten qualifizierten sich später weiter. Einige kündigten aber oder übernahmen als Pächter oder Angestellte eine Bahnhofswirtschaft.

Die bei der Übernahme der ehemaligen Klein- und Privatbahnen bestehenden Tarif- und Betriebsvorschriften blieben zunächst bestehen. Erst zum 1. Januar 1951 führte die DR ihre Tarife ein.

Auch die Anpassung der Betriebsvorschriften bereitete keine gravierenden Schwierigkeiten. Nahezu auf allen ehemaligen Klein- und Privatbahnen galten die Bestimmungen der Eisenbahn-Bau- und Betriebsordnung (EBO) bzw. der Eisenbahn-Bau- und Betriebsordnung für Schmalspurbahnen (ESBO). Außerdem fand auf den meisten Strecken die Eisenbahn-Signalordnung (ESO) Anwendung. Die Betriebsreglements bauten jedoch meist auf den »Bestimmungen zur Fahrdienstvorschrift für Kleinbahnen« (KFV) auf und waren deutlich einfacher gestaltet als vergleichbare Regelungen in der gülti-

Einige Eisenbahner der Nauendorf-Gerlebogker Eisenbahn AG (NGE) nahmen Anfang der 1930er-Jahre vor den ELNA-Loks 181 (DR: 92 6587) und 191 (DR: 92 6676) Aufstellung. Die Beschäftigten und Fahrzeuge wurden 1949 von der DR übernommen.
Foto: Slg. D. Endisch

gen Fahrdienstvorschrift der Reichsbahn. Die DR führte schnell neue Vorschriften ein. Dies bereitete keine Probleme, da die ehemaligen Klein- und Privatbahner sehr gut ausgebildet waren und die betrieblichen Verhältnisse auf ihren Strecken bestens kannten.
Wie wichtig dieser Aspekt war, das zeigte sich beispielhaft bei der ehemaligen HBE und dem Betrieb auf der Steilstrecke Blankenburg (Harz)-Rübeland-Tanne, wo die alten Vorschriften noch längere Zeit galten. Die HBE hatte der Bremstechnik auf der Steilstrecke immer besondere Aufmerksamkeit geschenkt. Mit der Einführung des reinen Adhäsionsbetriebes auf der Steilstrecke 1920 hielt bei der HBE auch die Druckluftbremse schrittweise Einzug. Allerdings verzichtete die HBE nicht auf die Nutzung der Handbremse. Im Gegenteil, die Handbremse spielte nach wie vor eine wichtige Rolle, da bei Talfahrten auf der heute als »Rübelandbahn« bekannten Steilstrecke die so genannte Tonnenabbremsung galt. Die HBE vertrat den Standpunkt: Die Handbremse ist die beste mehrlösige Bremse. In den Vorbemerkungen zu den Buchfahrplänen der HBE hieß es: *»Die luftgebremsten (Wagen) werden getrennt von den hand- und ungebremsten Wagen berechnet, und zwar gelten die luftgebremsten Wagen als 100%tig abgebremst; von dem Gewicht der hand- und ungebremsten Wagen müssen 60 % (des Wagengewichts) durch Handbremsen abgebremst sein.«* In der Praxis bedeutete dies – reichte das Wagengewicht bei den hand- und ungebremsten Wagen nicht aus, mussten im druckluftgebremsten Teil des Güterzuges so viele Fahrzeuge von der Druck-

Der Triebwagen T 04 der Osterwieck-Wasserlebener Eisenbahn AG (OWE), hier um 1938 im Bf Hornburg, verblieb nach dem Zweiten Weltkrieg in der SBZ und wurde 1949 von der DR übernommen. Ab 1. Januar 1950 war der Triebwagen als VT 137 551 im Einsatz. *Foto: Slg. D. Endisch*

luftbremse abgeschaltet werden, bis die notwendigen 60 % erreicht waren. Bis 1945 gab es aufgrund dieser strengen Vorschriften kaum Probleme bei den Talfahrten. Dies änderte sich nach dem Zweiten Weltkrieg, da die Bremsanlage vieler Fahrzeuge verschlissen war. Außerdem gelangten nun immer mehr ungebremste Güterwagen oder Wagen mit einlösigen Bremsen auf die Steilstrecke. Bereits 1950 kannten die zuständigen Abteilungen der Rbd Magdeburg den Ernst der Lage und erließen zusätzliche Vorschriften für den Betriebsdienst auf der Steilstrecke. Außerdem ordnete die GD die Ausarbeitung einer neuen Betriebsvorschrift für die Harzbahn an. Bis diese 1957 vorlag, galten noch die alten Regularien aus der Zeit der HBE.

4.2 Umgezeichnet – die Lokomotiven und Triebwagen der ehemaligen Klein- und Privatbahnen

Mit der Übernahme der ehemaligen Klein- und Privatbahnen gelangten auch mehr als 470 Dampflokomotiven, etwa 30 Dieselloks sowie über 100 Triebwagen mit Verbrennungsmotor in den Bestand der Deutschen Reichsbahn. Die Typenvielfalt bei den Triebfahrzeugen mit 600 mm, 750 mm, 1.000 mm und 1.435 mm war enorm. Bei den regelspurigen Dampfloks reichte die Palette von einfachen Bn2-Tenderloks über die bewährte preußische T 3, Baukasten-Maschinen der Typen »Bismarck« (Henschel & Sohn GmbH), »Hannibal« (Friedrich Krupp AG) und »Pudel« (Lokomotivfabrik Arnold Jung) sowie die ELNA-Maschinen bis hin zu moder-

Die spätere 92 6491 wurde am 5. Januar 1937 als Lok 15^{II} von der Kleinbahn AG Gardelegen-Neuhaldensleben-Weferlingen (GHWK) in Dienst gestellt. *Foto: Slg. D. Endisch*

Die Lok 401 (DR: 75 6682) der Genthiner Eisenbahn AG (GeK) war eine der modernsten Dampfloks, die die DR im Frühjahr 1949 von den ehemaligen Klein- und Privatbahnen in der SBZ übernahm. *Foto: Werkbild, Slg. L. Weber*

Um 1925 stand die Lok 151 (DR: 91 6476) der Halle-Hettstedter Eisenbahn AG (HHE) im Bf Friedeburg. Die DR stellte den Personenverkehr auf der 9,3 km langen Stichstrecke Gerbstedt-Friedeburg im Herbst 1962 ein. Foto: Slg. D. Endisch

nen Heißdampfloks der Bauarten C h2t, 1´C 1´h2t und 1´D1´1 h2t. Ein erheblicher Teil der Maschinen war eigens für die betrieblichen Verhältnisse der Klein- und Privatbahnen entwickelt worden. Die bekanntesten Spezialanfertigungen waren die für den Steilstreckendienst konstruierten schweren Tenderloks der HBE (spätere Baureihen 75.66, 75.67, 92.68, 93.67 und 95.66) oder die für den Einsatz auf der Harzquer- und Brockenbahn gebauten Mallet-Maschinen der NWE (spätere Baureihen 99.59 und 99.60).

Die GD der DR erfasste zunächst die vorhandenen Triebfahrzeuge und ließ dann von der Abteilung IV (Maschinenwirtschaft) den *»Umzeichnungsplan für die nicht reichsbahneigenen Eisenbahnen in der sowjetischen Besatzungszone«* erstellen. Das Dokument wurde am 12. Dezember 1949 unterzeichnet und trat am 1. Januar 1950 in Kraft (siehe S. 83 ff.). Hinsichtlich der Grundsätze für die Umzeichnung hieß es in dem Papier: *»Die (...) übernommenen Dampflokomotiven erhalten (...) eine neue Betriebs-Nr. nach den bei der Deutschen Reichsbahn bestehenden Nummerungsgrundsätzen. Die Lok erhalten die ihrer Bauart entsprechenden Stamm-Nummern. Bei der Zuteilung der Ordnungsnummern sind bestimmte, bisher unbesetzte Nummernreihen für diese*

Kleinbahn-Atmosphäre pur vermittelt diese Aufnahme von der ehemaligen Franzburger Südbahn: 91 6283 des Bw Barth war im Sommer 1967 mit einem Güterzug mit Personenbeförderung bei Hövet unterwegs. Foto: Slg. J.-P. Fried

Lok vorgesehen, damit die Lok dieser Bahnen auch künftig (...) noch als ehemalige Lok der Privatbahnen zu erkennen sind.
Es sind nur Tenderlok übernommen worden. Im Umzeichnungsplan sind bei den Tenderlok bei jeder Baureihe die Ordnungsnummern 5000 bis 7000 noch unbesetzt. Unter Verwendung der gleichen für die Reichsbahnlok geltenden Stamm-Nummern werden die Ordnungsnummern 5000–7000 für die von den Privatbahnen übernommenen Lok vorbehalten.
Bei jeder Bauartreihe sind die Ordnungsnummern wie folgt festzulegen:
Die ersten beiden Ziffern der Ordnungsnummer geben Aufschluß über den Achsdruck der Lok. Die Ordnungsnummer wird dadurch gebildet, daß der Zahl 50 zunächst die Zahl des durchschnittlichen Achsdrucks zugeschlagen wird, z.B. bei einer Lok mit 13 t Achsdruck
50 + 13 = 63.
Die Zahl 63 ist der erste Teil der Ordnungsnummer, während der zweite Teil (die beiden letzten Zahlen) der Num-

Die beiden 1´Dh2-Tenderloks der Kleinbahnen des Kreises Jerichow I (KJ I) reihte die DR als Baureihe 99.480 in ihren Fahrzeugpark ein. Seit dem Herbst 1965 sind die Maschinen auf der Insel Rügen im Einsatz. Foto: Werkbild, Slg. L. Weber

merung vorbehalten bleibt. Die Nummerung der Lok beginnt für alle Lok gleichen Achsdrucks dem Alter entsprechend mit (...) 01. Innerhalb der Hunderterreihen werden von 1 bis 75 die Naßdampfloks und von 76 bis 99 die Heißdampflok eingereiht.«

Bei den Schmalspurlokomotiven diente die Tausender-Nummer außerdem zur Unterscheidung der Spurweite. Die Maschinen mit 600 mm Spurweite erhielten 3000er-, die mit 750 mm Spurweite 4000er- sowie die mit 1.000 mm Spurweite 5000er- und 6000er- Ordnungsnummern. Die unterschiedlichen Bauarten wurden bei gleichem Achsdruck durch unterschiedliche Zehnerreihen gekennzeichnet. Tenderlokomotiven erhielten dabei die Ordnungsnummern 01 bis 49. Schmalspurmaschinen mit Tender wurden die Ordnungsnummern ab 51 ff. zugeteilt. Eine Unterscheidung zwischen Heiß- und Nassdampfmaschinen erfolgte bei den zur Baureihe 99 umgezeichneten ehemaligen Klein- und Privatbahnmaschinen nicht.

Hinsichtlich der eigentlichen Umnummerung hieß es im Umzeichnungsplan: *»Die neuen Eigentumszeichen (...) sind in Ölfarbe anzubringen. Die Lok erhalten am Führerhaus an beiden Seiten die Anschrift »Deutsche Reichsbahn«, das Betriebsgattungszeichen (...), die Betriebsnummer und die Bezeichnung der Heimat-RBD. Die Bezeichnung des Heimat-Bw wird später noch angebracht. Die Betriebsnummer ist außerdem noch an der Rauchkammertür und an der Führerhausrückwand (...) anzubringen. Alle früheren Eigentums- und Bauartkennzeichen an der Lok sind zu entfernen.«*

Ab 1953/54 begannen die für die Erhaltung der ehemaligen Klein- und Privatbahn-Dampfloks zuständigen Reichsbahnausbesserungswerke damit, die Maschinen im Zuge planmäßiger Instandsetzungen mit Lokschildern und Gussschildern mit dem Schriftzug »Deutsche Reichsbahn« auszurüsten. Außerdem wurde die technische Ausrüstung der Dampfloks dem DR-Standard angepasst. Dazu hatte die Hauptverwaltung der Maschi-

89 6007 gelangte von der Altmärkischen Eisenbahn-AG (AMK) zur DR. Im Sommer 1962 stand die Maschine mit einem Personenzug im Bf Behrendorf (Altmark). *Foto: Slg. D. Endisch*

nenwirtschaft (HvM) am 2. Mai 1954 die Verfügung zur *»Vereinheitlichung der zum Bestand der DR gehörenden ehem. nicht Reichsbahn-eigenen Dampflok«* herausgegeben. Diese sah im Wesentlichen folgende Bauartänderungen vor:

- Einbau einer elektrischen Beleuchtung anstelle der noch vorhandenen Petroleum- oder Azetylen-Beleuchtung,
- Umbau der Achslager von Ober- auf Unterkastenschmierung,
- Einbau neuer Hochdruck-Schmierpumpen der Bauart Bosch oder Grützner,
- Austausch einstufiger Luftpumpen durch zweistufige der Bauart Knorr,
- Einbau neuer Bremsventile der Bauart Knorr mit Zusatzbremse und G-P-Wechsel,
- Ersatz der Schonerbleche am Rauchkammerboden durch einen Betonausguss,
- Ersatz der Dampfläutewerke der Bauart Latowski durch Druckluftläutewerk der Bauart Knorr,
- Einbau einheitlicher Funkenfänger,
- Ausbau der Radreifennässeinrichtungen,
- Anbau genormter Schmiergefäße,
- Austausch der Stangenpuffer durch Hülsenpuffer,
- Ersatz der Weichpackungen durch genormte Stopfbuchsen und
- Verwendung genormter Kesselarmaturen (Wasserstände mit Schnellverschluss, Dillinghahn mit drei Anschlüssen, Ablasshähne und Schlammabscheider), Strahlpumpen, Luftsaugeventile, Zylindersicherheitsventile und Zylinderentwässerungshähne.

Die meisten ehemaligen Klein- und Privatbahn-Maschi-

Dier Schmalspurbahnen des Harzes sind heute eine weithin bekannte Touristenattraktion. 99 5904 passierte um 1953 das Einfahrsignal des Bf Eisfelder Talmühle. Seit dem 1. Februar 1993 werden die Selketal-, Harzquer- und Brockenbahn von der Harzer Schmalspurbahnen GmbH (HSB) betrieben. *Foto: Slg. D. Endisch*

nen waren noch 15 Jahren und mehr im Einsatz. Erst mit der Stilllegung der Strecken und dem fortschreitenden Traktionswechsel schieden die meisten Fahrzeuge aus dem Betriebspark aus. Als die DR am 1. Juni 1970 die neuen, EDV-gerechten Betriebsnummern einführte, gehörten nur noch zehn ELNA-Maschinen zum Betriebspark. Ob alle Lokomotiven mit neuen Lokschildern ausgerüstet wurden, konnte bisher nicht zweifelsfrei geklärt werden. Anhand von Bildern lässt sich dies zumindest für 91 6277-7, 91 6481-7, 91 6483-1, 91 6486-4, 91 6780-0, 92 2901-6 und 92 6494-6 beweisen. Da die Maschinen zur alsbaldigen Ausmusterung vorgesehen waren, erhielten die Loks nur an der Rauchkammer ein neues 841 mm langes Schild, das in der Zentralwerkstatt der Einsatzstelle (Est) Pockau-Lengefeld hergestellt worden war. Am Führerhaus und am Kohlekasten wurden die Kontrollziffern lediglich mit Farbe angemalt. Im Herbst 1970 zählten noch neun Maschinen zum Betriebspark, der sich auf die Bahnbetriebswerke Arnstadt, Görlitz, Salzwedel und Stralsund verteilte. Einzig das Bw Görlitz setzte seine ELNA-Loks planmäßig ein. Am 1. Januar 1971 waren von den 1´Ch2t-Maschinen nur noch 91 6277, 91 6483 und 91 6486 sowie von den Dh2-Tenderloks lediglich 92 2901 und 92 6494 vorhanden. Wenig später, am 11. Januar 1971, wurde 92 6494 als letzte ihrer Bauart abgestellt und am 11. Februar 1971 in den Schadpark verfügt. Damit gehörten nur noch 91 6277 des Bw Arnstadt und 91 6486 des Bw Salzwedel zum Betriebspark. Ausweislich ihrer Betriebsbögen standen beide Maschinen letztmalig im Mai 1971 unter Dampf. Anschließend wurden sie in ihren Heimatdienststellen als kalte Reservelok oder als »warten auf Aus-

75 6684, die ehemalige Lok 403 der Salzwedeler Kleinbahnen GmbH (SaK) stand im Oktober 1961 mit einem Personenzug im Wörlitzer Bahnhof von Dessau. *Foto: F. Fiebig, Slg. D. Endisch*

besserung« geführt. Die DR strich 91 6277 am 28. Oktober 1971 aus dem Betriebspark. 91 6486 folgte als letzte ELNA-Maschine der DR am 18. Januar 1972. Beide Lokomotiven wurden am 23. März 1972 ausgemustert und zur Verschrottung freigegeben. Mit der Verschrottung der 91 6277 im Frühjahr 1973 im Raw Cottbus endete die Geschichte der regelspurigen Klein- und Privatbahnmaschinen bei der DR. Als Museumsstücke blieben lediglich 89 6009 (DB AG / Dresden), 89 6024 (Deutsches Dampflokomotiv-Museum Neuenmarkt-Wirsberg), 89 6237 (Verein »Museumsbahn Minden e.V.«) 91 6580 (DB AG / Arnstadt) und 95 6676 (Rübeland; Leihgabe an den »Förderverein Rübelandbahn e.V.«) erhalten.

Deutlich größer ist die Zahl der bis heute vorhandenen Schmalspurlokomotiven ehemaliger Klein- und Privatbahnen, von denen noch einige im Plandienst eingesetzt werden. Dazu gehören die 750 mm-Maschinen der Baureihen 99.463 und 99.480 auf der als »Rasender Roland« bekannten Strecke Putbus–Göhren oder die meterspurigen 99 5906 und 99 6001, die die Harzer Schmalspurbahnen GmbH (HSB) von Gernrode aus auf der Selketalbahn einsetzt.

4.3 Was ist geblieben?

Bis Anfang der 1960er-Jahre waren die ehemaligen Klein- und Privatbahnen ein unverzichtbarer Bestandteil der Verkehrsinfrastruktur in der DDR. Nahm das Verkehrsaufkommen auf den meisten Neben- und Schmal-

93 6776, ehemals Lok 10 der Halberstadt-Blankenburger Eisenbahn-Gesellschaft (HBE), verließ um 1952 mit einem Güterzug den Bf Blankenburg. Die Betriebs-Nr. und die Führerhausanschriften waren nur mit Ölfarbe aufgemalt. Foto: Slg. D. Endisch

spurbahnen bis etwa 1958 zu, verzeichnete die DR nun eine entgegengesetzte Entwicklung. Auch in der DDR setzte eine schrittweise Motorisierung der Bevölkerung ein. Beispielsweise nahm der VEB Sachsenring Zwickau 1955 die Serienfertigung des P 70 auf, der im Herbst 1957 durch den Trabant P 50 abgelöst wurde. Außerdem stiegen die Zulassungen für Mopeds und Motorräder immer mehr an.

Der DR kam diese Entwicklung nicht ungelegen. Mit den vorhandenen Mitteln und Arbeitskräften konnte nur mit Mühe das vorhandene Kernstreckennetz instandgehalten werden. Der Oberbau vieler Neben- und Schmalspurbahnen musste ab Mitte der 1950er-Jahre auf Verschleiß gefahren werden. In den 1960er-Jahren erreichten vielerorts die Fahrzeuge und die Infrastruktur ihre Nutzungsgrenze. Mit dem kontinuierlichen Ausbau des Kraftverkehrs bot sich der DR die Möglichkeit, sich von unrentablen oder betrieblich nicht notwendigen Strecken zu trennen. Die entscheidende politische Weichenstellung für diesen Kurswechsel in der Verkehrspolitik vollzog der Ministerrat der DDR am 14. Mai 1964. Dieser beschloss, den Güterverkehr schrittweise auf so genannte Wagenladungsknoten zu konzentrieren. Ziel war es, bis 1970 die Anzahl der Gütertarifbahnhöfe von etwa 2.900 auf 750 zu verringern. Parallel dazu sollte das Nebenbahnnetz deutlich verkleinert werden. Dieser »Verkehrsträgerwechsel im Rahmen der sozialistischen Arbeitsteilung Schiene/Straße« begann 1965/66 und stieß kaum auf Widerstand bei der Bevölkerung. Die Busse des VEB Kraftverkehrs waren meist deutlich schneller und bequemer als die lokbespannten Reisezüge oder Triebwagen, die oft nur im sprichwörtlichen Bimmelbahntempo über die teilweise völlig maroden Gleise rumpelten. Bis 1980 legte die DR schließlich über 2.200 km Nebenbahnen, darunter etwa 750 km Schmalspurstrecken, still. Eigentlich wollte die DR bis 1975 auch fast alle Schmalspurbahnen einstellen. Doch diese Verkehrspolitik fand nicht nur Befürworter. Bereits 1969 äußerte Prof. Dr.-Ing. Gerhart Potthoff (29.05.1908–25.09.1989), Direktor des Instituts für Betriebstechnik der Verkehrsmittel an der Verkehrshochschule »Friedrich List« in Dresden, Bedenken: *»Es ist fraglich, ob man das gesamte Verteilungsgeschäft dem Straßenverkehr übertragen darf. Zu befürchten ist eine Überlastung der Straßen und ihrer Knotenpunkte. Die Beibehaltung wenigstens des normalspurigen Nebenbahnnetzes für die Flächenbedienung im Güterverkehr kann eine Variante sein, deren Zweckmäßigkeit geprüft werden muß.«* Nicht zuletzt durchkreuzten die Mängel der sozialistischen Planwirtschaft das Vorhaben der DR. Die für den Ausbau der Straßen notwendigen Mittel standen nicht zur Verfügung. Außerdem fehl-

89 6009, ehemals Lok 284 der Eisenbahn-AG Heudeber-Mattierzoll, gehört heute zu den wenigen noch erhaltenen ehemaligen Klein- und Privatbahnmaschinen. Am 16. Mai 1980 stand die Lokomotive mit einem Sonderzug im Bf Klötze.

Foto: Slg. D. Endisch

ten den Kraftverkehrsbetrieben Omnibusse und Lastkraftwagen. Des Weiteren stimmten nicht alle Kreise und Bezirke den Plänen der Reichsbahn zu. Dies führte schließlich zu einem Kurswechsel, der bei den ehemaligen Klein- und Privatbahnen u.a. den Erhalt der Schmalspurbahnen im Harz, des »Rasenden Rolands« auf der Insel Rügen oder der Regelspurstrecken der einstigen Gardelegen-Haldensleben-Weferlinger Eisenbahn AG, der Haldenslebener Eisenbahn AG und der Salzwedeler Kleinbahnen GmbH ermöglichte.

Die Ölkrise des Jahres 1981 führte zu einem Richtungswechsel in der DDR-Verkehrspolitik. Im Verkehrswesen lautete das Motto fortan »*Von der Straße auf die Schiene!*« Die ab 10. Dezember 1981 gültige Transportverordnung (TVO) brachte für die Reichsbahn zusätzliche Aufgaben im Güterverkehr. Die TVO untersagte nahezu alle Gütertransporte mit Lastkraftwagen (Lkw) über mehr als 50 km. Dadurch sank der Güterverkehr auf der Straße bis 1985 um rund 28 %. Lediglich Transporte in die Bundesrepublik oder andere westliche Staaten durften weiterhin freizügig mit Lkw abgewickelt werden. Auch der so genannte Werkfernverkehr, also Transporte zwischen einzelnen Betriebs- bzw. Kombinatsteilen mit werkeigenen Fahrzeugen wurde durch Kürzung der Kraftstoff-Kontingente bis 1985 nahezu halbiert. Doch nicht nur der Güterverkehr auf der Straße wurde eingeschränkt. Auch im Busverkehr wurde das Angebot reduziert. Mit diesen Maßnahmen sollten bis zu 150.000 Lkw und rund 5.000 Omnibusse abgestellt werden. Die noch vorhandenen ehemaligen Klein- und Privatbahnen erlebten eine letzte Blüte. Angesichts der neuen Prämissen in der Verkehrspolitik gab es sogar Überlegungen, auf einzelnen nur noch im Güterverkehr bedienten Strecken wieder einen Personenverkehr anzubieten. Doch alle diese Ideen wurden wieder zu den Akten gelegt.

Diese letzte Phase der ehemaligen Klein- und Privatbahnen zwischen Ostsee und Erzgebirge endete mit den tiefgreifenden wirtschaftlichen und politischen Umwälzungen der Jahre 1989/90. Mit dem Zusammenbruch der alten Industrie-Struktur brach das Verkehrsaufkommen auf den meisten Strecken zusammen. Die Gründung der Deutschen Bahn AG (DB AG) am 1. Januar 1994 und die so genannte Regionalisierung des Schienenpersonennahverkehrs (SPNV) am 1. Januar 1996 – seither sind die Bundesländer für die Bestellung und Bezahlung des Nahverkehrs auf der Schiene verantwortlich – sorgte für eine regelrechte Stilllegungswelle.

Außerdem erhoben nach der deutschen Wiedervereinigung am 3. Oktober 1990 einige Alteigentümer Restitutionsansprüche. Die in Frankfurt (Main) ansässige DEG-Verkehrs-GmbH (DEGV) stellte beispielsweise bereits am 5. Oktober 1990 als Rechtsnachfolger der Firma Lenz & Co. (siehe S. 16 ff.), der Allgemeinen Deutschen Eisenbahn AG (siehe S. 18 f.) und der HBE entsprechende Anträge für die ehemaligen Klein- und Privatbahnen in Sachsen-Anhalt. Doch das zuständige Landesamt für offene Vermögensfragen lehnte diese Ansprüche 1995 ab und empfahl der DEGV, ihre Anträge unter Bezugnahme auf das so genannte Entschädigungs- und Ausgleichsleistungsgesetz umzustellen. Gegen diese Entscheidung reichte die DEGV beim Verwaltungsgericht (VG) Magdeburg Klage ein. Das VG Magdeburg erkannte zwar in seiner Verhandlung die DEGV als Rechtsnachfolger an, lehnte die Klage jedoch ab und ließ keine Revision zu. Dagegen legte die DEGV beim Bundesverwaltungsgericht Beschwerde ein, die jedoch am 14. April 1998 zurückgewiesen wurde. Damit waren alle Rückübertragungsansprüche hinfällig.

Bei der Gründung der DB AG bestanden von den 1949 übernommenen Gesellschaften noch 60 ehemalige Klein- und Privatbahnen, von denen aber 25 nur noch auf Teilstrecken und 15 ausschließlich im Güterverkehr bedient wurden. Heute sind die meisten Bahnlinien stillgelegt und demontiert. Von den ehemaligen regelspurigen Klein- und Privatbahnen werden heute nur noch Strecken der Brandenburgischen Städtebahn AG, der Dessau-Wörlitzer Eisenbahn-Gesellschaft, der Gardelegen-Haldensleben-Weferlinger Eisenbahn AG, der Halberstadt-Blankenburger Eisenbahn-Gesellschaft, der Hohenebra-Ebelebener Eisenbahn, der Eisenbahn-AG Neuburxdorf-Mühlberg, der Eisenbahn-AG Könnern-Rothenburg, der Mecklenburgischen Bäderbahn AG, der Niederbarnimer Eisenbahn AG, der Neubrandenburg-Friedländer Eisenbahn, der Oberweißbacher Bergbahn GmbH, der Osthavelländischen Kreisbahnen, der Neukölln-Mittenwalder Eisenbahn-AG, der Stendal-Tangermünder Eisenbahn-Gesellschaft und der Weimar-Berka-Blankenhainer Eisenbahn von der DB AG oder anderen Eisenbahnunternehmen vorgehalten und betrieben (teilweise nur noch Teilstrecken). Sie halten gemeinsam mit den bei den Touristen äußerst beliebten, planmäßig verkehrenden Dampfzügen auf den Schmalspurstrecken der ehemaligen Gernrode-Harzgeroder Eisenbahn-Gesellschaft, der Nordhausen-Wernigeroder Eisenbahn-Gesellschaft und den Rügenschen Kleinbahnen die Erinnerung an dieses interessante Kapitel der Verkehrsgeschichte wach.

Von den Schmalspurbahnen der ehemaligen RüKB blieb bis heute die als „Rasender Roland“ bekannte Strecke Putbus-Göhren erhalten. Die einst von der RüKB beschaffte 99 4632 verließ am 12. Mai 2007 mit einem Sonderzug den Haltepunkt Posewald.

Foto: D. Endisch

Umzeichnungsplan der von der Deutschen Reichsbahn 1949 übernommenen Dampflokomotiven

Lok	Herkunft	letzte Betr.-Nr.	Bauart	Hersteller	Baujahr	Fabrik-Nr.	Bemerkungen
64 6576	BStB	1-100^{II}	1´C1´h2t	Jung	1940	9261	geliefert an DRB; Abnahme am 29.10.1940; im November an BStB als Ersatz für Lok 1-1000; am 01.03.1956 Umzeichnung in 64 511
69 6101	OHKB	-	B1´n2t	Henschel	1894	4094	pr. T 4.2; Abnahme als CÖLN 1516; ab 1906: BERLIN 6052; später: BROMBERG 6052; ab 28.09.1919: DANZIG 6052; ab 1923 Königsberg-Cranzer Eisenbahn (Nr. 10); ab 1939 KBS (Nr. 7)
70 6176	RE	10	1´Bh2t	O&K	1908	2959	geliefert an KNWE (Nr. 14); Umbau auf Heißdampf; ab 15.03.1913: RE 10
70 6177	RE	7	1´Bh2t	O&K	1910	3910	geliefert an KNWE (Nr. 7;) Umbau auf Heißdampf; ab 15.03.1913: RE 7
70 6178	RE	8	1´Bh2t	O&K	1911	4400	Abnahme am 10.04.1911 für KNWE (Nr. 8); Umbau auf Heißdampf; ab 15.03.1913: RE 8
70 6179	RE	9	1´Bh2t	O&K	1911	5000	geliefert an KNWE (Nr. 9); Umbau auf Heißdampf; ab 15.03.1913: RE 9
70 6376	RE	20	1´Bh2t	O&K	1913	6717	geliefert an RE (Nr. 20); 1924 Umbau auf Heißdampf
70 6401	-	-	1´Bn2t	Humboldt	1902	168	geliefert an Moselbahn AG (Nr. 5); ab 1928 Teutoburger Waldeisenbahn (Nr. 36); als Rückführlok 1945 zur StHE; ab 24.08.1953 DR
74 6611	NbEB	01	1´C h2t	AEG	1925	2941	AEG-Typ; geliefert an RLGE (Nr. 11); ab 14.11.1925: NbEB 1^{III}; ab 1940: Nr. 01
74 6612	NbEB	02	1´Ch2t	AEG	1925	2942	AEG-Typ; geliefert an RLGE (Nr. 12); ab 14.11.1925: NbEB 2^{III}; ab 1940: Nr. 02
74 6621	NbEB	07	1´Cn2t	Hanomag	1898	3122	pr. T 9.2; Abnahme als ELBERFELD 1951; ab 1906: ELBEFELD 7232; ab 1925 NbEB 2^{II}; ab 1940: NbEB 07
74 6622	NbEB	08	1´Cn2t	Hanomag	1898	3123	pr. T 9.2; Abnahme als ELBERFELD 1952; ab 1906: ELBEFELD 7236; ab 1925 NbEB 4^{II}; ab 1931: NbEB 5^{III}; ab 1940: NbEB 08
74 6623	NbEB	09	1´Cn2t	Union	1898	936	pr. T 9.2; Abnahme als KATTOWITZ 1569; ab 1906: KATTOWITZ 7221; ab 1922: OPPELN 7211; DRG 91 060; ab 1928 NbEB 5^{II}; ab 1931: NbEB 12; ab 1940: NbEB 09
74 6776	HBE	51	1´C1´h2 t	Borsig	1911	7864	pr. T 12; Abnahme am 07.04.1911 als »HERRMANN WOLF«; ab 1915: HBE 51; 1949 falsch umgezeichnet (»91 6776«)
74 6777	HBE	52	1´C1´h2 t	Borsig	1911	7865	pr. T 12; Abnahme am 19.04.1911 als »BERNHARD CASPER«; ab 1915: HBE 52; 1949 falsch umgezeichnet (»91 6777«)
74 6778	HBE	53	1´C1´h2 t	Borsig	1912	8164	pr. T 12; Abnahme am 09.01.1912 als »STAATSMANN HARTWIG«; ab 1915: HBE 53; 1949 falsch umgezeichnet (»91 6778«)
74 6779	HBE	53	1´C1´h2 t	Borsig	1913	8705	pr. T 12; Abnahme am 01.07.1913 als »PRÄSIDENT SOMMER«; ab 1915: HBE 54; 1949 falsch umgezeichnet (»91 6779«)
74 6780	OKB	141	1´Ch2t	Henschel	1938	23697	ELNA 2; Rückführlok von der OKB; am 12.02.1945 an NLE; falsch umgezeichnet; später: 91 6780
75 6276	RE	27	1´C1´h2 t	O&K	1925	10934	
75 6277	RE	28	1´C1´h2 t	O&K	1925	10935	
75 6278	RE	29	1´C1´h2 t	O&K	1925	10936	
75 6279	RE	31	1´C1´h2 t	O&K	1927	11432	

Lok	Herkunft	letzte Betr.-Nr.	Bauart	Hersteller	Baujahr	Fabrik-Nr.	Bemerkungen
75 6476	RE	32	1´C1´h2 t	O & K	1936	12730	
75 6676	HBE	1	1´C1´h2 t	Hanomag	1929	10641	Abnahme am 01.06.1929
75 6677	HBE	2	1´C1´h2 t	Hanomag	1929	10642	Abnahme am 05.06.1929
75 6678	HBE	3	1´C1´h2 t	Hanomag	1929	10643	Abnahme am 14.06.1929
75 6679	BStB	1-101	1´C1´h2 t	Borsig	1935	14607	Abnahme am 13.02.1936 als BStB 3^{II}; ab 1937: BStB 22; ab 01.02.1943: BStB 1-101
75 6680	BStB	1-102	1´C1´h2 t	Borsig	1936	14625	Abnahme am 07.07.1936 als BStB 4^{II}; ab 1937: BStB 23; ab 01.02.1943: BStB 1-102
75 6681	BStB	1-103	1´C1´h2 t	Borsig	1936	14626	Abnahme am 22.07.1936 als BStB 1^{II}; ab 1937: BStB 24; ab 01.02.1943: BStB 1-103
75 6682	GeK	401	1´C1´h2 t	Henschel	1940	24751	Abnahme am 19.03.1941
75 6683	KHM	402	1´C1´h2 t	Henschel	1940	24752	Abnahme am 08.05.1941
75 6684	SaK	403	1´C1´h2 t	Henschel	1941	25938	Abnahme am 17.10.1941
75 6685	GeK	404	1´C1´h2 t	Henschel	1941	25991	Abnahme am 25.09.1941
75 6686	GHWK	405	1´C1´h2 t	Henschel	1942	26459	Abnahme am 20.07.1942
75 6687	AMK	406	1´C1´h2 t	Henschel	1942	26499	Abnahme am 21.07.1942
75 6776	HBE	6	1´C1´h2 t	Borsig	1942	14980	Abnahme am 19.02.1943
75 6777	HBE	7	1´C1´h2 t	Borsig	1942	14981	Abnahme am 26.02.1943
89 953	KGS	24^{c}	Cn2t	Vulcan	1911	2619	Lenz-Typ »b«; 1945 als Rückführlok in der SBZ verblieben; 1946 von der DR im Bw Frankfurt (Oder) Pbf übernommen
89 954	RK	5	Cn2t	O & K	1928	11687	O & K-Typ; 1945 als Rückführlok in der SBZ verblieben; im Oktober 1947 von der DR in der Rbd Dresden übernommen
89 0001	-	-	Cn2t	Henschel	1913	12307	Typ »Thüringen«; geliefert an DSW, Werk Bernburg (»SOLVAY 1«); am 01.08.1952 übernommen und als »89 0001« bezeichnet; am 01.09.1953 in »89 6034« umgezeichnet
89 5901	SEG	340	Cn2t	Henschel	1904	6. 41	pr. T 3; geliefert an SEG für Selzthalbahn; ab 1913 AIE
89 5902	GGE	11^{c}	Cn2t	Vulcan	1910	2615	Lenz-Typ »b«
89 5903	GGE	12^{c}	Cn2t	Vulcan	1913	2905	Lenz-Typ »b«
89 6001	WOeE	6123	Cn2t	BMAG	1893	2043	pr. T 3; Abnahme als ERFURT 1777; ab 1906: ERFURT 6123; ab 1918 WOeE
89 6002	GhKB	17 N 3310	Cn2t	Hanomag	1893	2489	pr. T 3; Abnahme als BROMBERG 1822; ab 1906: BROMBERG 6124; ab 1914: KÖNIGSBERG 6189; ab 1920 GhKB (Nr. 13^{c}); ab 01.11.1943: 17 N 3310; 1945 als Rückführlok zur FSB
89 6003	RaKB	20 N 3310	Cn2t	Hanomag	1893	2533	pr. T 3; Abnahme als ALTONA 1852; ab 1906: ALTONA 6153; ab 1917 RaKB (Nr. 11^{c}); ab 01.11.1943: 20 N 3310; 1945 als Rückführlok zur FSB
89 6004	GeK	281	Cn2t	Union	1894	791	pr. T 3; Abnahme als BROMBERG 1849; ab 1906: BROMBERG 6138, ab 1909: HALLE 6149; ab 08.03.1924 KSM (Nr. 2); ab 1936 GeK (Nr. 16^{II}); ab 05.05.1940: GeK 281
89 6005	KGV	21	Cn2t	Vulcan	1895	1505	Lenz-Typ »b«; geliefert an NGoE (Nr. 1); später an KGV (Nr. 2^{b}; ab 1926: Nr. 21); 1945 als Rückführlok zur NLE; ab 1948 an TE vermietet

Lok	Herkunft	letzte Betr.-Nr.	Bauart	Hersteller	Baujahr	Fabrik-Nr.	Bemerkungen
89 6006	AMK	282	Cn2t	Hagans	1897	342	pr. T 3; Abnahme am 31.08.1897 als ERFURT 1759[II]; ab 1906: ERFURT 6132; ab 1916 AMK (Nr. 11[II]); ab 05.05.1940: AMK 282
89 6007	AMK	283	Cn2t	Jung	1898	350	pr. T 3; Abnahme am 23.11.1898 als MAGDEBURG 1790; ab 1906: MAGDEBURG 6179; ab 1924 AMK (Nr. 13); ab 05.05.1940: AMK 283
89 6008	KMT	1	Cn2t	Borsig	1900	4789	Lenz-Typ »b«; Abnahme am 16.07.1900
89 6009	KHM	284	Cn2t	Humboldt	1902	135	pr. T 3; Abnahme am 18.06.1902 als BERLIN 1808; ab 1906: BERLIN 6146; DRG 89 7403; + 11.05.1931; am 01.08.1931 Abnahme für KHM (Nr. 2[II]); ab 05.05.1940: KHM 284
89 6010	KMB	3	Cn2t	Hanomag	1902	3871	pr. T 3, Abnahme als »BEENDORF«; später: Nr. 3
89 6011	KWW	286	Cn2t	Henschel	1902	6268	pr. T 3; Abnahme als Nr. 1; ab 05.05.1940: KWW 286
89 6012	BK	22	Cn2t	Breslau	1905	294	pr. T 3; geliefert an BK (Nr. 2[b]); 1945 als Rückführlok zur NLE; ab 1948 an KMT vermietet
89 6013	HBE	23	Cn2t	Esslingen	1906	3381	pr. T 3; Abnahme als »DREI ANNEN HOHNE«; ab 1915: HBE 15
89 6014	BK	24	Cn2t	Vulcan	1907	2323	Lenz-Typ »b«; geliefert an BK (Nr. 4[b]); 1945 als Rückführlok zur NLE; ab 1948 an KMT vermietet
89 6015	GeK	288	Cn2t	Henschel	1905	7028	pr. T 3; geliefert an KNW (Nr. 4); ab 19.08.1922 GHWK (Nr. 4); ab 1925 GeK (Nr. 4[II]); ab 1936 GHWK; ab 05.05.1940: GHWK 288; ab 1947 an GeK vermietet
89 6016	GeK	296	Cn2t	Henschel	1910	10039	pr. T 3; geliefert an KGN (Nr.11); ab 19.08.1922 GHWK (Nr. 6); ab 11.11.1938 GeK (Nr. 17); 1939 an KBA vermietet (bis 04.06.1939); ab 05.05.1940: GeK 295
89 6017	StK	262	Cn2t	Henschel	1911	10678	Typ »Bismarck I«; Abnahme am 30.06.1911 für KSAb (Nr. 5); ab 01.04.1923 StK (Nr. 5); ab 05.05.1940: StK 262
89 6018	SEG	360	Cn2t	Hanomag	1912	5398	pr. T 3; geliefert an AIE
89 6019	LaK	263	Cn2t	Henschel	1912	11085	Typ »Bismarck I«; geliefert an LaK (Nr. 1); ab 05.05.1940: LaK 263
89 6020	Lak	264	Cn2t	Henschel	1912	11086	Typ »Bismarck I«; Abnahme am 17.02.1913 für LaK (Nr. 2); ab 05.05.1940: LaK 264
89 6021	KOP	266	Cn2t	Henschel	1913	12210	Typ »Bismarck I«; geliefert an KOP (Nr. 21); ab 05.05.1940: KOP 266
89 6022	KOP	267	Cn2t	Henschel	1913	12211	Typ »Bismarck I«; geliefert an KOP (Nr. 22); ab 05.05.1940: KOP 267
89 6023	KyK	268	Cn2t	Henschel	1914	13024	Typ »Bismarck I«; geliefert an KCC (Nr. 1); ab 01.09.1916 KyK (Nr. 40); ab 01.06.1928 KEN (Nr. 1); ab 05.05.1940: KyK 268; ab 1947 (?) an IGE vermietet
89 6024	KBA	269	Cn2t	Henschel	1914	13025	Typ »Bismarck I«; geliefert an KBM (Nr. 3); ab 1916 KyK (Nr. 41); ab 10.07.1924 an KEN vermietet; ab 05.11.1926 KEN (Nr. 2); ab 05.05.1940: KEN 269; ab 03.01.1941 KBA
89 6025	GeK	271	Cn2t	Henschel	1915	13027	Typ »Bismarck I«; geliefert an KZG (Nr. 4[f]); von 1915 bis 1917 an LaK vermietet; ab 23.08.1923 GeK (Nr. 13); ab 05.05.1940: GeK 271
89 6026	GeK	272	Cn2t	Henschel	1915	13028	Typ »Bismarck I«; geliefert an KZG (Nr. 5[f]); von 1915 bis 1917 vermietet; ab 23.08.1923 GeK (Nr. 14); ab 05.05.1940: GeK 272; ab 06.11.1946 an SaK vermietet

Lok	Herkunft	letzte Betr.-Nr.	Bauart	Hersteller	Baujahr	Fabrik-Nr.	Bemerkungen
89 6027	GeK	273	Cn2t	Henschel	1915	13029	Typ »Bismarck I«; Abnahme am 19.04.1915 für KOP (Nr. 23); ab 1922 KZG (Nr. 6^{f}); ab 23.08.1923 GeK (Nr. 12); ab 05.05.1940: GeK 273; 1946 an KWW vermietet
89 6028	GeK	274	Cn2t	Henschel	1925	20504	Typ »Bismarck I«; Abnahme an 09.05.1925 für GeK (Nr. 15); ab 05.05.1940: GeK 274; an KWW vermietet (19.01.1946-28.03.1946)
89 6029	KHM	278	Cn2t	Henschel	1925	20505	Typ »Bismarck I«; geliefert an GeK (Nr. 16); ab 1925 KHM (Nr. 3^{II}); ab 05.05.1940: KHM 278
89 6030	GeK	275	Cn2t	Henschel	1929	21445	Typ »Bismarck I«; Abnahme am 01.06.1929 für GeK (Nr. 1^{II}I); ab 05.05.1940: GeK 275
89 6031	GeK	276	Cn2t	Henschel	1929	21446	Typ »Bismarck I«; Abnahme am 11.07.1929 für GeK (Nr. 2^{II}I); ab 05.05.1940: GeK 276
89 6032	KBA	277	Cn2t	Henschel	1930	21810	Typ »Bismarck I«; Abnahme am 21.07.1930 für GeK (Nr. 3^{II}); ab Dezember 1936 KBA (Nr. 4); ab 05.05.1940: KBA 277
89 6033	Go	1	Cn2t	Henschel	1887	?	pr. T 3 (Elsass-Lothringen); geliefert an die Reichseisenbahnen Elsass-Lothringen; am 03.11.1952 vom VEB Waggonbau Gotha (»Go 1«) übernommen
89 6034	SOLVAY	1	Cn2t	Henschel	1913	12307	Typ »Thüringen«; geliefert an DSW, Werk Bernburg (»SOLVAY 1«); ab 01.08.1952 DR (»89 0001«); ab 01.09.1953: 89 6034
89 6101	CPO	27 N 3310	Cn2t	Henschel	1892	3598	pr. T 3; Abnahme als BRESLAU 1936; ab 1906: BRESLAU 6157; ab 1917 CPO (Nr. 7^{b}); ab 1926: Nr.11^{c}; ab 01.11.1943: 27 N 3310; 1945 als Rückführlok zur FSB
89 6102	FSB	28 N 3310	Cn2t	Henschel	1893	3772	pr. T 3; Abnahme am 04.10.1893 als ALTONA 1835; ab 1906: ALTONA 6136; ab 1924 MaKB (Nr. 4); ab 1926 FSB (Nr. 3); ab 01.11.1943: 28 N 3310
89 6103	NLE	22	Cn2t	Hanomag	1897	2860	pr. T 3; geliefert an NLE (Nr. 3); ab 1933: Nr. 22; ab 18.02.1936 an TE vermietet
89 6104	NLE	23	Cn2t	Hanomag	1897	2861	pr. T 3; geliefert an NLE (Nr. 4); ab 1933: Nr. 23; ab 1939 an TE vermietet
89 6105	PK	1	Cn2t	Henschel	1897	4642	pr. T 3; geliefert an Hafenamt Dortmund (Nr. 1); später an Stettiner Hafenbahn; ab 1944 an PK vermietet
89 6106	DWE	8	Cn2t	Hohenzollern	1899	1182	pr. T 3; geliefert an WLE (»VON LANDSBERG« Nr. 17); ab 15.03.1937 DWE
89 6107	WHKB	1	Cn2t	Jung	1900	425	pr. T 3; Abnahme am 28.09.1900
89 6108	WHKB	2	Cn2t	Jung	1900	426	pr. T 3; Abnahme am 01.10.1900
89 6109	GHWK	259	Cn2t	Hohenzollern	1900	1270	pr. T 3; geliefert an KoK (Nr. 1 »BERNAUER«); 1945 als Rückführlok in der SBZ verblieben; ab 1945 KAP 259; ab 24.10.1945 GHWK
89 6110	KWW	257	Cn2t	Hohenzollern	1900	1295	pr. T 3; geliefert an KoK (Nr. 4 »FREIHERR VON LANGEMANN«); 1945 als Rückführlok in der SBZ verblieben; ab 14.01.1946 Eigentum des Sachsenwerks Stendal (Reservelok für KBA, KKR und KWW)
89 6111	JM	22	Cn2t	Vulcan	1901	1881	pr. T 3; geliefert an JM (»ELISE« Nr. 2^{b}); ab 01.05.1924: Nr. 22; 1945 als Rückführlok zur StHE; ab 1946 an AK (Nr. 01-22) vermietet
89 6112	OHKB	4^{II}	Cn2t	BMAG	1901	3020	pr. T 3; an Gaswerk Mariendorf (WL 2) geliefert; 1902 an OHKB (Nr. 4^{II}); Abnahme am 16.08.1902

Lok	Herkunft	letzte Betr.-Nr.	Bauart	Hersteller	Baujahr	Fabrik-Nr.	Bemerkungen
89 6113	AK	01-21	Cn2t	Henschel	1901	5655	pr. T 3; geliefert an MFWE (Nr. 8 »NEUSTRELITZ«); ab 1931 AK (Nr. 9); ab 01.02.1943: AK 01-21
89 6114	DWE	9	Cn2t	Jung[1]	1900	431	pr. T 3; Abnahme am 18.10.1900 als MAGDEBURG 1604; ab 1906: MAGDEBURG 6188; DRG 89 7330; ab 15.09.1937 DWE
89 6115	BStB	1-20	Cn2t	Hohenzollern	1902	1485	pr. T 3; Abnahme am 05.09.1902 als »NEUSTADT«; ab 1922: BStB 5; ab 1937: BStB 1; ab 01.02.1943: BStB 1-20
89 6116	KSM	287	Cn2t	Henschel	1902	6279	pr. T 3; Abnahme am 23.06.1903 für KWW (Nr. 2); vermietet an KEN (Mai 1934 bis April 1937); vermietet an KAP (April 1937 bis 28.05.1937); ab 29.05.1937 KSM (Nr. 2^{II}); ab 05.05.1940: KSM 287
89 6117	KGW	6	Cn2t	O & K	1902	971	pr. T 3; Abnahme als BERLIN 1825; ab 1906: BERLIN 6183; DRG 89 7245; ab 02.06.1932 KGW (Nr. 6 »BOETEL«)
89 6118	BStB	1-21	Cn2t	Hohenzollern	1903	1488	pr. T 3; Abnahme als »BRANDENBURG«; ab 1922: BStB 6; ab 1937: BStB 2; ab 01.02.1943: BStB 1-21
89 6119	BStB	1-22	Cn2t	Hohenzollern	1903	1490	pr. T 3; Abnahme als »PRITZERBE; ab 1922: BStB 7; ab 1937: BStB 3; ab 01.02.1943: BStB 1-22
89 6120	WHKB	4	Cn2t	Jung	1903	661	pr. T 3
89 6121	PK	5	Cn2t	Breslau	1903	112	pr. T 3, mit Heusinger-Steuerung
89 6122	PK 6	6	Cn2t	Breslau	1903	113	pr. T 3; mit Heusinger-Steuerung
89 6123	BStB	1-23	Cn2t	Hohenzollern	1903	1706	pr. T 3; Abnahme am 17.02.1903 als »NIEMEGK«; ab 1922: BStB 9; ab 1937: BStB 4; ab 01.02.1943: BStB 1-23
89 6124	BStB	1-24	Cn2t	Hohenzollern	1903	1708	pr. T 3; Abnahme als »KREIS RUPPIN«; ab 1922: BStB 11; ab 1937: BStB 5; ab 01.02.1943: BStB 1-24
89 6125	BStB	1-25	Cn2t	Hohenzollern	1903	1709	pr. T 3; Abnahme als »KREIS ZAUCH-BELZIG«; ab 1922: BStB 12; ab 1937: BStB 6; ab 01.02.1943: BStB 1-25
89 6126	KNV	1	Cn2t	BMAG	1904	3304	pr. T 3; Abnahme am 10.06.1904 für KNV (Nr. 1); ab 1945 OHKB
89 6127	KNV	2	Cn2t	BMAG	1904	3305	pr. T 3; Abnahme am 06.08.1904 für KNV (Nr. 2); ab 1945 OHKB
89 6128	OWPK	6-25	Cn2t	Breslau	1904	224	pr. T 3; geliefert an KGG (Nr. 2^{c}); ab 1920 KLG (Nr. 25); 1945 als Rückführlok zur NLE; ab 1946 an OWPK vermietet
89 6129	KIKR	22^{c}	Cn2t	Breslau	1905	295	pr. T 3; geliefert an BK (Nr. 3^{b}); ab 1935 KIKR (Nr. 22^{c}); 1945 als Rückführlok zur StHE; später ab ObrB vermietet
89 6130	KMT	2	Cn2t	Henschel	1906	6707	pr. T 3; geliefert an RME (Nr. 5); ab 15.05.1933 KMT (Nr. 2)
89 6131	DS	3	Cn2t	O & K	1906	1892	pr. T 3
89 6132	WRP	23^{c}	Cn2t	Borsig[2]	1907	6674	pr. T 3; Abnahme am 30.11.1907 für WRP (»ODER« Nr. 1); ab 1939: Nr. 23^{c}
89 6133	StK	291	Cn2t	Henschel	1908	8587	Typ »Oberhessen«; Abnahme am 12.11.1908 für KSA (Nr. 1); ab 22.03.1915 StK (Nr. 1); ab 05.05.1940: StK 291
89 6134	ObrB	3-32	Cn2t	O & K	1908[3]	3153	pr. T 3; Abnahme am 19.11.1909 für KMD (Nr. 1 »WETZEL«); ab 01.01.1941 ObrB; ab 01.02.1943: 3-32

Lok	Herkunft	letzte Betr.-Nr.	Bauart	Hersteller	Baujahr	Fabrik-Nr.	Bemerkungen
89 6135	ObrB	3-33	Cn2t	O & K	1908[4]	3154	pr. T 3; Abnahme am 30.09.1909 für KMD (Nr. 2 »HAMANN«); ab 01.01.1941 ObrB; ab 01.02.1943: 3-33
89 6136	ASN	21	Cn2t	Borsig	1909	7082	pr. T 3; Abnahme am 10.05.1910 für ASN (Nr. 2); ab 1933: ASN 21
89 6137	StK	292	Cn2t	Henschel	1909	9246	pr. T 3; Abnahme am 01.04.1909 für KSA (Nr. 4); ab 22.03.1915 StK (Nr. 4); ab 05.05.1940: StK 292
89 6138	KBM	293	Cn2t	Henschel	1909	9248	pr. T 3; geliefert an KBM (Nr. 2); ab 05.05.1940: KBM 293
89 6139	KWW	294	Cn2t	Henschel	1909	9249	pr. T 3; Abnahme am 14.05.1909 für KBA (Nr. 3); ab 1911 an KWW vermietet; ab 1928 (Nr. 3[II]); ab 05.05.1940: KWW 294
89 6140	KBA	295	Cn2t	Henschel	1910	10038	pr. T 3; geliefert an KGN (Nr. 10); ab 19.08.1922: GHWK (Nr. 3[II]); ab 05.05.1940: GHWK 295; ab 1941 KBA
89 6141	KGS	22[c]	Cn2t	Vulcan	1910[5]	2617	Lenz-Typ »b«; geliefert an KGS; 1945 als Rückführlok zur StHE; ab 1946 an ObrB vermietet (Nr. 2-20)
89 6142	ObrB	3-20	Cn2t	O & K	1911	4401	pr. T 3; geliefert an ObrB (»LEBUS« Nr. 3); ab 01.02.1943: ObrB 3-20
89 6143	ObrB	3-22	Cn2t	O & K	1911	4403	pr. T 3; geliefert an ObrB (»FÜRSTENWALDE« Nr. 5); ab 01.02.1943: ObrB 3-22
89 6144	ObrB	3-23	Cn2t	O & K	1914	4404	pr. T 3; Abnahme am 01.11.1911 für ObrB (»HASENFELDE« Nr. 6); ab 01.02.1943: ObrB 3-23
89 6145	ObrB	3-24	Cn2t	O & K	1911	4405	pr. T 3; geliefert an ObrB (»DIEDERSDORF« Nr. 7); ab 01.02.1943: ObrB 3-24
89 6146	ObrB	3-25	Cn2t	O & K	1911	4406	pr. T 3; Abnahme am 30.09.1911 für ObrB (»SEELOW« Nr. 8); ab 01.02.1943: ObrB 3-225
89 6147	ObrB	3-26	Cn2t	O & K	1911	4407	pr. T 3; geliefert an ObrB (»SACHSENDORF« Nr. 9); ab 01.02.1943: ObrB 3-26
89 6148	ObrB	3-27	Cn2t	O & K	1911	4408	pr. T 3; geliefert an ObrB (»ZECHIN« Nr. 10); ab 01.02.1943: ObrB 3-27
89 6149	ObrB	3-28	Cn2t	O & K	1911	4409	pr. T 3; Abnahme am 21.12.1911 für ObrB (»KIENITZ« Nr. 11); ab 01.02.1943: ObrB 3-28
89 6150	ObrB	3-29	Cn2t	O & K	1911	4410	pr. T 3; geliefert an ObrB (»GROSS NEUENDORF« Nr. 12); ab 01.02.1943: ObrB 3-29
89 6151	ObrB	3-31	Cn2t	O & K	1911	4412	pr. T 3; geliefert an ObrB (»TECHOW« Nr. 14); ab 01.02.1943: ObrB 3-31
89 6152	BStB	1-27	Cn2t	Henschel	1911	10328	pr. T 3; geliefert ab WPK (Nr. 5 »PREUSSEN«); ab 1937 BStB (Nr. 10[II]); ab 01.02.1943: BStB 1-27
89 6153	OWPK	6-20	Cn2t	Henschel	1911	10324	pr. T 3; Abnahme am 21.08.1911 für WPK (Nr. 1 »KARSTÄDT«); ab 15.01.1941 OWPK; ab 01.02.1943: OWPK 6-20
89 6154	OWPK	6-21	Cn2t	Henschel	1911	10325	pr. T 3; geliefert an WPK (Nr. 2 »V. GRAVENITZ«); ab 15.01.1941 OWPK; ab 01.02.1943: OWPK 6-21
89 6155	OWPK	6-22	Cn2t	Henschel	1911	10327	pr. T 3; Abnahme am 28.10.1911 für WPK (Nr. 4 »MECKLENBURG«); ab 15.01.1941 OWPK; ab 01.02.1943: OWPK 6-22; 1948 an KNB vermietet
89 6156	KBM	297	Cn2t	Henschel	1912	10838	pr. T 3; Abnahme am 23.12.1912 für OeK (Nr. 1); ab 1935 KBM (Nr. 2[II]); ab 05.05.1940: KBM 297
89 6157	OWPK	6-23	Cn2t	Henschel	1912	10837	pr. T 3; Abnahme am 27.07.1912 für WPK (Nr. 6 »DALLMIN«); ab 15.01.1941 OWPK; ab 01.02.1943: OWPK 6-23

Lok	Herkunft	letzte Betr.-Nr.	Bauart	Hersteller	Baujahr	Fabrik-Nr.	Bemerkungen
89 6158	OWPK	5-21	Cn2t	Henschel	1912	10839	pr. T 3; geliefert ab OPK (Nr. 3 »V. WINTERFELDT«); ab 15.01.1941 OWPK; ab 01.02.1943: OWPK 5-21
89 6159	WRP	21^c	Cn2t	O&K	1913	6117	pr. T 3; geliefert ab BK (Nr. 13^c);ab 01.05.1924: Nr. 27; ab 1929 WRP
89 6160	KyK	265	Cn2t	Henschel	1913	12209	Typ »Bismarck I«; geliefert an KOP (Nr. 20); 1928 an KyK; ab 05.05.1940: KyK 265
89 6161	ASN	22	Cn2t	Jung	1913	1965	pr. T 3; Abnahme am 28.07.1913 für ASN (Nr. 3); ab 1933: Nr. 22
89 6162	KyK	270	Cn2t	Henschel	1915[6]	13026	Typ »Bismarck I«; Abnahme am 25.02.1915 für KyK (Nr. 42); ab 05.05.1940: KyK 266
89 6163	ASN	23	Cn2t	Henschel	1920	17870	pr. T 3; mit Heusinger-Steuerung; geliefert an ASN (Nr. 4); ab 1933: Nr. 23; ab 05.02.1941 an EFE vermietet; ab 25.11.1949 an KWW vermietet
89 6164	ASN	24	Cn2t	Henschel	1920	17781	pr. T 3; mit Heusinger-Steuerung; geliefert an ASN (Nr. 5); ab 1933: Nr. 24; vom 01.03.1943 bis 10.09.1943 an LRE vermietet
89 6165	BSHK	1^{II}	Cn2t	Hohenzollern	1925[7]	4536	Hohenzollern-Typ; Abnahme am 04.08.1925
89 6166	DeK	279	Cn2t	Henschel	1927	20938	Typ »Bismarck I«; geliefert an DeK (Nr. 3) vermietet an KBA (22.12.1927-28.02.1928); ab 05.05.1940: DeK 279
89 6167	DeK	280	Cn2t	Henschel	1927	20939	Typ »Bismarck I«; geliefert an DeK (Nr. 4); vermietet an KBK (18.02.1938-27.03.1938); ab 05.05.1940: DeK 280
89 6168	KGW	5	Cn2t	Henschel	1930	21705	Typ »Bismarck I«; Abnahme am 21.03.1930 für KGW (Nr. 5 »KOLLE«)
89 6201	NLE	32	Cn2t	Hanomag	1901	3649	Hanomag-Typ; geliefert an NLE (Nr. 7); ab 1933: NLE 32
89 6202	NLE	33	Cn2t	Hanomag	1901	3650	Hanomag-Typ; geliefert an NLE (Nr. 8); ab 1933: NLE 33
89 6203	NLE	34	Cn2t	Hanomag	1901	3651	Hanomag-Typ; geliefert an NLE (Nr. 9); ab 1933: NLE 34
89 6204	KGW	7	Cn2t	O&K	1902	962	pr. T 3; Abnahme als BERLIN 1822; ab 1906: BERLIN 6160; DRG 89 7422; ab 04.04.1934 KGW (Nr. 7 »FREISE«)
89 6205	DWE	7	Cn2t	Hagans[8]	1904	503	pr. T 3; Abnahme als HALLE 1760; ab 1906: HALLE 6201; DRG 89 7464; ab 29.02.1936 DWE
89 6206	DUE	7-21	Cn2t	Breslau	1905	293	pr. T 3; geliefert an BN (Nr. 1^b); ab 04.04.1921: BK (Nr. 21^c); 1945 als Rückführlok zur NLE; ab 1946 an DUE (Nr. 7-21) vermietet; ab 1949 NLE
89 6207	OHKB	1	Cn2t	O&K	1906	2012	pr. T 3; Abnahme am 25.07.1906 als BERLIN 1829; ab 1906: BERLIN 6167; ab 09.11.1915 OHKB
89 6208	DUE	7-20	Cn2t	Hanomag	1906	4621	pr. T 3, Bauart BLE; geliefert an BLE (Nr. 21 »NETTE«); 1922 an Firma Erich am Ende; 1925 an DUE (Nr. 2^{II}); ab 01.02.1943: DUE 7-20
89 6209	KAP	289	Cn2t	Henschel	1906	7029	pr. T 3; geliefert an KNW (Nr. 1); ab 19.08.1922 GHWK (Nr. 1); ab 05.05.1940: GHWK 289; am 05.05.1940 an KAP 289
89 6210	GHWK	290	Cn2t	Henschel	1906	7030	pr. T 3; geliefert an KNW (Nr. 2); ab 19.08.1922 GHWK (Nr. 2); ab 05.05.1940: GHWK 290

Lok	Herkunft	letzte Betr.-Nr.	Bauart	Hersteller	Baujahr	Fabrik-Nr.	Bemerkungen
89 6211	RE	5	Cn2t	O&K	1907	2600	pr. T 3; Abnahme am 17.02.1908 für KNWE (Nr. 5[b]); ab 15.03.1913 RE (Nr. 5)
89 6212	RE	15	Cn2t	Henschel	1907	8074	Typ »Bismarck I«; Abnahme am 08.04.1907 für LLR (Nr. 4); ab 21.10.1920 RE (Nr. 15)
89 6213	NLE	35	Cn2t	Hanomag	1907	5009	Hanomag-Typ; geliefert an NLE (Nr. 10); ab 1933: NLE 35
89 6214	NLE	36	Cn2t	Hanomag	1907	5215	Hanomag-Typ; geliefert an NLE (Nr. 11); ab 1933: NLE 36
89 6215	WBBE	76	Cn2t	O&K	1907	2538	pr. T 3; Abnahme am 20.02.1908 für WRE (Nr. 76); Abnahme am 20.02.1908; ab November 1940 GEKE (Nr. 76); ab Februar 1941 EOE (Nr. 76); ab 1945 OWE (Nr. 76); ab 16.11.1945 WBBE (Nr. 76)
89 6216	RE	6	Cn2t	O&K	1908	2800	pr. T 3; geliefert an KNWE (Nr. 6[b]); ab 15.03.1913 RE (Nr. 6)
89 6217	KBS	5	Cn2t	Borsig	1908	6899	Borsig-Typ; Abnahme am 03.11.1908 für KBS (Nr. 5); ab 1945 OHKB
89 6218	OWE	77	Cn2t	O&K	1908	2926	pr. T 3; Abnahme am 12.10.1908 für WRE (Nr. 77); ab 01.04.1940 WBBE (Nr. 77); ab 01.07.1941 EOE (Nr. 77); ab 16.11.1945 OWE (Nr. 77)
89 6219	KMT	3	Cn2t	Borsig	1909	7408	Borsig-Typ; geliefert an RME (Nr. 7); ab 15.05.1933 KMT (Nr. 3)
89 6220	GHWK	298	Cn2t	Hanomag	1910	5832	pr. T 3, Bauart BLE; Abnahme am 08.07.1910 für BLE (Nr. 23 »BORNUM«); ab 01.01.1938 DRB (89 7535); ab 20.12.1938 Anschlussbahn Uchtspringe (Nr. 303); an 08.02.1939 OKH für Anschlussbahn Haldensleben-Hillersleben; ab 1945 GHWK
89 6221	LRE	35	Cn2t	Vulcan	1910	2613	pr. T 3; geliefert an LRE (Nr. 25[c]); ab 01.05.1924: LRE 35; 1945 als Rückführlok zur NLE; später an TE vermietet; ab 1948 an OWPK vermietet
89 6222	KBF	4-20	Cn2t	O&K	1911	4701	pr. T 3; Abnahme am 31.05.1911 für KBF (»BEESKOW« Nr. 15); ab 01.02.1943: KBF 4-20
89 6223	KBF	4-21	Cn2t	O&K	1911	4702	pr. T 3; Abnahme am 31.05.1911 für KBF (»GROSS RIETZ« Nr. 16); ab 01.02.1943: KBF 4-21
89 6224	KBF	4-22	Cn2t	O&K	1911	4703	pr. T 3; Abnahme am 15.05.1911 für KBF (»PIESKOW« Nr. 17); ab 01.02.1943: KBF 4-22
89 6225	KBF	4-23	Cn2t	O&K	1911	4704	pr. T 3; geliefert an KBF (»KETSCHENDORF« Nr. 18); ab 01.02.1943: KBF 4-23
89 6226	NLE	31	Cn2t	O&K	1912	5364	O&K-Typ; geliefert an NLE (Nr. 5); ab 1933: NLE 31
89 6227	ASN	33	Cn2t	Jung	1913	3025	Jung-Typ »Pudel«; Abnahme am 04.10.1913 für ASN Nr. 1); ab 1933: ASN 33
89 6228	GHWK	285	Cn2t	Henschel	1913	12837	pr. T 3; geliefert an KNW (Nr. 5); ab 19.08.1922 GHWK (Nr. 5); ab 05.05.1940: GHWK 285
89 6229	PK	8	Cn2t	Jung	1914	2235	pr. T 3
89 6230	DS	4	Cn2t	Jung	1914	2236	pr. T 3
89 6231	PK	9	Cn2t	Jung	1914	2237	pr. T 3
89 6232	PK	10	Cn2t	Jung	1914	2238	pr. T 3
89 6233	KMB	4[II]	Cn2t	Hanomag	1916	7975	Hanomag-Typ (Werklok); geliefert an Gewerkschaft Riedel (Hänigsen); Abnahme am 26.05.1917; 1924 an BKB; 1933 an KMB

Lok	Herkunft	letzte Betr.-Nr.	Bauart	Hersteller	Baujahr	Fabrik-Nr.	Bemerkungen
89 6234	ASN	34	Cn2t	Henschel	1922	19224	Typ »Thüringen«; geliefert an ASN (Nr. 6); ab 1933: ASN 34
89 6235	KAP	258	Cn2t	Hohen-zollern[9]	1900	1293	pr. T 3; mit Heusinger-Steuerung; geliefert an KoK (Nr. 2 »V. CHLAPOWSKI«); 1945 als Rückführlok in der SBZ verblieben; ab 1945 KAP
89 6236	ADEG	31	Cn2t	O&K	1923	10239	O&K-Typ; Abnahme am 30.05.1923 für ADEG (Nr. 21); an ASN vermietet; ab 1933: ADEG 31
89 6237	KEN	251	Cn2t	Breslau	1924	2936	Linke-Hofmann-Typ; Abnahme am 27.11.1924 für KEZ (Nr. 3); ab 01.11.1930 an KBA vermietet; ab 31.12.1931 KBA Nr. 3^{III}; ab 05.05.1940: KBA 251; ab 02.01.1941 KEN
89 6238	ADEG	32	Cn2t	O&K	1923[10]	10389	O&K-Typ; Abnahme am 11.08.1924 für ADEG (Nr. 22); ab 1933: ADEG 32; an TE vermietet; ab 04.06.1930 an ASN vermietet; ab 1938 an NGE vermietet
89 6239	-	-	Cn2t	Jung	1913	1914	Jung-Typ »Pudel«; geliefert an Hafen- und Brückenbauamt Frankfurt/Main (Nr. B 5); ab 1926 ELE; ab 01.05.1951 DR
89 6240	-	-	Cn2t	Hanomag	1918	8540	Hanomag-Typ (Werklok); geliefert an Gräflich Einsiedelsche Werke Riesa (WL 4); später an Lauchhammer AG, Werk Riesa (WL 4); ab 14.10.1953 DR
89 6276	PK	15	Ch2t	Henschel	1914	12532	Henschel-Typ (Bauart Ch2t); Abnahme am 17.03.1914 für EBOE (Nr. 8); 1925 an Firma Erich am Ende; ab 1926 PK
89 6277	AMK	201	Ch2t	Henschel	1914	13030	Henschel-Typ (Bauart Ch2t); geliefert an KBGW (Nr. 8); ab 21.12.1927 AMK; ab 05.05.1940: AMK 201
89 6278	AMK	202	Ch2t	Henschel	1914	13031	Henschel-Typ (Bauart Ch2t); Abnahme am 03.11.1914 für KBGW (Nr. 9); ab 21.12.1927 AMK; ab 05.05.1940: AMK 202
89 6279	AMK	203	Ch2t	Henschel	1925	20572	Henschel-Typ (Bauart Ch2t); Abnahme am 04.09.1925 für an KBGW (Nr. 10); ab 21.12.1927 AMK; ab 05.05.1940: AMK 203
89 6280	WRE	2	Ch2t	Hohen-zollern	1927	4600	ELNA 1; Abnahme am 22.08.1927 für BSHK (Nr. 2^{II}); ab 01.07.1933 NhE (Nr. 2^{II}); ab 1934 OWE (Nr. 2); Umbau auf Heißdampf (10.07.1939-30.07.1940); ab 28.08.1940 WRE
89 6281	AMK	204	Ch2t	Henschel	1929	21447	Henschel-Typ (Bauart Ch2t); Abnahme am 27.08.1929 für AMK (Nr. 4^{II}); ab 05.05.1940: AMK 204
89 6282	GrN	2	Ch2t	O&K	1930	12159	O&K-Typ; Abnahme am 02.08.1930
89 6301	LK	2-21	Cn2t	Hohen-zollern	1911	2723	Hohenzollern-Typ; geliefert an Bahn- und Gelände AG Crefeld Süd; ab 05.06.1929 LK (Nr. 2); ab 01.02.1943: LK 2-21
89 6302	KMT	4	Cn2t	Borsig	1912	8345	Borsig-Typ; geliefert an RME (Nr. 8); Abnahme am 25.04.1912; ab 15.05.1933 KMT
89 6303	BStB	1-28	Cn2t	Jung	1921	10781	Jung-Typ »Pudel«; geliefert an Hafen- und Brückenbauamt Frankfurt/Main (Nr. B 4); ab 1926 ELE (Nr. 22); ab 1937 BStB (Nr. 9); ab 01.02.1943: BStB 1-28

Von der Salzwedeler Kleinbahnen GmbH (SaK) stammte 89 6403. Die Zweizylinder-Verbundmaschine wurde bereits 1956 abgestellt. Im Sommer 1957 wartete die Lok im Raw Blankenburg (Harz) auf ihre Verschrottung. *Foto: Slg. D. Endisch*

Lok	Herkunft	letzte Betr.-Nr.	Bauart	Hersteller	Baujahr	Fabrik-Nr.	Bemerkungen
89 6304	KMT	5	Cn2t	Borsig	1913	8511	Borsig-Typ; geliefert an RME (Nr. 9); ab 15.05.1933 KMT
89 6305	KBS	6	Cn2t	Henschel	1914	12900	Typ »Thüringen«; geliefert an KBS (Nr. 6); ab 1945 OHKB
89 6306	KLG	21^{c}	Cn2t	O & K	1915	7886	pr. T 3; geliefert an KLG (Nr. 1^{c}); ab 01.05.1934: Nr. 21^{c}; 1945 als Rückführlok zur NLE
89 6307	OSE	1031	Cn2t	Hanomag	1920	9450	Hanomag-Typ (Werklok); geliefert an BSE (Nr. 9^{b}); später an OSE (Nr. 9^{b}); ab 1933: OSE
89 6308	SKB	33 N 3313	Cn2t	O & K	1922	9973	O & K-Typ; geliefert an MHE (Nr. 8 »NIEDERSACHSEN«); 1923 an SKB (Nr. 3^{a}); ab 01.05.1924: Nr. 11^{c}; ab 01.11.1943: 33 N 3313; 1945-1947 in Binz abgestellt; ab 1948 an FSB vermietet
89 6309	ASN	35	Cn2t	O & K	1922	10236	O & K-Typ; geliefert an ASN (Nr. 7); ab 1933: ASN 35
89 6310	KSM	253	Cn2t	Henschel	1931	21846	Typ »Bismarck ^{II}«; geliefert an KSM (Nr. 1^{II}); ab 05.05.1940: KSM 253
89 6376	AMK	205	Ch2t	Henschel	1931	21809	Henschel-Typ (Bauart Ch2t); Abnahme am 10.07.1931 für AMK (Nr. 5^{II}); ab 05.05.1940: AMK 205
89 6401	SEG	372	Cn2t	Hohenzollern	1890	558	pr. T 7; Abnahme als BERLIN 1752^{II}; ab 1902: BERLIN 1818; ab 1906: BERLIN 6824; ab 18.11.1922 SEG für Bregtalbahn; ab 23.03.1938 AIE

Lok	Herkunft	letzte Betr.-Nr.	Bauart	Hersteller	Baujahr	Fabrik-Nr.	Bemerkungen
89 6402	HBE	31	Cn2t	Hohen-zollern	1906	2104	Hohenzollern-Typ (Gattung T 7 der HBE); Abnahme als »QUEDLINBURG«; ab 1915: HBE 31
89 6403	SaK	299	Cn2vt	Hanomag	1908	5205	Hanomag-Typ (Bauart WLE); Abnahme am 04.08.1908 für WLE (Nr. 81); später an Firma Glaser & Pflaum; ab 1936 SaK (Nr. 11); ab 05.05.1940: Sak 299
89 6404	RE	21	Cn2t	Henschel	1913	11942	Typ »Bismarck II«; geliefert an Elsässer Eisenminen-Gesellschaft; ab 1920 RE
89 6405	KMB	6	Cn2t	Hanomag	1920	9436	Hanomag-Typ (Werklok); geliefert an Gewerkschaft Riedel (Hänigsen); ab 1924 BKB; 1924 an KMB
89 6406	SaK	252	Cn2t	LHL	1924	937	Linke-Hofmann-Typ; geliefert an SaK (Nr. 8); ab 05.05.1940: SaK 252
89 6407	DWE	11	Cn2t	Krupp	1936	1561	Krupp-Typ »Hannibal« (modifiziert); an Junkers Flugzeug- und Motorenwerke AG Dessau (WL 2) geliefert; Abnahme am 02.01.1936; ab 1945 DWE
89 6408	DWE	10	Cn2t	Krupp	1937	1757	Krupp-Typ »Hannibal« (modifiziert); an Junkers Flugzeug- und Motorenwerke AG Dessau (WL 3) geliefert; Abnahme am 04.02.1938; ab 1945 DWE
89 6409	NGEB	11	Cn2t	Borsig	1907	6343	Borsig-Typ (Werklok); Abnahme am 14.08.1907 für ITF (Nr. 1); ab 01.07.1925 NGEB (Nr. 11)
89 6410	NGEB	12	Cn2t	Borsig	1907	6344	Borsig-Typ (Werklok); Abnahme am 05.09.1907 für ITF (Nr. 2); ab 01.07.1925 NGEB (Nr. 12)
89 6411	NGEB	13	Cn2t	Borsig	1909	7365	Borsig-Typ (Werklok); Abnahme am 11.11.1909 für ITF (Nr. 3); ab 01.07.1925 NGEB (Nr. 13)
89 6412	NGEB	14	Cn2t	Borsig	1913	8736	Borsig-Typ (Werklok); Abnahme am 31.01.1914 für ITF (Nr. 4); ab 01.07.1925 NGEB (Nr. 14)
89 6413	NGEB	15	Cn2t	Borsig	1920	10817	Borsig-Typ (Werklok); Abnahme am 12.08.1920 für ITF (Nr. 5); ab 01.07.1925 NGEB (Nr. 15)
89 6414	-	-	Cn2t	?	1911	?	ab 1951 DR
89 6415	-	-	Cn2t	?	1912	?	ab 31.03.1954 DR
89 6476	BStB	1-40	Ch2t	Breslau	1906	399	pr. T 8; Abnahme am 17.11.1906 als ELBERFELD 7004; DRG 89 011; ab 11.04.1928 an BLE (Nr. 35); ab 01.07.1930 DUE (Nr. 1II); ab 26.09.1938 BStB; ab 01.02.1943: BStB 1-40
89 6477	DWE	5	Ch2t	Henschel	1918	16655	Typ »Preußen«; Abnahme am 26.06.1919
89 6478	DWE	6	Ch2t	Henschel	1919	17353	Typ »Preußen«
89 6479	OHKB	11	Ch2t	AEG	1925	3106	AEG-Typ; Abnahme am 18.01.1926
89 6480	OHKB	12	Ch2t	AEG	1925	3151	AEG-Typ; Abnahme am 18.01.1926
89 6481	WHKB	5II	Ch2t	AEG	1925	3152	AEG-Typ; Abnahme am 29.03.1926 für OHKB (Nr. 13); ab 1929 WHKB (Nr. 5II)
89 6501	RE	18II	Cn2t	Hohen-zollern	1921	4176	Hohenzollern-Typ »Leverkusen«; geliefert an Kleinbahn Krefeld-Rheinhafen (Nr. V); ab 1931 RE
89 6576	DS	5	Ch2t	Breslau[11]	1906	363	pr. T 8; Abnahme als BERLIN 7005; ab 1916 DANZIG 7001; später DANZIG 7003III; DRG 89 004; am 13.04.1927 an Firma Erich am Ende; ab 1927 DS; hier am 30.05.1930 Kessel der 89 071 aufgebaut
89 6601	StK	254	Cn2t	Krupp	1941	2436	Krupp-Typ »Hannibal«; an Volkswagenwerk GmbH geliefert; Abnahme am 23.01.1946; 1945 in Stendal abgestellt; ab 1946 an StK vermietet

Lok	Herkunft	letzte Betr.-Nr.	Bauart	Hersteller	Baujahr	Fabrik-Nr.	Bemerkungen
89 6676	LK	2-40	Ch2t	O&K	1930	12158	O&K-Typ; geliefert an GrN (Nr. 1); ab 01.07.1931 LK (Nr. 1); ab 01.02.1943: LK 2-40
90 6401	EFE	1	C1´n2t	Borsig	1903	5185	Abnahme am 20.10.1903 für KN (Nr. 2); ab 03.11.1925 EFE (Nr. 1); ab 1937 KN (Nr. 5); ab 25.05.1938 EFE
90 6402	EFE	2	C1´n2t	Borsig	1908	6810	Abnahme am 15.08.1908 für KN (Nr. 4); ab 03.11.1925 EFE
91 6176	MBB	141	1´Ch2t	Henschel	1938	23726	ELNA 2
91 6177	MBB	142	1´Ch2t	Henschel	1941	24934	ELNA 2
91 6276	StHE	141	1´Ch2t	Hohen-zollern	1925	4533	ELNA 2H
91 6277	MEE	141	1´Ch2t	Krauss	1925	8337	ELNA 2H; Abnahme am 03.09.1925
91 6278	MEE	142	1´Ch2t	Krauss	1925	8339	ELNA 2H; Abnahme am 28.10.1925
91 6279	STE	141	1´Ch2t	Hohen-zollern	1925	4534	ELNA 2; 1945-1951 in Tribsees als Schadlok abgestellt; erst nach L4 GR im Raw Tempelhof (27.10.-15.12.1951) betriebsfähig
91 6280	GGE	1141	1´Ch2t	Hohen-zollern	1927	4605	ELNA 2; 1945 in Tribsees abgestellt
91 6281	StHE	142	1´Ch2t	BMAG	1929	9557	ELNA 2; Abnahme am 23.08.1929
91 6282	GGE	1142	1´Ch2t	Hohen-zollern	1929	4679	ELNA 2; 1945 an NFE
91 6283	STE	142	1´Ch2t	Hohen-zollern	1929	4680	ELNA 2; 1945 an NLE; 1947 an NFE
91 6284	GGE	1143	1´Ch2t	Henschel	1930	21855	ELNA 2
91 6285	MEE	151	1´Ch2t	Henschel	1940	24916	ELNA 2; Abnahme am 23.03.1940
91 6301	NLE	41	1´Cn2t	Henschel	1919	16912	geliefert an NLE (Nr. 6); ab 1933: NLE 41
91 6376	WRP	141	1´Ch2t	Henschel	1943	24.935	ELNA 2; Abnahme am 07.09.1943
91 6401	GHWK	351	1´Cn2t	Henschel	1919	16431	geliefert an KGN (Nr. 10II); 19.08.1922: GHWK (Nr. 10II); ab 05.05.1940: GHWK 351
91 6402	GHWK	352	1´Cn2t	Henschel	1919	16432	geliefert an KGN (Nr. 11II); 19.08.1922: GHWK (Nr. 11II); ab 05.05.1940: GHWK 352
91 6403	StK	353	1´Cn2t	Henschel	1919	16433	geliefert an StK (Nr. 10); ab 05.05.1940: StK 353
91 6404	StK	354	1´Cn2t	Henschel	1919	16434	geliefert an StK (Nr. 11); ab 05.05.1940: StK 354
91 6476	HHE	151	1´Ch2t	Krauss	1924	8317	ELNA 5; Abnahme am 04.11.1924
91 6477	HHE	152	1´Ch2t	Krauss	1924	8318	ELNA 5; Abnahme am 04.11.1924
91 6478	HHE	153	1´Ch2t	Krauss	1924	8319	ELNA 5; 1945-1953 als Schadlok abgestellt; erst nach EI im Raw Schlauroth (09.11.1953-21.12.1954) betriebsfähig
91 6479	HHE	154	1´Ch2t	Krauss	1924	8320	ELNA 5
91 6480	LRE	144	1´Ch2t	Vulcan	1925	3856	ELNA 2; Rückführlok von der LRE; 1945 an HHE
91 6481	LRE	143	1´Ch2t	Vulcan	1925	3855	ELNA 2; Rückführlok von der LRE; 1945 an OSE
91 6482	NLE	151	1´Ch2t	Henschel	1927	20816	ELNA 5; geliefert an NLE (Nr. 12); ab 1933: Lok 151
91 6483	SaK	301	1´Ch2t	Henschel	1927	20973	ELNA 5H; Abnahme am 27.03.1928 für SaK (Nr. 9); ab 05.05.1940: SaK 301

Lok	Herkunft	letzte Betr.-Nr.	Bauart	Hersteller	Baujahr	Fabrik-Nr.	Bemerkungen
91 6484	BStB	1-60	1´Ch2t	AEG	1929	4391	AEG-Typ; geliefert an BStB (Nr. 13[II]); ab 1937: BStB 11; ab 01.02.1943: BStB 1-60
91 6485	BStB	1-61	1´Ch2t	AEG	1929	4258	AEG-Typ; geliefert an BStB (Nr. 14[II]), ab 1937: BStB 12; ab 01.02.1943: BStB 1-61
91 6486	SaK	302	1´Ch2t	Henschel	1929	21450	ELNA 5H; Abnahme am 12.08.1929 für SaK (Nr. 10); ab 05.05.1940: Lok 302
91 6487	GhKB	39 H 3414	1´Ch2t	Henschel	1930	21776	ELNA 5; Abnahme am 13.08.1930 für GhKB (Nr. 52C); ab ab 01.11.1943: 39 H 3414; Rückführlok von der GhKB; 1945 an FSB
91 6488	GhKB	40 H 3414	1´Ch2t	Henschel	1930	21777	ELNA 5; Abnahme am 13.08.1930 für GhKB (Nr. 53C); ab 01.11.1943: 40 H 3414; Rückführlok von der GhKB; 1945 an FSB
91 6489	NKB	36 H 3414	1´Ch2t	Henschel	1930	21778	ELNA 5; geliefert an NKB (Nr. 51); ab 01.11.1943: 36 H 3414; Rückführlok von der NKB; 1945 an FSB; später an NFE
91 6490	RaKB	38 H 3414	1´Ch2t	Henschel	1930	21780	ELNA 5; Abnahme am 14.08.1930 für RaKB(Nr. 51C); ab 01.11.1943: 38 H 3414; Rückführlok von der RaKB; 1945 an FSB
91 6491	NhE	43	1´Ch2t	Henschel	1935	22736	ELNA 5
91 6492	NLE	152	1´Ch2t	Henschel	1936	23101	ELNA 5; Abnahme am 09.09.1936
91 6493	GeK	303	1´Ch2t	Henschel	1937	23421	ELNA 5H; Abnahme am 12.02.1937 für GeK (Nr. 5[II]); ab 05.05.1940: Lok 303
91 6494	JM	141	1´Ch2t	Henschel	1938	23695	ELNA 2H; geliefert an JM (Nr. 141); Rückführlok von der JM; 1945 an OSE
91 6495	GeK	304	1´Ch2t	Henschel	1939	25049	ELNA 5H; Abnahme am 28.02.1940
91 6496	NhE	44	1´Ch2t	Henschel	1940	24576	ELNA 5; Abnahme am 14.08.1940
91 6497	LRE	141	1´Ch2t	Vulcan	1924	3989	ELNA 2; geliefert an LRE (Nr. 141); Rückführlok von der LRE; 1945 an NLE
91 6501	HBE	45	1´Cn2t	Union	1906	1450	pr. T 9.3; Abnahme am 03.05.1906 als KATTOWITZ 7306; ab 1922: OPPELN 7306; DRG 91 790; ab 15.12.1933 HBE
91 6576	HBE	42	1´Ch2t	Hohenzollern	1907	2106	pr. T 9.3; Abnahme am 21.06.1907 für HBE (»PRÄSIDENT BALTZ«); ab 1915: HBE 42; 1935 Umbau auf Heißdampf
91 6577	HBE	44	1´Ch2t	Hohenzollern	1909	2441	pr. T 9.3; Abnahme als ESSEN 7411; später: ESSEN 7061; DRG 91 1163; 1931 Firma Erich am Ende (Berlin); 1931 Umbau auf Heißdampf; ab 1931 HBE
91 6578	LRE	142	1´Ch2t	Vulcan	1924	3990	ELNA 2; geliefert an LRE (Nr. 142); Rückführlok von der LRE; 1945 an NLE; 1948 an ObrB
91 6579	WOeE	1	1´Ch2t	Henschel	1938	23696	ELNA 5; Abnahme am 02.05.1938
91 6580	SEG	400	1´Ch2t	Henschel	1938	23877	Abnahme am 22.12.1938 für IGE (SEG 400)
91 6581	NbEB	05	1´Ch2t	Jung	1904	673	pr. T 9.3; Abnahme am 02.02.1904 als ERFURT 1827; ab 1906: ERFURT 7272; DRG 91 565; + 11.02.1931; am 04.04.1931 an Firma Erich am Ende (Berlin); ab 12.05.1931 NbEB (Nr. 7[II]); Umbau auf Heißdampf und Ventilsteuerung; ab 1940: NbEB 05
91 6582	NbEB	06	1´Ch2t	Hohenzollern	1902	1523	pr. T 9.3; Abnahme am 13.10.1902 als ERFURT 1809; ab 1906: ERFURT 7255; DRG 91 352; am 16.04.1931 an Firma Erich am Ende (Berlin); später an NbEB (Nr. 6[II]); Umbau auf Heißdampf und Ventilsteuerung; ab 1940: NbEB 06

Lok	Herkunft	letzte Betr.-Nr.	Bauart	Hersteller	Baujahr	Fabrik-Nr.	Bemerkungen
91 6590	NbEB	03	C1´h2t	Borsig	1916	9442	Abnahme am 08.06.1916 für RLGE (Nr. 10); ab 14.11.1925: NbEB 3II; ab 1940: NbEB 03
91 6591	NbEB	04	C1´h2t	Borsig	1916	9558	Abnahme am 31.07.1916 für RLGE (Nr. 11); ab 14.11.1925: NbEB 4II; ab 1940: NbEB 04
91 6676	OWE	40	1´Ch2t	AEG	1925	3141	geliefert an MFWE (Nr. 27); ab 01.01.1941 DRB (91 231); ab 03.06.1944 an OWE vermietet; ab 31.12.1944 OWE (Nr. 40)
91 6776	HBE	51	1´C1´h2 t	Borsig	1911	7864	pr. T 12; Abnahme am 07.04.1911 als »HERRMANN WOLF«; ab 1915: HBE 51; falsch umgezeichnet; ab 01.07.1952: 74 6776
91 6777	HBE	52	1´C1´h2 t	Borsig	1911	7865	pr. T 12; Abnahme am 19.04.1911 als »BERNHARD CASPER«; ab 1915: HBE 52; falsch umgezeichnet; ab 01.07.1952: 74 6777
91 6778	HBE	53	1´C1´h2 t	Borsig	1912	8164	pr. T 12; Abnahme am 09.01.1912 als »STAATSMANN HARTWIG«; ab 1915: HBE 53; falsch umgezeichnet; ab 01.07.1952: 74 6778
91 6779	HBE	53	1´C1´h2 t	Borsig	1913	8705	pr. T 12; Abnahme am 01.07.1913 als »PRÄSIDENT SOMMER«; ab 1915: HBE 54; falsch umgezeichnet; ab 01.07.1952: 74 6779
91 6780	OKB	141	1´Ch2t	Henschel	1938	23697	ELNA 2; geliefert an OKB (Nr. 141); Rückführlok von der OKB; am 12.02.1945 an NLE; 1949 falsch umgezeichnet (74 6780)
92 2901	GöK	181D	Dh2t	Henschel	1931	22011	ELNA 6; ab 01.01.1947 DR
92 2902	GöK	182 D	Dh2t	Henschel	1936	22990	ELNA 6; ab 01.01.1947 DR
92 2903	GöK	183D	Dh2t	Henschel	1940	24490	ELNA 6; ab 01.01.1947 DR
92 6001	StTEG	4	Dn2t	Borsig	1905	5648	Abnahme am 23.10.1905 für StTEG (»HOHENZOLLERN«)
92 6101	NhE	33	Dn2t	O&K	1907	2231	geliefert an NFE (Nr. 33); ab 1922 WBBE (Nr. 33); ab 1924 ZtE (Nr. 33); ab 1926 NhE
92 6102	WBBE	87	Dn2t	Hanomag	1911	6323	Abnahme am 25.11.1912 für GEKE (Nr. 87); ab 1948 WRE; später WBBE
92 6103	WRE	88	Dn2t	Hanomag	1913	6822	Abnahme am 06.03.1913 für GEKE (Nr. 88); ab 1948 WRE
92 6104	StTEG	5	Dn2t	Borsig	1913	8504	Abnahme am 26.06.1913 für StTEG (»MARKGRAF«)
92 6105	ADEG	73	Dn2t	Henschel	1920	17872	geliefert an RGB (Nr. 3); ab 28.07.1930: ADEG 73; ab 30.08.1932 an TE vermietet; ab 04.10.1937 ASN (ADEG 73)
92 6106	StTEG	6	Dn2t	Borsig	1924	11835	Abnahme für StTEG (»HUGO MAYER«)
92 6176	SEG	380	Dh2t	Hanomag	1924	10369	ELNA 3; Abnahme am 03.07.1924 für IGE (SEG 380); ab 04.02.1937 HEE (SEG 380); Umbau auf Heißdampf (24.09.1938-09.01.1940)
92 6201	StTEG	7	Dn2t	Borsig	1927	12055	Abnahme am 05.12.1927 für StTEG
92 6276	BK	171	Dh2t	Henschel	1928	21209	ELNA 3; geliefert an BK (Nr. 171); Rückführlok von der BK; 1945 an NLE

Lok	Herkunft	letzte Betr.-Nr.	Bauart	Hersteller	Baujahr	Fabrik-Nr.	Bemerkungen
92 6277	BK	173	Dh2t	Henschel	1935	22696	ELNA 3; geliefert an BK (Nr. 173); Rückführlok von der BK; 1945 an NLE
92 6376	PK	11	Dh2t	Hanomag	1923	10214	ELNA 6N; 1931 Umbau auf Heißdampf (ELNA 6)
92 6377	PK	12	Dh2t	Hanomag	1923	10215	ELNA 6N; 1931 Umbau auf Heißdampf (ELNA 6)
92 6378	StHE	171	Dh2t	Henschel	1924	20378	ELNA 3; geliefert an StHE (Nr. 9); ab 01.05.1924: Nr. 171
92 6379	PK	13	Dh2t	Hanomag	1925	10419	ELNA 3
92 6380	PK	14	Dh2t	Hanomag	1925	10420	ELNA 3
92 6381	EFE	171	Dh2t	Henschel	1936	23071	ELNA 3; geliefert an BSE; ab 1937 EFE
92 6382	EFE	172	Dh2t	Henschel	1938	23665	ELNA 3
92 6383	KBF	4-140	Dh2t	Henschel	1944	26147	ELNA 6; geliefert an BK (Nr. 182); Rückführlok von der BK; 1945 an NLE; 1947 an KBF
92 6401	GeK	581	Dn2t	Hohen-zollern	1912	2938	pr. T 13; Abnahme am 25.05.1912 als ELBER-FELD 7905; DRG 92 646; ab 1936 GeK (Nr. 6[II]); Abnahme am 05.03.1937; ab 05.05.1940: GeK 581; ab 17.01.1945 an GHWK vermietet (abgestellt ab 16.04.1945); ab 26.02.1948 an GHWK vermietet
92 6476	HHE	181	Dh2t	Krauss	1922	8058	ELNA 6; geliefert an HHE (Nr. 101); ab 1937: Nr. 181
92 6477	HHE	182	Dh2t	Krauss	1922	8059	ELNA 6; geliefert an HHE (Nr. 102); ab 1937: Nr. 182
92 6478	HHE	183	Dh2t	Krauss	1922	8060	ELNA 6; Abnahme am 14.12.1922 für HHE (Nr. 103); ab 1937: Nr. 183
92 6479	HHE	184	Dh2t	Krauss	1922	8061	ELNA 6; Abnahme am 18.01.1923 für HHE (Nr. 104); ab 1937: Nr. 184
92 6480	HEE	91	Dh2t	O&K	1924	10994	geliefert an WBBE (Nr. 91); ab 1944 an HEE vermietet
92 6481	HHE	187	Dh2t	Hohen-zollern	1927	4609	ELNA 6; Abnahme am 03.01.1928
92 6482	HHE	186	Dh2t	Hohen-zollern	1927	4610	ELNA 6; Abnahme am 03.01.1928
92 6483	HHE	185	Dh2t	Hohen-zollern	1927	4611	ELNA 6; Abnahme am 03.01.1928
92 6484	LRE	181	Dh2t	BMAG	1929	9582	ELNA 6; geliefert an LRE (Nr. 181); Rückführlok von der LRE; ab 14.02.1945 NLE
92 6485	GhKB	72 H 4414	Dh2t	Hanomag	1930	10724	ELNA 6; geliefert an GhKB (Nr. 51); ab 01.11.1943: 72 H 441; Rückführlok von der GhKB; 1945 am NFE
92 6486	PKB	74 H 4414	Dh2t	Hanomag	1930	10725	ELNA 6; geliefert an PKB (Nr. 51); ab 01.11.1943: 74 H 4414; Rückführlok von der PKB; 1945 am NFE
92 6487	CPO	73 H 4414	Dh2t	Hanomag	1930	10726	ELNA 6; geliefert an CPO (Nr. 51); ab 01.11.1943: 73 H 4414; Rückführlok von der CPO; 1945 an FSB
92 6488	LRE	182	Dh2t	Krauss	1930	8490	ELNA 6; Abnahme am 29.11.1930 für LRE (Nr. 182); Rückführlok von der LRE; 1945 an HHE
92 6489	LRE	183	Dh2t	Krauss	1930	8492	ELNA 6; Abnahme am 13.12.1930 für LRE (Nr. 183); ab 1944 ASN

Lok	Herkunft	letzte Betr.-Nr.	Bauart	Hersteller	Baujahr	Fabrik-Nr.	Bemerkungen
92 6490	NGE	182	Dh2t	Henschel	1936	22991	ELNA 6; Abnahme am 04.05.1936 für NGE (Nr. 182)
92 6491	GHWK	501	Dh2t	Henschel	1936	23271	ELNA 6; Abnahme am 01.12.1936 für GHWK (Nr. 15II); ab 05.05.1940: GHWK 501
92 6492	GHWK	502	Dh2t	Henschel	1938	24753	ELNA 6; geliefert an GHWK (Nr. 16); ab 05.05.1940: GHWK 502
92 6493	ASN	181	Dh2t	Henschel	1940	24936	ELNA 6; Abnahme am 29.05.1940 für ASN (Nr. 181)
92 6494	BK	181	Dh2t	Henschel	1944	26200	ELNA 6; geliefert an BK (Nr. 181); Rückführlok von der BK; 1945 an NLE
92 6501	HBE	15	Dn2t	Union	1912	1984	pr. T 13; Abnahme am 21.05.1912 als ESSEN 7948; DRG 92 560; ab 16.12.1936 HBE; Abnahme am 23.04.1938
92 6502	BStB	1-120	Dn2t	Union	1922	2743	pr. T 13; Abnahme am 25.11.1922 für BStB (Nr.18); ab 1937: BStB 31; ab 01.02.1943: BStB 1-120
92 6503	BStB	1-121	Dn2t	Henschel	1923	19910	pr. T 13; geliefert an BStB (Nr. 19); ab 1937: BStB 32; ab 01.02.1943: BStB 1-121
92 6504	BStB	1-122	Dn2t	Henschel	1923	19911	pr. T 13; Abnahme am 17.07.1923 für BStB (Nr. 20); ab 1937: BStB 33; ab 01.02.1943: BStB 1-122
92 6576	BStB	1-140	Dh2t	Henschel	1916	13964	Henschel-Typ; Abnahme am 12.04.1916 für BStB (»HINDENBURG«); ab 1922: BStB 15; ab 1937: BStB 41; ab 01.02.1943: BStB 1-140
92 6577	BStB	1-141	Dh2t	Henschel	1917	15096	Henschel-Typ; geliefert an BStB (»LUDENDORFF«); ab 1922: BStB 16; ab 1937: BStB 42; ab 01.02.1943: BStB 1-141
92 6578	BStB	1-142	Dh2t	Henschel	1919	16913	Henschel-Typ; Abnahme ab 13.12.1919 für BStB (»GEHEIMRAT GANTZER«); ab 1922: BStB 17; ab 1937: BStB 43; ab 01.02.1943: BStB 1-142
92 6579	WBBE	92	Dh2t	Henschel	1922	19036	Typ »ESSEN«; geliefert an MFWE (Nr. 31); ab 1925 WBBE (Nr. 92); Umbau auf Heißdampf
92 6580	WBBE	93	Dh2t	Henschel	1922	19037	Typ »ESSEN«; Abnahme am 28.03.1922 für MFWE (Nr. 32); ab 1925 WBBE (Nr. 93); Umbau auf Heißdampf (09.12.1927-18.04.1928)
92 6581	GeK	541	Dh2t	Henschel	1925	20589	Abnahme am 09.06.1925 für Friedeberger Kleinbahn (Nr. 2); ab 1933 Vogelsberger Südbahn (Nr. 4); ab 1928 GHWK; ab 15.10.1935 GeK (Nr. 3a II); Abnahme am 08.06.1936; ab 05.05.1940: GeK 541; ab 1947 an GHWK vermietet
92 6582	HEE	94	Dh2t	O & K	1927	11456	Abnahme am 18.10.1927 für WBBE (Nr. 94); ab 1944 an GEKE vermietet
92 6583	WBBE	95	Dh2t	O & K	1927	11457	geliefert an WBBE (Nr. 95)
92 6584	SEG	385	Dh2t	Henschel	1927	20871	Typ »ESSEN«; geliefert an Kaiserstuhlbahn (SEG 380) geliefert; Umbau auf Heißdampf (02.03.1936-09.01.1937); ab 1938 Bregtalbahn (SEG 380); ab 1943 IGE (SEG 380)
92 6585	SEG	386	Dh2t	Henschel	1927	20974	Typ »ESSEN«; geliefert an IGE (SEG 386); Umbau auf Heißdampf (29.03.-15.10.1935);
92 6586	SEG	387	Dh2t	Henschel	1927	20987	Typ »ESSEN«; geliefert an IGE (SEG 387); Umbau auf Heißdampf (23.01.-14.09.1943)

Lok	Herkunft	letzte Betr.-Nr.	Bauart	Hersteller	Baujahr	Fabrik-Nr.	Bemerkungen
92 6587	NGE	181	Dh2t	Krauss	1930	8491	ELNA 6H; Abnahme am 23.12.1930 für NGE (Nr. 101); ab 1937: Lok 181; 1945 an HHE vermietet
92 6676	NGE	191	Dh2 t	Henschel	1928	21274	ELNA 6H; geliefert an RGB (Nr. 6); 1934 an NGE (Nr. 191)
92 6776	HBE	18	Dh2t	Borsig	1938	14680	Abnahme am 18.05.1938; falsch umgezeichnet; ab 01.07.1952: 92 6879
92 6777	HBE	19	Dh2t	Borsig	1938	14681	Abnahme am 05.05.1938; falsch umgezeichnet; ab 01.07.1952; 92 6880
92 6876	WBBE	96	Dh2t	Breslau	1930	3175	geliefert an LBE (Nr. 127); ab 01.01.1938 DRB (92 435); ab 1944 ab Theag vermietet (für Buchenwaldbahn); ab 31.12.1944 WGE (Nr. 96); ab 1946 WBBE (Nr.96)
92 6877	WBBE	97	Dh2t	Henschel	1930	21757	geliefert an LBE (Nr. 128); ab 01.01.1938 DRB (92 436); ab 1944 ab Theag vermietet (für Buchenwaldbahn); ab 31.12.1944 WGE (Nr. 97); ab 1946 WBBE (Nr. 97)
92 6878	WBBE	98	Dh2t	Henschel	1930	21758	geliefert an LBE (Nr. 129); ab 01.01.1938 DRB (92 437); ab 1944 ab Theag vermietet (für Buchenwaldbahn); ab 31.12.1944 WGE (Nr. 98); ab 1946 WBBE (Nr. 98)
92 6879	HBE	18	Dh2t	Borsig	1938	14680	Abnahme am 18.05.1938; 1949 falsch umgezeichnet (92 6776)
92 6880	HBE	19	Dh2t	Borsig	1938	14681	Abnahme am 05.05.1938; 1949 falsch umgezeichnet (92 6777)
93 6476	BStB	1-200	1´D1´h2t	Borsig	1937	14682	Borsig-Typ; Abnahme am 23.11.1937 für BStB (Nr. 51); ab 01.02.1943: BStB 1-200
93 6477	BStB	1-201	1´D1´h2t	Borsig	1937	14683	Borsig-Typ; Abnahme am 01.12.1937 für BStB (Nr. 52); ab 01.02.1943: BStB 1-201
93 6478	RE	40	1´D1´h2t	O&K	1939	13199	
93 6479	BStB	1-202	1´D1´h2t	Borsig	1939	14807	Borsig-Typ; Abnahme an 28.09.1939 für BStB (Nr. 53); ab 01.02.1943: BStB 1-202
93 6480	RE	41	1´D1´h2t	O&K	1943	13512	
93 6481	RE	42	1´D1´h2t	O&K	1943	13513	
93 6576	BStB	1-203	1´D1´h2t	Borsig	1921	10781	pr. T 28; Abnahme am 31.01.1922 als ERFURT 9101; DRG 97 401; am 28.11.1928 an Firma Erich am Ende (Berlin); ab 1931 ELE (Nr. 17^{II}); 1937 an Firma Erich am Ende (Berlin); ab 1938 BStB (Nr. 59); ab 01.02.1943: BStB 1-203
93 6676	WBBE	20	1´D1´h2t	Henschel	1935	22908	geliefert an PE (Nr. 7^{II}); ab 01.01.1941 DRB (93 1611); ab 1942 ab Theag vermietet; ab 31.12.1944 WBBE (Nr. 20)
93 6677	WBBE	21^{II}	1´D1´h2t	Henschel	1936	24369	geliefert an PE (Nr. 22); ab 01.01.1941 DRB (93 1612); ab 1942 ab Theag vermietet; ab 31.12.1944 WBBE (Nr. 21^{II})
93 6678	ObrB	3-200	1´D1´h2t	Borsig	1940	15057	geliefert an ObrB (Nr. 54); ab 01.02.1943: ObrB 3-200
93 6679	NbEB	011	1´D1´h2t	Borsig	1940	14978	Abnahme am 10.09.1940

Lok	Herkunft	letzte Betr.-Nr.	Bauart	Hersteller	Baujahr	Fabrik-Nr.	Bemerkungen
93 6680	NbEB	011	1´D1´h2t	Borsig	1941	15058	Abnahme am 26.08.1941
93 6681	NbEB	012	1´D1´h2t	Borsig	1941	15059	
93 6682	NbEB	013	1´D1´h2t	Borsig	1942	15221	
93 6683	NbEB	014	1´D1´h2t	Borsig	1942	15222	Abnahme am 28.07.1942
93 6776	HBE	10	1´D1´h2t	Hanomag	1927	10566	Abnahme am 18.04.1928
93 6777	HBE	11	1´D1´h2t	Hanomag	1927	10567	Abnahme am 16.03.1928
93 6778	HBE	12	1´D1´h2t	Hanomag	1927	10568	Abnahme am 20.04.1928
94 6776	HBE	16	Eh2t	BMAG	1915	5725	pr. T 16.1; Abnahme am 06.11.1915 als ESSEN 8152; DRG 94 689; ab 01.12.1936 HBE
95 6676	HBE	MAMMUT	1´E1´h2t	Borsig	1919	10353	Abnahme am 21.02.1920
95 6677	HBE	WISENT	1´E1´h2t	Borsig	1919	10354	Abnahme am 19.06.1920
95 6678	HBE	BÜFFEL	1´E1´h2t	Borsig	1920	10909	Abnahme am 27.05.1921
95 6679	HBE	ELCH	1´E1´h2t	Borsig	1920	10910	Abnahme am 30.03.1921
98 5901	KAP	180	Bn2t	Henschel	1914	12952	Typ »Bonifacius«; geliefert an Zuckerfabrik Guhrau (Schlesien);1938 an Firma Erich am Ende (Berlin); ab 1939 KAP (Nr. 1^{II}); ab 05.05.1940: KAP 180
98 6001	FSB	02 N 2210	Bn2t	Vulcan	1894	1368	Lenz-Typ »d«; geliefert an FSB (Nr. 2^{d}); ab 01.11.1943: 02 N 2210
98 6002	FSB	03 N 2210	Bn2t	Vulcan	1894	1369	Lenz-Typ »d«; geliefert an FSB (Nr. 3^{d}); ab 01.11.1943: 03 N 2210
98 6003	WBBE	78	Bn2t	Hanomag	1895	2650	Abnahme am 21.05.1895 für Firma Georg von Cölln; später an Kleinbahn Hornburg-Börßum (»HORNBURG«); ab 06.05.1905 OWE (Nr. 23); ab 12.03.1910 EOE (Nr. 23); ab 20.07.1911: Nr. 78; ab 22.07.1914 an WBBE vermietet; ab 31.05.1920 EOE; an Zuckerfabrik Oldisleben vermietet (23.10.1941-11.02.1942)
98 6004	RaKB	04 N 2210	Bn2t	Vulcan	1896	1590	Lenz-Typ »d«; geliefert an RaKB (Nr. 1^{d}); ab 01.05.1924: Nr. 1^{b}; ab 01.11.1943: 04 N 2210; 1945 als Rückführlok zur FSB
98 6005	KNB	2	Bn2t	Hanomag	1901	3764	geliefert an Kleinbahn Celle-Soltau (»OERTZE« Nr. 2); später Celler Kleinbahnen (Nr. 2); später Kleinbahn Celle-Wittingen (Nr. 6); ab 1912 KNB
98 6006	KWC	1	Bn2t	Borsig	1909	7234	Abnahme am 09.09.1909
98 6007	KWC	2	Bn2t	Borsig	1909	7235	
98 6008	KGV	1	Bn2t	O & K	1913	6681	geliefert an KGV (Nr. 1^{b}); 1945 als Rückführlok zur NLE; ab 1948 an TE vermietet
98 6009	ObG	712	Bn2t	Smoschewer	1922	713	Abnahme am 02.12.1922
98 6010	BSHK	3	Bn2t	O & K	1922	9698	geliefert an Firma Thodor Reichert für Rittergut Dersenow; ab 1934 BSHK
98 6051	GEKE	82	B´Bn4vt	Jung	1901	472	geliefert an GEKE
98 6101	KKR	190	Bn2t	Henschel	1907	7245	geliefert an KBA (Nr. 1); 1936 an KKR (Nr.1^{II}); ab 05.05.1940: KKR 190

Lok	Herkunft	letzte Betr.-Nr.	Bauart	Hersteller	Baujahr	Fabrik-Nr.	Bemerkungen
98 6102	OeK	196	Bn2t	Henschel	1910	9858	Abnahme am 24.02.1910 für KBGW (Nr. 6); ab 1924 KyK (Nr. 43); ab 15.09.1937 OeK (Nr. 43); ab 05.05.1940: OeK 196
98 6151	WBBE	84	B´Bn4vt	Jung	1904	764	Abnahme am 14.10.1901 für WBBE (Nr. 84); ab 13.03.1905 GEKE (Nr. 84); ab 30.09.1906 HEE (Nr. 84); ab 20.12.1912 WBBE (Nr. 84); ab 20.06.1924 GEKE (Nr. 84); ab 21.07.1926 WBBE (Nr. 84); ab 23.10.1926 GEKE (Nr. 84); ab 1944 WGE (für Buchenwaldbahn); ab 28.09.1945 WBBE (Nr. 84)
98 6152	HEE	85	B´Bn4vt	Jung	1904	765	geliefert an WBBE (Nr. 85); später HEE (Nr. 85)
98 6153	SEG	352	B´Bn4vt	Jung	1908	1239	Abnahme am 21.01.1908 für HEE (SEG 352); ab 1937 AIE (SEG 352)
98 6201	PKB	05 N 2212	Bn2t	Borsig	1897	4610	geliefert an PKB (»PYRITZ« Nr. 1c); ab 01.05.1924: Nr. 1b; ab 01.11.1943: 05 N 2212; Rückführlok von der PKB; 1945 am FSB
98 6202	AMK	181	Bn2t	Hohen-zollern	1899	1173	Lenz-Typ »c«; geliefert an KBCB (Nr. 1c); ab 30.10.1908 KBGW (Nr. 1c); ab 21.12.1927 AMK (Nr. 1); ab 05.05.1940: AMK 181
98 6203	AMK	182	Bn2t	Hohen-zollern	1899	1174	Lenz-Typ »c«; geliefert an KBCB (Nr. 2c); ab 30.10.1908 KBGW (Nr. 2c); ab 21.12.1927 AMK (Nr. 2); 05.05.1940: AMK 182
98 6204	BStB	1-10	Bn2t	Hohen-zollern	1900	1307	Lenz-Typ »c«; geliefert an STE (Nr. 2c); 1929 an Firma Erich am Ende (Berlin); ab 1940 BStB (Nr. 80); ab 01.02.1943: BStB 1-10
98 6205	NKB	07 N 2212	Bn2t	Vulcan	1901	1883	Lenz-Typ »c«; geliefert an NKB (Nr. 1c); später Nr. 1b; ab 01.11.1943: 07 N 2212; Rückführlok von der NKB; 1945 an STE; 1948 an FSB; später an NFE
98 6206	KBK	187	Bn2t	Henschel	1902	6258	Typ »Riebeck«; geliefert an KBK (Nr. 1); ab 05.05.1940: KBK 187
98 6207	KBK	188	Bn2t	Henschel	1902	6259	Typ »Riebeck«; geliefert an KBK (Nr. 2); ab 05.05.1940: KBK 188
98 6208	DeK	189	Bn2t	Henschel	1907	7244	Abnahme am 27.11.1906 für KNW (Nr. 3); ab 15.11.1913 KRF (Nr. 3); ab 1918 an KCC vermietet; ab 19.01.1923 KCC (Nr. 1); ab 09.01.1927 DeK (Nr. 1); ab 05.05.1940: DeK 189
98 6209	KKR	191	Bn2t	Henschel	1907	7248	geliefert an KSA (Nr. 3); ab 22.03.1915: StK (Nr. 3); ab 1936 KKR (Nr. 1II); ab 05.05.1940: KKR 191; 19149 an GHWK vermietet
98 6210	KEZ	192	Bn2t	Henschel	1907	7249	geliefert an KEZ (Nr. 1); ab 05.05.1940: KEZ 192; ab 19.04.1945 an KyK vermietet; ab 1946 an GHWK vermietet
98 6211	KEZ	193	Bn2t	Henschel	1907	7250	geliefert an KEZ (Nr. 2); ab 05.05.1940: KEZ 193; ab 19.04.1945 an KyK vermietet; ab 1947 an StK vermietet
98 6212	WRP	3b	Bn2t	Borsig	1908	6938	geliefert an WRP (»NEISSE« Nr. 3); ab 01.05.1924: Nr. 3b
98 6213	NWE	61	Bn2t	Borsig	1908	6047	Abnahme am 16.02.1909 für Kleinbahn Bremervörde-Osterholz (Nr. 2); ab 1926 Bleckeder Kleinbahn (Nr. 2); ab 19.12.1928 Kleinbahn Buxtehude-Harsefeld (Nr. 2); ab 15.06.1934 NWE

Lok	Herkunft	letzte Betr.-Nr.	Bauart	Hersteller	Baujahr	Fabrik-Nr.	Bemerkungen
98 6214	GeK	195	Bn2t	Henschel	1909	9217	geliefert an GeK (Nr. 5[d]); ab 1924: Lok 21; ab 05.05.1940: GeK 195
98 6215	KWoC	197	Bn2t	Henschel	1910	10018	geliefert an KWoC (Nr. 1); ab 05.05.1940: KWoC 197
98 6216	KRF	198	Bn2t	Henschel	1910	10019	geliefert an KWoC (Nr. 2); ab 14.11.1936 KRF (Nr. 2); ab 05.05.1940: KRF 198
98 6217	AMK	194	Bn2t	Henschel	1910	10329	geliefert an KBGW (Nr. 7); ab 21.12.1927 AMK (Nr. 7); ab 05.05.1940: AMK 194; ab 1944 an KWoC vermietet
98 6218	StK	199	Bn2t	Henschel	1913	12386	geliefert ab KSAb (Nr. 31); 1917 an KWoC vermietet; ab 01.04.1923 StK (Nr. 31); ab 05.05.1940: StK 199
98 6301	GHWK	183	Bn2t	Hohenzollern	1900	1303	Lenz-Typ »c«; geliefert an KZG (Nr. 1[c]); ab 05.11.1923 GeK (Nr. 1[c]); + 19.11.1927; ab 1928 KAP (Nr. 3); ab 05.05.1940: KAP 183; ab 01.05.1943 GHWK
98 6376	RE	25	1´Dh2t	O&K	1929	11786	
98 6377	RE	26	1´Dh2t	O&K	1929	11787	Abnahme am 27.05.1929
98 6378	RE	27	1´Dh2t	O&K	1934	12519	
98 6476	RE	23	1´Dh2t	O&K	1936	12731	

98 6215 begann ihre Laufbahn als Lok 1 Kleinbahn-AG Wolmirstedt-Colbitz (KWoC), wo die Maschine bis zur Übernahme der Strecke durch die DR verblieb. Die Reichsbahn musterte den Zweikuppler 1965 aus. *Foto: Slg. D. Endisch*

Lok	Herkunft	letzte Betr.-Nr.	Bauart	Hersteller	Baujahr	Fabrik-Nr.	Bemerkungen
99 1401	-	001	Dh2t	LKM	1947	15101	Abnahme am 31.08.1948 für Strecke Glöwen-Havelberg (Gr-001); ab 23.09.1952: 99 001; ab 01.10.1953: 99 1401
99 3001	DKBO	121	Bn2t	Henschel	1924	20452	geliefert an Hütten AG; ab 1946 DKBO
99 3301	WEM	GRAF ARNIM	Cn2t	Krauss	1895	3311	
99 3310	-	-	Dn2t	O&K	1917	8338	geliefert an Heeresfeldbahnen (HF 1638); ab 1919 Lettische Eisenbahn (ML 631); ab 1943 BKW Welzow; ab 23.05.1956 DR
99 3311	WEM	2	Dn2t	Krauss	1917	7349	geliefert an Heeresfeldbahnen (HF 1575); an 1919 WEM; ab 01.05.1951 DR
99 3312	WEM	7	Dn2t	Borsig	1912	8472	Abnahme am 21.10.1912 für WEM (»DIANA«); ab 01.05.1951 DR
99 3313	WEM	...	Dn2t	Borsig	1914	8836	Abnahme am 28.03.1914 an Heeresfeldbahnen (HF 312); ab 18.04.1919 WEM (Nr. 8); ab 01.05.1951 DR
99 3314	WEM	5	Dn2t	Henschel	1917	15226	geliefert an Heeresfeldbahnen (HF 1487); ab 1919 WEM; ab 01.05.1951 DR
99 3315	WEM	6	Dn2t	Henschel	1917	15307	geliefert an Heeresfeldbahnen (HF 1547); ab 1919 WEM; ab 01.05.1951 DR
99 3316	WEM	7	Dn2t	Borsig	1916	9757	Abnahme am 28.08.1916 für Heeresfeldbahnen (HF 634); ab 1919 WEM; ab 01.05.1951 DR
99 3317	-	-	Dn2t	Borsig	1918	10306	Abnahme am 22.05.1918 für Heeresfeldbahnen (HF 1914); ab 1919 PKP (Nr. D 4-4241); ab 1939 Littauische Eisenbahn (Nr. 448); ab 1943 BKW Welzow; ab 10.06.1952 DR
99 3318	-	-	Dn2t	Borsig	1918	10364	geliefert an Heeresfeldbahnen (HF 2301); ab 1919 PKP (Nr. D 4-4243); ab 1939 Littauische Eisenbahn (Nr. 462); ab 1943 BKW Welzow; ab 14.10.1953 DR
99 3351	MPSB	1	C1´n2	Jung	1906	989	Abnahme am 13.09.1906 für MPSB (»JACOBI« Nr. 1)
99 3352	MPSB	4	C1´n2	Jung	1907	1138	Abnahme am 28.11.1907 für MPSB (»KAYSER« Nr. 4)
99 3353	MPSB	5	C1´n2	Jung	1908	1261	Abnahme am 18.01.1909 für MPSB (»GRAF SCHWERIN-LÖWITZ« Nr. 5)
99 3361	MPSB	14	Dh2	O&K	1938	13200	Abnahme am 21.03.1939
99 3451	MPSB	8	C1´n2	Jung	1914	2155	Abnahme am 30.11.1914 für MPSB (»VON DER LANCKEN« Nr. 8)
99 3461	MPSB	9	Dh2	Vulcan	1925	3852	Abnahme am 30.09.1925
99 3462	MPSB	12	Dh2	O&K	1934	12518	
99 3651	MPSB	22	Bn2	KM	1940	15793	geliefert an Firma Fritz Kirchhoff (München) für Baustelle Woldegk; ab 11.07.1947 MPSB
99 3652	MPSB	21	Bn2	Jung	1941	9296	Typ »Hilax«; geliefert an Firma B. Brangsch (Leipzig) für Baustelle Woldegk; ab 08.05.1947 MPSB
99 4052	-	-	Dn2t	Kriskingo	1934	0042	an Waldbahn in Rumänien geliefert (Nr. 159-420); ab 1945 Rbd Dresden; ab 25.08.1958: 99 4541

Lok	Herkunft	letzte Betr.-Nr.	Bauart	Hersteller	Baujahr	Fabrik-Nr.	Bemerkungen
99 4301	KJ I	23	Cn2t	O & K	1920	9418	Abnahme am 24.09.1921 für Zuckerfabrik Gommern; ab 1947 KJ I (bis 02.02.1956: 99 4402)
99 4401	KJ I	22	Bn2t	Henschel	1922	19514	geliefert an Firma Polensy & Zöllner (Wanne-Eickel); später an Landkreis Haldensleben; ab 01.04.1948 an KJ I (ab 02.02.1956: 99 4721)
99 4402	KJ I	23	Cn2t	O & K	1920	9418	Abnahme am 24.09.1921 für Zuckerfabrik Gommern; ab 1947 KJ I (ab 02.02.1956: 99 4301)
99 4501	OWPK	7-20	Cn2t	Hartmann	1897	2262	Abnahme am 28.05.1897 für OPK (»DANNENWALDE« Nr. 14) für Strecke Kyritz-Hoppenrade; ab 15.01.1941 OWPK; ab 01.02.1943: OWPK 7-20
99 4502	OWPK	7-22	Cn2t	Hartmann	1897	2264	Abnahme am 09.03.1897 für OPK (»BERNSDORF« Nr. 16) für Strecke Kyritz-Hoppenrade; ab 15.01.1941 OWPK; ab 01.02.1943: OWPK 7-22
99 4503	OWPK	8-21	Cn2t	Hartmann	1900	2622	Abnahme am 29.06.1900 für WPK (»WITTENBERGE« Nr. 17) für Strecke Viesecke-Glöwen; ab 15.01.1941 OWPK; ab 01.02.1943: OWPK 8-21
99 4504	OWPK	7-25	Cn2t	O & K	1906	2129	Abnahme am 10.09.1907 für OPK (»VON DÖPFEL« Nr. 22) für Strecke Lindenberg-Pritzwalk; ab 15.01.1941 OWPK; ab 01.02.1943: OWPK 7-25
99 4505	OWPK	7-26	Cn2t	Borsig	1912	8388	Abnahme am 26.08.1912 für OPK (»LINDENBERG« Nr. 23) für Strecke Lindenberg-Kreuzweg; ab 15.01.1941 OWPK; ab 01.02.1943: OWPK 7-26
99 4511	RSN	3	C1´n2t	Krauss	1899	4111	Abnahme am 16.02.1900
99 4512	RSN	5	C1´n2t	O & K	1901	845	Abnahme am 01.07.1901
99 4521	RüKB	241 N 4405	B´Bn4vt	Vulcan	1902	2010	Lenz-Typ »nn«; Abnahme am 28.10.1902 für RüKB (Nr. 31^{nn}); ab 01.11.1943: RüKB 241 N 4405
99 4522	RüKB	242 N 4405	B´Bn4vt	Vulcan	1902	2013	Lenz-Typ »nn«; Abnahme am 12.02.1903 für RüKB (Nr. 32^{nn}); ab 01.11.1943: RüKB 242 N 4405
99 4523	RüKB	243 N 4405	B´Bn4vt	Vulcan	1905	2172	Lenz-Typ »nn«; geliefert an RüKB (Nr. 33^{nn}); ab 01.11.1943: RüKB 243 N 4405
99 4524	RüKB	244 N 4405	B´Bn4vt	Vulcan	1908	2451	Lenz-Typ »nn«; Abnahme am 02.10.1908 für RüKB (Nr. 34^{nn}); ab 01.11.1943: RüKB 244 N 4405
99 4525	RüKB	245 N 4405	B´Bn4vt	Hanomag	1908	6227	Lenz-Typ »nn«; Abnahme am 16.01.1912 für RüKB (Nr. 35^{nn}); ab 01.11.1943: RüKB 245 N 4405
99 4531	TrB	4	Dn2t	O & K	1908	3177	Abnahme am 11.02.1909 für TrB (»GLÜCKAUF« Nr. 4)
99 4532	TrB	5	Dn2t	O & K	1924	10844	Abnahme am 01.09.1924 für TrB (»TRUSETAL« Nr. 5)
99 4541	-	-	Dn2t	Kriskingo	1934	0042	an Waldbahn in Rumänien geliefert (Nr. 159-420); ab 1945 Rbd Dresden; bis 25.08.1958: 99 4052
99 4551	KJ I	11	Dn2t	O & K	1922	9681	Abnahme am 22.05.1922 (bis 02.02.1956: 99 4642)
99 4601	DKBO	206 N 2206	Bn2t	Vulcan	1896	1517	Lenz-Typ »m«; geliefert an DKBO (Nr. 2^{m}); ab 01.11.1943: DKBO 207 N 2206
99 4602	RüKB	203 N 2206	Bn2t	Vulcan	1896	1560	Lenz-Typ »m«; geliefert an RüKB (Nr. 7^{m}); ab 01.11.1943: RüKB 203 N 2206
99 4603	RüKB	205 N 2206	Bn2t	Henschel	1912	11347	Lenz-Typ »m«; Abnahme am 06.09.1912 für RüKB (Nr. 9^{m}); ab 01.11.1943: RüKB 205 N 2206

Lok	Herkunft	letzte Betr.-Nr.	Bauart	Hersteller	Baujahr	Fabrik-Nr.	Bemerkungen
99 4611	TrB	6	Cn2t	Jung	1891	110	geliefert an Bröltal-Eisenbahn AG (Nr. 1); ab 10.06.1921 Rhein-Sieg Eisenbahn AG (Nr. 6); ab 13.09.1925 Trb (Umbau auf 750 mm Spurweite)
99 4612	KKP	1	Cn2t	O&K	1908	3009	Abnahme am 25.09.1908
99 4613	KKP	2	Cn2t	O&K	1908	3010	Abnahme am 02.10.1908
99 4614	KJ I	9	Cn2t	Hagans	1909	611	
99 4615	KJ I	10	Cn2t	Hagans	1910	651	Abnahme am 14.05.1910
99 4621	RüKB	265 N 3506	C2´n2t	Hagans	1901	441	Abnahme am 16.07.1901 für Firma Rudolf Pringsheim, Beuthen (Nr. 8); ab 09.01.1918 Rosenberger Kreisbahn (Nr. 5), Umbau auf 750 mm Spurweite; ab 1928 Zuckerfabrik Stavenhagen; ab 1945 RüKB
99 4631	RüKB	257 H 4406	Dh2t	Vulcan	1913	2896	Vulcan-Typ »M«; geliefert an RüKB (Nr. 51^{M}); 1927 Umbau auf Heißdampf (Nr. 51^{Mh}); ab 01.11.1943: RüKB 257 H 4406
99 4632	RüKB	258 H 4406	Dh2t	Vulcan	1914	2951	Vulcan-Typ »M«; geliefert an RüKB (Nr. 52^{M}); 1927 Umbau auf Heißdampf (Nr. 52^{Mh}); ab 01.11.1943: RüKB 258 H 4406
99 4633	RüKB	259 H 4406	Dh2t	Vulcan	1925	3851	Vulcan-Typ »Mh«; Abnahme am 21.05.1925 für RüKB (Nr. 53^{M}); ab 01.11.1943: RüKB 259 H 4406
99 4641	KJ I	16	Dn2t	O&K	1912	5216	geliefert an Rosenberger Kreisbahn (Lok 3); ab 1926 KJ I; Abnahme am 17.01.1933
99 4642	KJ I	11	Dn2t	O&K	1922	9681	Abnahme am 22.05.1922 (ab 02.02.1956: 99 4551)
99 4643	KJ I	12	Dn2t	O&K	1922	9682	Abnahme am 22.05.1922
99 4644	KJ I	15	Dn2t	O&K	1923	10501	geliefert an Rosenberger Kreisbahn (Lok 4); ab 1926 KJ I; Abnahme am 17.03.1930
99 4645	KJ I	14	Dn2t	O&K	1924	10862	Abnahme am 07.10.1924
99 4651	LJK	4^{II}	Cn2t	Henschel	1941	25979	Typ HF 110 C; geliefert an Pionierschule Rehagen-Klausdorf; ab 10.09.1948 LJK
99 4652	LJK	1	Cn2t	Henschel	1941	25983	Typ HF 110 C; geliefert an Pionierschule Rehagen-Klausdorf; 1948 an LJK
99 4653	LJK	5^{II}	Cn2t	Jung	1944	10123	Typ HF 110 C; ab 10.09.1948 LJK
99 4701	OWPK	08-20	Cn2t	Henschel	1914	13022	geliefert an WPK (Nr. 19) für Strecke Perleberg-Hoppenrade; ab 15.01.1941 OWPK; ab 01.02.1943: OWPK 08-20
99 4711	OWPK	07-80	C1´n2t	Hartmann	1920	4420	Abnahme am 12.12.1920 für OPK (Nr. 20) für Strecke Lindenberg-Pritzwalk; ab 15.01.1941 OWPK; ab 01.02.1943: OWPK 07-80
99 4712	-	-	C1´n2t	Krauss	1899	4183	geliefert an Friedländer Bezirksbahnen (»EHRLICH« Nr. 11); ab 01.01.1925 ČSD (U 37.007); an 1939 DRB (99 791); ab 24.05.1957: 99 4712
99 4721	KJ I	22	Bn2t	Henschel	1922	19514	geliefert an Firma Polensy & Zöllner (Wanne-Eickel); später an Landkreis Haldensleben; ab 01.04.1948 an KJ I (bis 02.02.1956: 99 4401)
99 4801	KJ I	20	1´D h2t	Henschel	1938	24367	Abnahme am 12.12.1938
99 4802	KJ I	21	1´D h2t	Henschel	1938	24368	Abnahme am 05.04.1939; Umbau Dh2 (Abnahme am 07.09.1950)

Lok	Herkunft	letzte Betr.-Nr.	Bauart	Hersteller	Baujahr	Fabrik-Nr.	Bemerkungen
99 5001	SpS	11	Bn2t	Borsig	1925	11870	geliefert an SpS (Nr. 11); 1956 von DR übernommen
99 5201	SpS	12	Bn2t	O&K	1938	13178	Abnahme am 30.03.1939 für SpS (Nr. 12); 1956 von DR übernommen
99 5601	FKB	119 N 2206	Bn2t	Vulcan	1893	1347	Lenz-Typ »i«; Abnahme am 04.08.1894 für FKB (Nr. 1^{i}); ab 01.11.1943: FKB 119 N 2206
99 5602	FKB	120 N 2206	Bn2t	Vulcan	1894	1348	Lenz-Typ »i«; geliefert an FKB (Nr. 2^{i}); ab 01.11.1943: FKB 120 N 2206
99 5603	FKB	121 N 2206	Bn2t	Vulcan	1894	1349	Lenz-Typ »i«; Abnahme am 15.08.1894 für FKB (Nr. 3^{i}); ab 01.11.1943: FKB 121 N 2206
99 5604	FKB	124 N 2206	Bn2t	Vulcan	1894	1359	Lenz-Typ »i«; geliefert an FKB (Nr. 6^{i}); ab 01.11.1943: FKB 124 N 2206
99 5605	FKB	122 N 2206	Bn2t	Vulcan	1894	1363	Lenz-Typ »i«; Abnahme am 16.02.1895 für FKB (Nr. 4^{i}); ab 01.11.1943: FKB 122 N 2206
99 5606	FKB	123 N 2206	Bn2t	Vulcan	1894	1379	Lenz-Typ »i«; geliefert an FKB (Nr. 5^{i}); ab 01.11.1943: FKB 123 N 2206
99 5611	FKB	130 N 3306	Cn2t	Henschel	1903	6526	geliefert an Salzwedeler Kleinbahn GmbH (Nr. 5); ab 1938 FKB (Nr. 9°)
99 5621	FKB	165 N 4406	B´Bn4vt	Vulcan	1902	2008	Lenz-Typ »ii«; Abnahme am 30.09.1902 für FKB (Nr. 7^{ii}); ab 01.11.1943: FKB 165 N 4406
99 5622	FKB	166 N 4406	B´Bn4vt	Vulcan	1910	2652	Lenz-Typ »ii«; Abnahme am 09.11.1910 für FKB (Nr. 8^{ii}); ab 01.11.1943: FKB 166 N 4406
99 5631	NWE	71	C1´n2t	Schneider	1890	?	geliefert an Tramway de la Cote dór; ab 1946 NWE
99 5632	NWE	72	C1´n2t	Schneider	1890	?	geliefert an Tramway de la Cote dór; ab 1946 NWE
99 5633	Sp	09-27	1´Cn2t	Jung	1917	2519	geliefert an Pillkaller Kleinbahn AG (Nr. 23); ab 30.06.1924 Ostpreußische Kleinbahnen AG (Nr. 23); als Rückführlok zur Sp (Nr. 09-27)
99 5701	Sp	09-20	Cn2t	Hohenzollern	1897	938	Abnahme am 12.08.1897 für LCK (»LÜBBEN« Nr. 1); ab 18.08.1923 Sp (Nr. 1); ab 01.02.1943: Sp 09-20
99 5702	Sp	09-21	Cn2t	Hohenzollern	1897	939	geliefert an LCK (»LIEBEROSE« Nr. 2); ab 18.08.1923 Sp (Nr. 2); ab 01.02.1943: Sp 09-21
99 5703	Sp	09-22	Cn2t	Hohenzollern	1897	940	geliefert an LCK (»COTTBUS« Nr. 3); ab 18.08.1923 Sp (Nr. 3); ab 01.02.1943: Sp 09-22
99 5704	Sp	09-23	Cn2t	Hohenzollern	1897	941	Abnahme am 01.10.1897 für LCK (»STAUPITZ« Nr. 4); ab 18.08.1923 Sp (Nr. 4); ab 01.02.1943: Sp 09-23
99 5705	Sp	09-24	Cn2t	Hohenzollern	1897	942	geliefert an LCK (»BURG« Nr. 5); ab 18.08.1923 Sp (Nr. 5); ab 01.02.1943: Sp 09-24
99 5706	Sp	09-25	Cn2t	Hohenzollern	1899	1211	Abnahme am 10.09.1899 für LCK (»GOYATZ« Nr. 6); ab 18.08.1923 Sp (Nr. 6); ab 01.02.1943: Sp 09-25
99 5707	Sp	09-26	Cn2t	Hohenzollern	1899	1212	geliefert an LCK (»WERBEN« Nr. 7); ab 18.08.1923 Sp (Nr. 7); ab 01.02.1943: Sp 09-26
99 5711	GMWE	2	B´Bn4vt	Borsig	1900	4798	Abnahme am 21.09.1901 für GMWE (Nr. 2)
99 5712	GMWE	4	B´Bn4vt	Borsig	1902	5107	Abnahme am 04.12.1902 für GMWE (Nr. 4)
99 5713	GMWE	6	B´Bn4vt	Borsig	1907	6770	Abnahme am 25.04.1908 für GMWE (Nr. 6)
99 5714	GMWE	1	B´Bn4vt	Borsig	1921	10853	Abnahme am 22.01.1921 für GMWE (Nr. 1)

Lok	Herkunft	letzte Betr.-Nr.	Bauart	Hersteller	Baujahr	Fabrik-Nr.	Bemerkungen
99 5801	HHE	3	Bn2t	Hagans	1894	302	Abnahme am 13.02.1895 für Hallesche Hafenbahn AG; ab 17.03.1897 HHE (Nr. 3)
99 5802	HHE	4	Bn2t	Hagans	1894	303	Abnahme am 13.02.1895 für Hallesche Hafenbahn AG; ab 17.03.1897 HHE (Nr. 4)
99 5803	NWE	3	Bn2t	Güstrow	1896	753	Abnahme am 06.08.1898 für NWE (»Max«)
99 5804	NWE	1	Bn2t	Güstrow	1896	751	geliefert an NWE (»Anton«)
99 5811	GHE	GERN-RODE	Cn2t	Henschel	1887	2227	
99 5901	NWE	11	B´Bn4vt	Jung	1897	258	
99 5902	NWE	12^{III}	B´Bn4vt	Jung	1897	261	geliefert an NWE (Nr. 14); ab 1927: Nr. 12^{III}
99 5903	NWE	13^{II}	B´Bn4vt	Jung	1898	345	geliefert an NWE (Nr. 18); ab 1918: Nr. 13^{II}
99 5904	NWE	15^{II}	B´Bn4vt	Jung	1901	464	geliefert an NWE (Nr. 21); ab 1918: Nr. 15^{II}
99 5905	NWE	14^{II}	B´Bn4vt	Jung	1901	465	geliefert an NWE (Nr. 22); ab 1916: Nr. 15^{II}; ab 1927: Nr. 14^{II}
99 5906	NWE	41^{II}	B´Bn4vt	Karlsruhe	1918	2052	geliefert an Eisenbahn-Ersatzpark Berlin-Schöneberg (HK 96); ab 1920 NWE (Nr. 41^{II})
99 5911	GMWE	7	Dh2t	Borsig	1922	11383	Abnahme am 13.09.1922
99 5912	GMWE	8	Dh2t	Borsig	1922	11384	Abnahme am 04.10.1922
99 6001	NWE	21^{II}	1´C1´h2t	Krupp	1939	1875	Abnahme am 14.07.1939
99 6011	NWE	51	(1´B)´B1´h4vt	Borsig	1922	11382	
99 6012	NWE	52	(1´B)´B1´h4vt	Borsig	1924	11831	Abnahme am 24.07.1924
99 6101	NWE	6	Ch2t	Henschel	1914	12879	geliefert an Heeresfeldbahnen (HK 20); ab 1917 an NWE vermietet; ab 1920 NWE
99 6102	NWE	7	Cn2t	Henschel	1914	12880	geliefert an Heeresfeldbahnen (HK 21); ab 1917 Nassauische Kleinbahn AG (Nr. 15); ab 1921 NWE

Anmerkungen:

1 = laut Betriebsbuch (Zweitschrift): Hagans 1901, Fabrik-Nr. 434 (Angaben für den Kessel)

2 = laut Betriebsbuch (Zweitschrift): O & K 1913, Fabrik-Nr. 6117 (Daten der 89 6159 fälschlicherweise verwendet.)

3 = laut Umzeichnungsplan: Baujahr 1909

4 = laut Umzeichnungsplan: Baujahr 1909

5 = laut Umzeichnungsplan: Baujahr 1911

6 = laut Umzeichnungsplan: Baujahr 1914

7 = laut Umzeichnungsplan: Baujahr 1923

8 = laut Betriebsbuch (Zweitschrift): Freudenstein 1905, Fabrik-Nr. 224 (Angaben für den Kessel)

9 = laut Betriebsbuch (Zweitschrift): Smoschewer 1923, Fabrik-Nr. 718 (Angaben für den Kessel)

10 = laut Umzeichnungsplan: Baujahr 1924

11 = laut Betriebsbuch (Zweitschrift): O & K 1908, Fabrik-Nr. 2576 (Angaben für den Kessel)

Umzeichnungsplan der von der Deutschen Reichsbahn 1949 übernommenen Triebwagen							
Triebwagen	Herkunft	letzte Betr.-Nr.	Bauart	Hersteller	Baujahr	Fab-rik-Nr.	Bemerkungen
VT 133 501	OHKB	VT 1	1-Adm	LHW	1923	?	20.04.1958 Umbau VT 135 501II
VT 133 502	OHKB	VT 2	1-Adm	LHW	1923	?	30.04.1958 Umbau VT 135 502II
VT 133 503	OHKB	VT 3	1-Adm	NAG	1923	?	
VT 133 504	HBE	T 1	1-Adm	Uerdingen	1927	?	Abnahme am 07.07.1927
VT 133 505	BSHK	T 1	A-Adm	Wismar	1933	20211	Wismarer Schienenbus Typ B; Abnahme am 07.04.1933 für Bleckeder Kreisbahn (SK-1); ab 19.03.1938 BSHK
VT 133 506	NLE	T 1021	A-Adm	Wismar	1933	20229	Wismarer Schienenbus Typ B; Abnahme am 07.04.1934
VT 133 507	NLE	T 1022	A-Adm	Wismar	1933	20232	Wismarer Schienenbus Typ B; Abnahme am 22.05.1934
VT 133 508	KBA	T 2	1-Adm	Wumag	1935	?	»Kleiner Wettiner«; geliefert an KBA; ab 05.05.1940: T 2; 1949 falsch umgezeichnet (ab 1952: VT 135 549)
VT 133 509	KME	T 1	A-Adm	Wismar	1936	20266	Wismarer Schienenbus; Abnahme am 06.07.1926; kurzzeitig als »VT 135 509« bezeichnet
VT 133 510	KME	T 2	A-Adm	Wismar	1937	21165	Wismarer Schienenbus; Abnahme am 19.08.1938; kurzzeitig als »VT 135 510«
VT 133 511	KWC	T 1	1-Adm	NAG	1927	?	umgebauter Omnibus; Abnahme für GHWK (T 9); ab 10.05.1941 KWC (T 1); ab 1948 an GHWK vermietet
VT 133 512	DS	T 01	1-Adm	Wumag	1934	10223	ex VT 135 513
VT 133 513	EFE	T 121	A-Adm	Wismar	1936	20219	Wismarer Schienenbus Typ B; ex VT 135 501
VT 133 514	EFE	T 122	A-Adm	Wismar	1934	20231	Wismarer Schienenbus Typ B; ex VT 135 502
VT 133 515	PK	T 03	A-Adm	Wismar	1940	21142	Wismarer Schienenbus Typ B; ex VT 135 542
VT 133 516	DS	T 02	1-Adm	Wumag	1937		kurzzeitig VT 135 545
VT 133 519	OSE	Sk-1	A-Adm	Wismar	1933	20217	Wismarer Schienenbus Typ B; Abnahme am 14.07.1933; ab 1943 an NLE (T 1023) vermietet
VT 133 521	GMWE	T 1	1-Adm	LHW	1928	?	1.000 mm Spurweite; Schienenomnibus »Werdau«
VT 135 522	GHE	T 1	1-Adm	Dessau	1933	3036	1.000 mm Spurweite; Abnahme am 24.11.1934
VT 133 523	Sp	501	1-Adm	Talbot	1934	78689	1.000 mm Spurweite; Abnahme als »Fliegender Spreewälder«; ab 01.02.1943: Sp 501
VT 133 524	OWPK	701	A-Adm	Wismar	1939	21.118	750 mm Spurweite; Wismarer Schienenbus Typ E; Abnahme am 04.03.1939 für OPK (T 1); ab 01.02.1943: OWPK 701
VT 133 525	OWPK	702	A-Adm	Wismar	1939	21.117	750 mm Spurweite; Wismarer Schienenbus Typ E; Abnahme am 04.03.1939 für OPK (T 2); ab 01.02.1943: OWPK 702

Triebwagen	Herkunft	letzte Betr.-Nr.	Bauart	Hersteller	Baujahr	Fabrik-Nr.	Bemerkungen
VT 135 500	GöK	T 1031	1-Adm	Wumag	1940	?	ab 01.01.1947 DR
VT 135 501	EFE	T 121	A-Adm	Wismar	1936	20219	Wismarer Schienenbus Typ B; 1949 falsch umgezeichnet; später: VT 133 513
VT 135 501II	-	-	1-Adm	Raw Dessau	1958	?	Umbau aus VT 133 501; Abnahme am 21.04.1958
VT 135 502	EFE	T 122	A-Adm	Wismar	1934	20231	Wismarer Schienenbus Typ B; 1949 falsch umgezeichnet; später: VT 133 514
VT 135 502II	-	-	1-Adm	Raw Dessau	1958	?	Umbau aus VT 133 502; Abnahme am 01.05.1958
VT 135 503	DWE	T 41	1-Adm	Dessau	1924	3001	
VT 135 509	KME	T 1	A-Adm	Wismar	1936	20266	Wismarer Schienenbus; Abnahme am 06.07.1926; 1949 falsch umgezeichnet; später: VT 133 509
VT 135 510	KME	T 2	A-Adm	Wismar	1937	21165	Wismarer Schienenbus; Abnahme am 19.08.1938; 1949 falsch umgezeichnet; später VT 133 510
VT 135 511	NLE	T 1021	1-Adm	Wumag	1934	10269	geliefert an BK (T 1021); als Rückführfahrzeug 1945 an NLE
VT 135 512	KGrW	T 1032	1-Adm	Wumag	1934	?	geliefert an Schlawer Kleinbahn GmbH (T 1); ab 01.11.1943: T 1032; als Rückführfahrzeug 1945 an FSB; später an KGrW
VT 135 513	DS	T 01	1-Adm	Wumag	1934	10223	1949 falsch umgezeichnet; später: VT 133 512
VT 135 514	HBE	T 2	1-Adm	Dessau	1934	3053	
VT 135 515	ObrB	T 101	1-Adm	Talbot	1935	79196	
VT 135 516	ObrB	T 102	1-Adm	Talbot	1935	79197	
VT 135 517	MEE	T 08	1-Adm	Wumag	1935	10243	
VT 135 518	KyK	T 32	1-Adm	Dessau	1935	3065	Abnahme am 23.03.1935 KyK (T 1); ab 05.05.1940: KyK T 32
VT 135 519	LaK	T 15	1-Adm	Lindner	1939	?	»Großer Wettiner«
VT 135 520	STE	T 1031	1-Adm	Wumag	1935	?	
VT 135 521	DeK	T 29	1-Adm	Linder	1935	?	Abnahme am 12.03.1935 für LaK (T 1); ab 05.05.1940: LaK T 29; ab 1940 DeK
VT 135 522	AMK	T 33	1-Adm	Dessau	1935	3064	geliefert an AMK (T 2); ab 05.05.1940: AMK T 33
VT 135 523	StK	T 34	1-Adm	Dessau	1935	3066	geliefert an StK (T 2); ab 05.05.1940: StK T 34
VT 135 524	GeK	T 31	1-Adm	Dessau	1935	3067	geliefert an GeK (T 1); ab 05.05.1940: GeK T 31
VT 135 525	KWW	T 1	1-Adm	Wumag	1935	10233	»Kleiner Wettiner«; Abnahme am 20.03.1935 für KWW (T 1); ab 05.05.1940: KWW T 1
VT 135 526	PK	T 501	1-Adm	Uerdingen	1936	?	geliefert an LBE (VT 12); ab 01.01.1938 DRB (VT 822); ab 1944 PK
VT 135 527	OWPK	T 602	1-Adm	Talbot	1936	79193	Abnahme am 03.02.1936 für OPK (T 2); ab 01.02.1943: OWPK T 602

Triebwagen	Herkunft	letzte Betr.-Nr.	Bauart	Hersteller	Baujahr	Fabrik-Nr.	Bemerkungen
VT 135 528	OWPK	T 603	1-Adm	Talbot	1936	79194	Abnahme am 03.02.1936 für OPK (T 3); ab 01.02.1943: OWPK T 603
VT 135 529	OWPK	T 604	1-Adm	Talbot	1936	79195	Abnahme am 03.02.1936 für OPK (T 4); ab 01.02.1943: OWPK T 604
VT 135 530	DeK	T 12	1-Adm	Lindner	1937	?	»Großer Wettiner«; Abnahme am 30.06.1937 für DeK (T 1); ab 05.05.1940: DeK T 12
VT 135 531	DeK	T 39	1-Adm	Dessau	1937	?	geliefert an SaK (T 3); ab 12.05.1939 DeK (T 2[II]); ab 05.05.1940: DeK T 39
VT 135 532	AMK	T 35	1-Adm	Dessau	1936	3130	geliefert an AMK (T 3); ab 05.05.1950: AMK T 35
VT 135 533	KHM	T 11	1-Adm	Lindner	1937	?	»Großer Wettiner«; Abnahme am 01.07.1937 für KEZ (T 1); ab 05.05.1940: KEZ T 11; ab 19.04.1947 an KyK vermietet; ab 1946 KHM
VT 135 534	KAP	T 5	1-Adm	Lindner	1937	2022	»Kleiner Wettiner«; Abnahme am 01.04.1937 für KAP (T 1); ab 05.05.1940: KAP T 5
VT 135 535	KSM	T 8	1-Adm	Lindner	1938	?	»Kleiner Wettiner«; Abnahme am 22.05.1937 für KSM (T 1); ab 05.05.1940: KSM T 8
VT 135 536	GHWK	T 51	1-Adm	Dessau	1939	3228	
VT 135 537	GHWK	T 52	1-Adm	Dessau	1939	3229	
VT 135 538	GHWK	T 53	1-Adm	Dessau	1939	3230	
VT 135 539	GHWK	T 61	A-Adm	Dessau	1943	3243	
VT 135 540	GeK	T 13	1-Adm	Lindner	1939	?	»Großer Wettiner«; geliefert an GeK (T 3); ab 05.05.1940: T 3
VT 135 541	KWW	T 14	1-Adm	Linder	1939	?	»Großer Wettiner«; geliefert an KWW (T 2); ab 05.05.1940: KWW T 14
VT 135 542	PK	T 03	A-Adm	Wismar	1940	21142	Wismarer Schienenbus Typ B; 1949 falsch umgezeichnet; später: VT 133 515
VT 135 543	HBE	T 4	A-Adm	Wismar	1940	21143	Abnahme am 19.10.1940
VT 135 544	KOP	T 4	1-Adm	Linder	1937	?	»Kleiner Wettiner«; Abnahme am 22.05.1937 für KOP (T 2); ab 05.05.1940: KOP T 4
VT 135 545	DS	T 02	1-Adm	Wumag	1937		1949 falsch umgezeichnet; später: VT 133 516
VT 135 546	GeK	T 38	1-Adm	Dessau	1937	3137	geliefert an GeK (T 2); ab 05.05.1940: GeK T 38
VT 135 547	OeK	T 3	1-Adm	Wumag	1935	10234	»Kleiner Wettiner«; Abnahme am 04.04.1935 für OeK (T 1); ab 05.05.1940: OeK T 3; ab 1947 an HHE vermietet
VT 135 548	ObrB	T 104	1-Adm	Talbot	1935	79199	
VT 135 549	KBA	T 2	1-Adm	Wumag	1935	?	»Kleiner Wettiner«; Endabnahme am 21.03.1935 für KBA; ab 05.05.1940: KBA T 2; 1949 falsch umgezeichnet (bis 1952: VT 135 549)
VT 135 550	KRF	T 9	1-Adm	Lindner	1937	?	»Kleiner Wettiner«; Abnahme am 28.05.1937 für KRF (T 1); ab 05.05.1940: KRF T 9

Triebwagen	Herkunft	letzte Betr.-Nr.	Bauart	Hersteller	Baujahr	Fab-rik-Nr.	Bemerkungen
VT 135 551	RE	T 89	1-Ade	v. d. Zypen	1912	-	Umbau 1934 bei LHW
VT 135 552	NhE	T 03	1-Bo´de	Eigenbau	1932	3	Schlepptriebwagen; Abnahme am 12.05.1932
VT 135 553	NbEB	T 2	1-Ade	Niesky	1934	976	Abnahme am 25.06.1934
VT 137 511	RE	T 80	(1-A)´(A-1)`dm	DWK	1924	53	DWK-Typ IVa
VT 137 512	RE	T 82	(1-A)´(A-1)`dm	DWK	1924	54	DWK-Typ IVa
VT 137 513	RE	T 84	(1-A)´(A-1)`dm	DWK	1924	49	DWK-Typ IVa
VT 137 514	SaK	T 91	(1-A)´(A-1)`dm	DWK	1924	40	DWK-Typ IV; ab 21.01.1925 KBA (T 40); ab 01.03.1932 DeK (T 40); ab 11.05.1939 SaK (T 40); ab 05.05.1940: SaK T 91
VT 137 515	KEN	T 97	(1-A)´(A-1)`dm	DWK	1926	73	DWK-Typ IV; geliefert an KEN (T 73); vermietet an KWW (23.09.1925-05.11.1926); 1937 an StK vermietet; ab 05.05.1940: KEN T 97
VT 137 516	AMK	T 95	(1-A)´(A-1)`dm	DWK	1925	44	DWK-Typ IV; ab 29.05.1925 KyK (T 44); ab 01.10.1927 AMK (T 44); ab 05.05.1940: AMK T 95
VT 137 517	KOP	T 96	(1-A)´(A-1)`dm	DWK	1925	39	DWK-Typ IV; geliefert an KOP (T 39); ab 05.05.1940: KOP T 96
VT 137 518	SaK	T 92	(1-A)´(A-1)`dm	DWK	1925	71	DWK-Typ IV; geliefert an SaK (T 1); ab 05.05.1940: SaK T 92
VT 137 519	SaK	T 93	(1-A)´(A-1)`dm	DWK	1925	74	DWK-Typ IV; geliefert an SaK (T 2); ab 05.05.1940: SaK T 93
VT 137 520	StK	T 94	(1-A)´(A-1)`dm	DWK	1925	46	DWK-Typ IV; ab 16.03.1925 StK (T 43); 1937 an KEN vermietet; ab 05.05.1950: StK T 94
VT 137 521	RE	T 85	(1-A)´(A-1)`dm	DWK	1925	69	DWK-Typ IVa
VT 137 522	KOP	T 4	1-Adm	Linder	1937	?	»Kleiner Wettiner«; Abnahme am 22.05.1937 für KOP (T 2); ab 05.05.1940: KOP T 4; 1949 falsch umgezeichnet; später: VT 135 544
VT 137 523	OHKB	T 5	(1-A)´(A-1)`dm	Wismar	1939	21129	Typ »Mosel«
VT 137 524	OHKB	T 6	(1-A)´(A-1)`dm	Wismar	1939	21130	Typ »Mosel«
VT 137 525	RE	T 103	(1-A)´(A-1)`dm	Niesky	1941	1062	Abnahme am 06.12.1941
VT 137 526	KBF	T 1001	Bo´2de	LHB	1942	177	
VT 137 527II	ObrB	T 105	(1-A)´(A-1)`dm	Wismar	1939	21128	Typ »Mosel«
VT 137 528	NbEB	T 4	(1-A)´(A-1)`dm	Wismar	1937	20280	Abnahme am 06.09.1937
VT 137 531	FKB	1121	(1-A)´(A-1)`dm	Dessau	1935	3073	Abnahme am 18.04.1935 für FKB (T 1); ab 01.11.1943: FKB T 1121
VT 137 532	FKB	1124	(1-A)´(A-1)`dm	Dessau	1939	3214	Abnahme am 03.06.1939 für FKB (T 2); ab 01.11.1943: FKB T 1124
VT 137 551	OWE	T 04	(1-A)´(A-1)`de	LHB	1929	28031	
VT 137 552	StTE	T 1	Bo´2´de	Wismar	1932	20200	

Triebwagen	Herkunft	letzte Betr.-Nr.	Bauart	Hersteller	Baujahr	Fabrik-Nr.	Bemerkungen
VT 137 553	BStB	T 301	Bo´2´de	TAG	1933	?	geliefert an BStB (T 301); an 01.02.1943: BStB 1-301
VT 137 554	BStB	T 303	Bo´2´de	LHB	1935	?	geliefert an BStB (T 303); an 01.02.1943: BStB 1-303
VT 137 555 a/b	WBBE	T 05	2´Bo´2´de	Düwag	1935	?	Abnahme am 15.05.1935
VT 137 556	BStB	T 304	(A1A)´Bo´de	LHB	1937	?	geliefert an BStB (T 304); an 01.02.1943: BStB 1-304
VT 137 557	BStB	T 305	(A1A)´Bo´de	LHB	1938	?	geliefert an BStB (T 305); an 01.02.1943: BStB 1-305
VT 137 558	BStB	T 306	(A1A)´Bo´de	LHB	1938	306	geliefert an BStB (T 306); an 01.02.1943: BStB 1-306
VT 137 559	NbEB	T 1	Bo´2´de	Dessau	1934	3038	Abnahme am 14.06.1934
VT 137 560	NbEB	T 5	(A1A)´Bo´de	Dessau	1943	3250	
VT 137 561	NWE	T 1	Bo´Bo´de	MAN	1935	127399	1.000 mm Spurweite; Abnahme am 26.01.1936
VT 137 562	FKB	1125	Bo´2de	Briss	1939	?	1.000 mm Spurweite; 1943 an FKB
VT 137 563	FKB	1126	Bo´2de	Briss	1939	?	1.000 mm Spurweite; 1943 an FKB
VT 137 564	FKB	1127	Bo´2de	Briss	1939	?	1.000 mm Spurweite; 1943 an FKB
VT 137 565	NWE	T 2	Bo´Bo´de	Wismar	1939	21131	1.000 mm Spurweite; Abnahme am 06.06.1940
VT 137 566	NWE	T 3	Bo´Bo´de	Wismar	1939	21132	1.000 mm Spurweite; Abnahme am 03.06.1940
VT 137 571	HBE	T 3	B´2´dh	MAN	1938	?	Abnahme am 21.05.1938

Ab Herbst 1968 nutzte die Bahnmeisterei Wernigerode Westerntor den VT 137 566 (ab 01.01.1973 187 025-2) als Gerätewagen. Die Harzer Schmalspurbahnen GmbH (HSB) übernahm das Fahrzeug am 1. Februar 1993.

Foto: Slg. D. Endisch

Umzeichnungsplan der von der Deutschen Reichsbahn 1949 übernommenen Bei- und Steuerwagen

Triebwagen	Herkunft	letzte Betriebs-Nr.	Bauart	Hersteller	Baujahr	Fabrik-Nr.	Bemerkungen
VB 140 251II	NGEB	VB 251	CvB	Wismar	1940	?	
VB 140 253II	NGEB	VB 253	CvB	Wismar	1940	?	
VB 140 501	HBE	VB 1201	BCivB	Wegmann	1908	?	1934 Umbau aus Personenwagen 1054
VB 140 502	AMK	VB 61	CPwvB	Sachsenwerk	1928	?	
VB 140 503	HBE	VB 1202	BCvB	Wismar	1937	20282	
VB 140 504	HBE	VB 1212	CvB	Wismar	1937	20283	
VB 140 505	HBE	VB 1221	CPwvB	Wismar	1937	20284	
VB 140 506	HBE	VB 1211	CvB	Wismar	1938	21104	
VB 140 507	DeK	VB 177	CvB	Sachsenwerk	1938	?	
VB 140 508	GHWK	VB 151	CPwivB	Dessau	1939	?	
VB 140 509	GHWK	VB 152	CPwivB	Dessau	1939	?	
VB 140 510	GHWK	VB 153	CPwivB	Dessau	1940	?	
VB 140 511	GeK	VB 41	CvB	Sachsenwerk	1924	?	
VB 140 512	DWE	VB 42	CvB	Dessau	1924	?	
VB 140 513	AMK	VB 62	CvB	Sachsenwerk	1939	?	
VB 140 514	NGEB	VB 252	CPwivB	Wismar	1940	?	
VB 140 515	HBE	(VS 1220)	CvB	Wismar	1940	?	am 26.07.1951 Umbau aus VS 144 502
VB 140 516	NGEB	VB 254	CivB	Wismar	1940	?	
VB 140 517	NGEB	VB 255	CivB	Wismar	1940	?	
VB 140 518	NGEB	VB 256	CivB	Wismar	1940	?	
VB 140 519	NGEB	VB 257	CivB	Wismar	1940	?	
VB 140 520	?	?	?				
VB 140 521	OWPK	Cv 50	CivB	Wismar	1941	?	zunächst als »98 778 Schw« übernommen
VB 140 522	StK	VB 5	CivB	Sachsenwerk	1929	?	
VB 140 523	OWPK	(VT 601)	CvB	Talbot	1936	?	1947 Umbau aus VT 601
VB 140 524	OWPK	(VT 605)	CvB	Talbot	1936	?	1947 Umbau aus VT 605
VB 140 525	PK	(T 501)	CvB	Uerdingen	1936	?	1957 Umbau aus VT 135 526
VB 140 526	NhE	C 309	CvB	Weimar	1927	?	1964 Umbau aus VS 144 501
VB 140 527	StK	(VS 4)	Bpwi	Lindner	1932	?	am 31.07.1963 Umbau aus VS 144 500
VS 144 500	StK	VS 4	CPwivS	Lindner	1932	?	am 31.07.1962 Umbau in VB 140 527

Umzeichnungsplan der von der Deutschen Reichsbahn 1949 übernommenen Bei- und Steuerwagen

Triebwagen	Herkunft	letzte Betriebs-Nr.	Bauart	Hersteller	Baujahr	Fabrik-Nr.	Bemerkungen
VS 144 501	NhE	C 309	BCivS	Weimar	1927	?	1964 Umbau in VB 140 526
VS 144 502	HBE	VS 1220	?	Wismar	1940	?	am 26.07.1951 Umbau in VB 140 515
VS 145 501	RE	VS 110	C4vS	Niesky	1935	?	am 31.07.1963 Umbau in VB 147 511
VS 145 502	NhE	C 311	C4vS	Eigenbau	1936	?	Umbau aus einem Fahrgestell (Wumag, 1930) am 30.06.1962 Umbau in VB 147 512
VS 145 503	BStB	VS 70	C4ivS	LHB	1939	?	1971 Umbau in 197 847-7
VS 145 504	BStB	VS 73	C4ivS	LHB	1939	?	am 22.12.1972 Umbau in 197 851-9
VB 147 082	KEN	(T 97)	C4vB	DWK	1926	73	am 30.11.1957 Umbau aus VT 137 515
VB 147 083	KOP	(T 96)	C4vB	DWK	1925	39	1958 Umbau aus VT 137 517
VB 147 501	OHKB	VB 2	C4vB	LHB	1912	?	
VB 147 502	?	?	B4pvB	DWK	1926	?	
VB 147 503	NGEB	VB 412	C4vB	Dessau	1940	?	
VB 147 504	NGEB	VB 414	C4ivB	Dessau	1940	?	
VB 147 505	NGEB	VB 413	C4ivB	Dessau	1940	?	
VB 147 510	?	?	C4vB	Wumag	1932	?	Einheitsbeiwagen (Skizzenblatt C4v-32)
VB 147 511	RE	(VS 110)	C4vB	Niesky	1935	?	am 31.07.1963 Umbau aus VS 145 501
VB 147 512	NhE	(C 311)	C4vB	Eigenbau	1936	?	am 30.06.1962 Umbau aus VS 145 502
VB 147 561	FKB	(VT 1127)	C4vB	Briss	1939	?	1.000 mm Spurweite; 1952 Umbau aus VT 137 564
VB 147 562	FKB	(VT 1121)	C4vB	Dessau	1935	3073	1.000 mm Spurweite; 1952 Umbau aus VT 137 531

Umzeichnungsplan der von der Deutschen Reichsbahn 1949 übernommenen Diesellokomotiven

Lok	Herkunft	letzte Betriebs-Nr.	Bauart	Hersteller	Baujahr	Fabrik-Nr.	Bemerkungen
Kö 0292	WM	?	B dm	Henschel	1940	25411	Typ DG 39; DR ab 19.06.1948; ex Heeresverpflegungsamt Wünsdorf; am 20.10.1961 Umbau in Kö 4012II
Kö 0293	WM	?	B dm	Deutz	1940	33039	Typ OMZ 122 R; DR ab 02.06.1949; ex Heereszeugamt Güstrow; am 31.10.1961 Umbau in Kö 4013II
Kö 0294	WM	?	B dm	Henschel	1940	25409	Typ DG 39; ex Heeresverpflegungsamt Döberitz
Kö 0295	?	?	B dm	Jung	1938	7669	Typ ZN 113 (Rangiertraktor)
Kö 0296	WM	?	B dm	Deutz	1939	33082	Typ OMZ 122 R; Heeresverpflegungsamt Altengrabow; am 28.02.1961 Umbau in Kö 4014II
Kö 0297	NFE	Kö 3	B dm	O&K	1935	5912	Typ LD 2; geliefert an NFE, ab 1936 NhE; ab 1938 NFE; ab 1945 OWE; am 08.07.1961 Umbau in Kö 4015II
Kö 0298	?	?	B dm	O&K	1941	?	
Kö 0299	BR	Kö 7	B dm	Deutz	1932	10747	Typ OMZ 122 R; am 19.12.1961 Umbau in Kö 4016II
Kö 0300	EOE	Kö 4	B dm	O&K	1935	20 554	Typ RL 3; geliefert an NhE; Abnahme am 16.09.1935; 1939 an EOE; am 30.12.1961 Umbau in Kö 4017II
Kö 0301	?	?	B dm	?	?	?	
Kö 0302	-	–	B dm	Deutz	1942	46633	Typ OMZ 122 R; geliefert an die Koch & Sterzel AG in Dresden
Kö 0303	?	?	B dm	Gmeinder	1940	3187	Typ N 50; am 05.03.1962 Umbau in Kö 4028II
Kö 0304	WM	?	B dm	Gmeinder	1941	3189	Typ N 50; ex Kö 5721
Kö 5710	WM	?	B dm	Deutz	1937	17226	Typ A4M220R; ab 1946; ex Luftwaffe Dresden-Klotzsche
Köf 5711	Gedob	?	B dh	Deutz	1942	46612	Typ A6M517 R; ab 1946; ex Gedob
Köf 5712	WM	Nr. 8	B dh	BMAG	1940	11494	ab 1946; ex Heeresversuchsstelle Peenemünde
Kö 5713	?	?	B dm	DWK	1943	720	Typ 160 B; DR ab 1947; 1956 umgezeichnet in V 16 043
Köf 5714	Gedob	?	B dh	Deutz	1942	46611	Typ A6M517 R; DR ab 1947; ex Gedob
Köf 5715	WM	?	B dh	Deutz	1941	36674	Typ A6M517 R; DR ab 1947; ex Heeresverpflegungsamt Stargard
Köf 5716	WM	?	B dm	BMAG	1941	11488	Typ LDFE 110; DR ab 1947
Köf 5717	WM	?	B dm	BMAG	1941	11492	Typ LDFE 110; DR ab 1946; ex Heeresmunitionsanstalt Staßfurt
Kb 5718	?	?	B bm	Deutz	1939	20045	Lg II; ex Kb 20045
Kb 5719	WM	?	B dm	O&K	1939	20719	Typ RL 11; ab 1946
Köf 5720	WM	?	B dh	BMAG	1942	11691	Typ LDFE 110; DR ab 15.08.1948
Kö 5721	WM	?	B dm	Gmeinder	1941	3189	Typ N 50; DR ab 14.04.1949; später in Kö 0304 umgezeichnet
Kö 5722	RAW Br	WL 1	B dm	BMAG	1935	10424	Typ LDE 80; geliefert an RAW Bremen-Sebaldsbrück (Abnahme am 15.03.1935); DR ab 1946
Köf 5723	WM	?	B dh	Deutz	1941	33280	Typ A6M517 R; Abnahme am 09.05.1941; DR ab 1946; ex Heeresversuchsstelle Peenemünde
Kö 5724	?	?	B dm	BMAG	1937	10634	Typ LDE 80; DR ab 1949
Kö 5725	WM	?	B dh	BMAG	1934	11206	Typ LDFE 110; ex Heeresversuchsstelle Heegesee

Lok	Herkunft	letzte Betriebs-Nr.	Bauart	Hersteller	Baujahr	Fabrik-Nr.	Bemerkungen
Kb 5726	DRB	Kb 4320	B dm	BMAG	1933	10219	Lg II; ab 1950
Kbf 5727	DRB	?	B dh	BMAG	1936	10521	Typ LDS 80; ab 1950; ex Gerät Bw Berlin-Rummelsburg
Kö 5728	WM	WL 59	B dm	O&K	1934	20433	Typ RL 7 E; DR ab 27.03.1948
Kö 5729	WM	WL 29	B dm	DWK	1939	636	Typ 110 B; Abnahme am 28.03.1939; DR ab 1951; ex Fliegerhorst Quarmbeck
Kö 5730	WM	?	B dm	DWK	1934	556	ab 01.10.1950; ex Fliegerhorst Schönwalde
Kö 5731	Junkers	?	B dm	BMAG	1934	10315	Typ LDE 80; DR ab 1950; ex Junkers-Werke Leopoldshall
Kö 5732	NGEB	Kö 01	B dm	Ardelt	1937	9	Typ NB 150; 1953 Umzeichnung in V 15 002
Kö 5733	NGEB	Kö 02	B dm	Ardelt	1937	7	Typ NB 70
Köf 5734	NGEB	Kö 04	B dh	BMAG	1942	?	Typ LDFE 110
Kö 5735	WM	Kö 4602	B dm	Krupp	1934	1377	Lg II; Abnahme am 13.11.1934 (Kö 4602); später an Wehrmacht vermietet; ab 1945 Leihlok bei RE (Nr. 77); DR ab 1951
Kö 5736	NFE	Kö 5	B dm	Jung	1939	7868	Typ VN 234; geliefert an NhE; Abnahme am 16.11.1939; ab 1945 NFE
Köf 5737	WM	Nr. 5071	B dh	BMAG	1942	11491	Typ LDFE 110; DR ab 1950
Köf 5738	WM	?	B dh	Deutz	1942	36884	Typ A6M517 R; Abnahme am 09.07.1942; ab 1951; ex Heeresverpflegungsamt Jüterbog
Kö 5739	BStB	1-300	B dm	DWK	1939	653	Typ 110 B; Abnahme am 18.07.1939 als BStB 93; ab 01.02.1943: BStB 1-300; 1946 Wiederaufbau mit Teilen der Lok 94
Kö 5740	WM	WL 1	B dm	O&K	1937	21050	Typ RL 8; ex Fliegerhorst Wittstock (Dosse)
Kö 5741	Wifo	?	B dh	Deutz	1942	33264	Typ A6M517 R; DR ab 1951; Wifo Münchenbernsdorf
Kö 5742	WM	?	B dm	Ruhrthal	1941	2240	Typ NDL/S4
Kö 5743	DRB	?	B dm	BMAG	1935	10478	Typ LDS 80; DR ab 1954; ex Schwellentränkanstalt Zernsdorf
Kö 5744	WM	?	B dm	Deutz	1938	22922	Typ A4M220 R; ex Torpedoarsenal Rudolstadt
Kö 5745	Opel AG	?	B dm	Deutz	1937	21550	Typ A4M220 R; ex Adam Opel AG, Werk Brandenburg
Kö 5746	DAPG	?	B dm	Deutz	1943	42864	Typ A3M220 R; ex Deutsch-Amerikanische Petroleum-Gesellschaft
Kö 5747	WM	Nr. 2	B dm	BMAG	1941	11486	Typ LDFE 110; DR ab 1948
Kö 5748	DRB	WL 1	B dm	O&K	1935	20384	Typ RL 7; DR ab 1948; ex Weichenlager Chemnitz; ab 1952: Kö 4775^{II}
Kö 5749	WM	?	B dm	DWK	1935	557	Typ D 80; DR ab 1950; ex Luftmunitionsanstalt Oberndorf
Kö 5750	WBBE	Kö 6	B dm	DWK	1939	655	Typ 110 B; Abnahme 01.08.1939; ab 1944 EOE; ab 1948 WBBE; ab 1951: Kö 2212
Kö 5751	WM	WL 2844	B dm	Deutz	1936	13698	Typ F6M317R; ex Luftmunitionsanstalt Hohenleipisch
Kö 5752	OWPK	5-320	B dm	DWK	1938	634	Typ 110 B; geliefert an PK; Abnahme am 14.09.1938; später an OWPK (Nr. 600^{II}); ab 01.02.1943: OWPK 5-320
Kö 5753	WM	WL 0834	B dm	BMAG	1941	?	Typ LDFE 110; DR ab 1957
V 15 001	?	1502	B dm	Ardelt	1937[1]	10	Typ NB 150; am 01.10.1962 Umbau in Kö 4020^{II}
V 15 002	NEB	Kö 01	B dm	Ardelt	1937	9	Typ NB 150; bis 1953: Kö 5732; am 01.10.1962 Umbau in Kö 4019^{II}
V 15 040	?	1501	B dm	DWK	1937	612	Typ D 150

Lok	Herkunft	letzte Betriebs-Nr.	Bauart	Hersteller	Baujahr	Fabrik-Nr.	Bemerkungen
V 16 040	WM	WL 1605	B dm	DWK	1942	716	Typ 160 B; Marine-Zeugamt Conow bei Malliß; 1956 umgezeichnet in V 16 071
V 16 043	?	?	B dm	DWK	1943	720	Typ 160 B; ab 1947; bis 1956: Kö 5713; ab 1958: V 16 075 umgezeichnet
V 16 070	?	WL 7342	B dm	DWK	1940	666	Typ 160 B; ex Deutsche Sprengchemie Torgelow
V 16 071	WM	WL 1605	B dm	DWK	1942	716	Typ 160 B; ex Marine-Zeugamt Conow bei Malliß; bis 1956: in V 16 040
V 16 072	RE	71	B dm	DWK	1937	589	Typ 200 D; Abnahme am 23.02.1937
V 16 073	WM	WL 559	B dm	DWK	1935	559	Typ 150 D; Abnahme am 11.06.1935; ex Heeresmunitionsanstalt Jüterbog
V 16 074	WM	WL 212	B dm	DWK	1935	560	Typ 200 D; Abnahme am 18.04.1935; geliefert an Luftwaffen-Erprobungsstelle Rechlin; später an Heeresmunitionsanstalt Jüterbog
V 16 075	?	?	B dm	DWK	1943	720	Typ 160 B; ab 1947; bis 1958: V 16 043
V 20 005	NGEB	Nr. 2001	B dh	O&K	1942	20929	Typ WR 240 B 15; geliefert an OKH; 1945 an NGEB (Leihlok); DR ab 01.08.1948
V 20 006	WM	Nr. 36622	B dh	Deutz	1943	36622	Typ WR 200 B 14; geliefert an Luftwaffen-Zeugamt Travemünde; Abnahme am 16.09.1943; DR ab 14.12.1947; bis 30.12.1957: V 36 222
V 20 007	WM	Nr. 36668	B dh	Deutz	1943	36668	Typ WR 200 B 14; geliefert an Heeresverpflegungsamt Teltow; Abnahme am 20.02.1943; DR ab 11.03.1949
V 20 008	WM	Nr. 36669	B dh	Deutz	1943	36669	Typ WR 200 B 14; geliefert an Heeresverpflegungsamt Krampitz; Abnahme am 22.04.1943; DR ab 01.08.1948
V 22 045	WM	V 2201	B dm	DWK	1942	734	Typ 220 B; bis 30.12.1957: V 2201
V 22 046	WM	?	B dm	DWK	1942	721	Typ 220 B; geliefert an Luftmunitionsanstalt Dober (Kr. Sagan); bis 30.12.1957: V 22 101
V 22 047	WM	?	B dm	DWK	1942	727	Typ 220 B; geliefert am Lufthauptmunitionsanstalt Weißwasser; bis 30.12.1957: V 2202
V 27 011	Wolf & Co.	Nr. 15	C dh	BMAG	1939	10867	Typ LDF300C12; an Pulverfabrik Wolf & Co., Werk Dörverden (Nr. 15), geliefert; DR ab 1945
V 36 015	WM	?	C dh	BMAG	1943	12048	Typ WR 360 C 14; DR ab 14.12.1947; bis 30.12.1957: V 36 101
V 36 016	WM	?	C dh	BMAG	1939	10843	Typ WR 360 C 14; geliefert an Tanklager Annaburg (Luftwaffe); Abnahme am 30.08.1939; DR ab 01.07.1946; bis 30.12.1957: V 36 226
V 36 017	WM	?	C dh	BMAG	1940	11378	Typ WR 360 C 14; geliefert an Heeresmunitionsanstalt Krugau (bei Lübben); DR ab 01.08.1948; bis 30.12.1957: V 36 292
V 36 018	RE	85	C dh	BMAG	1939	10985	Typ WR 360 C 14; geliefert an OKH (WL 10 985); 1945 an RE (Nr. 85); DR ab 01.10.1950; bis 30.12.1957: V 36 985
V 36 019	WM	WL 36 105	C dh	Deutz	1943	39627	Typ WR 360 C 14; geliefert an OKH (WL 36 105); DR ab 01.11.1945; bis 30.12.1957: V 36 105
V 36 020	WM	WL 10 722	C dh	BMAG	1939	10722	Typ WR 360 C 12; geliefert an Heeresmunitionsanstalt Berka (Werra); Abnahme am 28.07.1939; DR ab 01.08.1951
V 36 021	WM	WL 10 933	C dh	BMAG	1939	10933	Typ WR 360 C 14 K; geliefert an Tanklager Bad Berka (Luftwaffe); später an WBBE als Leihlok

Lok	Herkunft	letzte Betriebs-Nr.	Bauart	Hersteller	Baujahr	Fabrik-Nr.	Bemerkungen
V 36 022	WM	M 6/36 356	C dh	BMAG	1939	10936	Typ WR 360 C 14 K; geliefert an Luftwaffenversuchsstelle Peenemünde; DR ab 1945; bis 30.12.1957: V 36 356
V 36 023	WM	WL 36 628	C dh	Deutz	1943	39628[2]	Typ WR 360 C 14; geliefert an OKH (WL 36 628); DR ab 1945; bis 30.12.1957: V 36 628
V 36 024	GSSD	WL 36 110	C dh	Deutz	1944	47153[3]	Typ KML 1R; geliefert an Wifo (Nr. 42); später an OKH (WL 36 110); 1945 an GSSD für Kapen (bei Dessau); DR ab 12.11.1954; bis 30.12.1957: V 36 110
V 36 025	WM	WL 36 103	C dh	O&K	1939	21102	Typ WR 360 C 14; geliefert an Heeresmunitionsanstalt Hänigsen (WL 36 103); DR ab 01.05.1946; bis 30.12.1957: V 36 103
V 36 026	WM	WL 36 107	C dh	O&K	1939	21106	Typ WR 360 C 12; geliefert an Luftzeugamt Kölleda; später an VEB Stahl- und Walzwerk Riesa; DR ab 05.09.1951; bis 30.12.1957: V 36 107
V 36 027	WM	WL 36 627	C dh	O&K	1943	36627	Typ WR 360 C 14; geliefert an OKH (WL 36 627); DR ab 09.08.1949; bis 30.12.1957: V 36 627
V 36 028	Wifo	WL 8	C dh	O&K	1939	21135	Typ WR 360 C 14 K; geliefert an Wifo Derben (WL 8); Abnahme am 11.12.1939; DR ab 01.01.1948
V 36 029	Wifo	WL 9	C dh	O&K	1939	21136	Typ WR 360 C 14 K; geliefert an Wifo Eickeloh (WL 9); Abnahme am 28.12.1939; DR ab 31.10.1946
V 36 030	WM	WL 21 462	C dh	O&K	1940	21462	Typ WR 360 C 14 K; geliefert an OKH (WL 21 462); DR ab 31.10.1946
V 36 031	GSSD	WL 23	C dh	O&K	1941	21482	Typ WR 360 C 14 K; geliefert an OKH (WL 23); ab 1945 GSSD; DR ab 01.08.1958
V 36 032	Wifo	WL 25	C dh	O&K	1941	21484	Typ WR 360 C 14 K; geliefert an Wifo München-bernsdorf (WL 25); Abnahme am 01.04.1942; später Tanklager Bad Berka (Luftwaffe); später an WBBE als Leihlok; DR ab 1947
V 36 033	WM	WL 36 2005	C dh	DWK	1944	2005	Typ WR 360 C 14 K; geliefert an OKH (WL 36 2005); Abnahme am 22.08.1944; DR ab 31.10.1946
V 36 034	WM	WL 36 221	C dh	BMAG	1939	10840	Typ WR 360 C 14 K; geliefert an Heeresmunitionsanstalt Neuruppin; ab 1945 RE (Nr. 40); bis 30.12.1957: V 36 221
V 36 035	WM	WL 36 104	C dh	BMAG	1943	12044	Typ WR 360 C 14; geliefert an OKH (WL 36 104); DR ab 01.08.1948; bis 30.12.1957: V 36 104
V 36 036	Wolf & Co.	Nr. 14	B dh	BMAG	1939	10866	Typ LDF300C12; an Pulverfabrik Wolf & Co., Werk Bomlitz (Nr. 14); DR ab 1946; bis 1957: V 36 106
V 36 037	WM	WL 36 108	C dh	Deutz	1939	27305	Typ A6M324R; geliefert an Heeresverpflegungsamt Neuruppin (WL 36 108); 1945 an RE (Nr. 41); bis 30.12.1957: V 36 108
V 36 050	ObrB	3-420	C dm	DWK	1940	686	Typ 360 C; geliefert an KFAL (Nr. 51); Abnahme am 24.04.1940; ab 01.02.1943: KFAL 4-420; 1945 an ObrB; bis 30.12.1957: V 36 109
V 36 051	KBF	4-420	C dm	DWK	1942	695	Typ 360 C; geliefert an OKH (WL 695); 1950 an KBF (Nr. 4-420); bis 30.12.1957: V 36 695
V 36 052	ObrB	?	C dm	DWK	1942	757	Typ 360 C; geliefert an OKH (WL 757); 1945 an ObrB; bis 30.12.1957: V 36 757
V 36 053	WM	?	C dm	DWK	1944	779	Typ 360 C; geliefert an OKH (WL 779); 1945 an DR (WL 779 im Bw Berlin-Karlshorst)

Lok	Herkunft	letzte Betriebs-Nr.	Bauart	Hersteller	Baujahr	Fabrik-Nr.	Bemerkungen
V 36 060	WM	WL 11 653	C dh	BMAG	1942	11653	Typ WR 360 C 14; geliefert an Heeresmunitionsanstalt Pinnow (WL 11 653); 1945 an RE (Nr. 53); bis 30.12.1957: V 36 653
V 36 061	WM	WL 36 102	C dh	Jung[4]	1940[4]	8510[4]	Typ WR 360 C 14; geliefert an OKH (WL 36 102); DR ab 1945; bis 30.12.1957: V 36 102
V 36 062	WM	WL 36 294	C dh	BMAG	1940	11380	Typ WR 360 C 14; geliefert an Heeresmunitionsanstalt Löcknitz (WL 36 294); DR ab 12.06.1948; bis 30.12.1957: V 36 294
V 36 063	WM	WL 36 295	C dh	BMAG	1940	11381	Typ WR 360 C 14; geliefert an Heeresmunitionsanstalt Dessau (WL 36 295); 1945 an DWE (Nr. 12); bis 30.12.1957: V 36 295
V 36 064	Wifo	WL 41	C dh	BMAG	1943	12033	Typ WR 360 C 14 K; geliefert an Wifo Niedersachswerfen (WL 41); Abnahme am 09.04.1943; DR ab 01.08.1948; bis 30.12.1957: V 36 700
V 36 065	Wifo	WL 36	C dh	BMAG	1943	11699	Typ WR 360 C 14 K; geliefert an Wifo; DR ab 01.08.1948; bis 30.12.1957: V 36 701
V 36 066	WM	WL 36 649	C dh	BMAG	1942	11649	Typ WR 360 C 14; geliefert an OKH (WL 36 649); DR ab 31.10.1946; bis 30.12.1957: V 36 649
V 36 067	GEKE	Nr. 1	C dh	BMAG	1942	11648	Typ WR 360 C 14; geliefert an Heeresmunitionsanstalt Berka (Werra) (WL 36 648); 1945 an GEKE (Nr. 1); bis 30.12.1957: V 36 648
V 36 080	WM	WL 11 466	C dh	BMAG	1941	11466	Typ WR 360 C 14; geliefert an Eisenbahn-Pionierpark Rehagen-Klausdorf (WL 11 466); DR ab 31.10.1946
V 36 101	WM	?	C dh	BMAG	1943	12048	Typ WR 360 C 14; DR ab 14.12.1947; ab 30.12.1957: V 36 015
V 36 102	WM	WL 36 102	C dh	Jung[4]	1940[4]	8510[4]	Typ WR 360 C 14; geliefert an OKH (WL 36 102); DR ab 1945; ab 30.12.1957: V 36 061
V 36 103	WM	WL 36 103	C dh	O&K	1939	21102	Typ WR 360 C 14; geliefert an Heeresmunitionsanstalt Hänigsen (WL 36 103); DR ab 01.05.1946; ab 30.12.1957: V 36 024
V 36 104	WM	WL 36 104	C dh	BMAG	1943	12044	Typ WR 360 C 14; geliefert an OKH (WL 36 104); DR ab 01.08.1948; ab 30.12.1957: V 36 035
V 36 105	WM	WL 36 105	C dh	Deutz	1943	39627	Typ WR 360 C 14; geliefert an OKH (WL 36 105); DR ab 01.11.1945; ab 30.12.1957: V 36 019
V 36 106	Wolf & Co.	Nr. 14	B dh	BMAG	1939	10866	Typ LDF300C12; an Pulverfabrik Wolf & Co., Werk Bomlitz (Nr. 14); DR ab 1946; bis 1957: V 36 036
V 36 107	WM	WL 36 107	C dh	O&K	1939	21106	Typ WR 360 C 12; geliefert an Luftzeugamt Kölleda; später an VEB Stahl- und Walzwerk Riesa; DR ab 05.09.1951; ab 30.12.1957: V 36 026
V 36 108	WM	WL 36 108	C dh	Deutz	1939	27305	Typ A6M324R; geliefert an Heeresverpflegungsamt Neuruppin (WL 36 108); 1945 an RE (Nr. 41); ab 30.12.1957: V 36 037
V 36 109	ObrB	3-420	C dm	DWK	1940	686	Typ 360 C; geliefert an KFAL (Nr. 51); Abnahme am 24.04.1940; ab 01.02.1943: KFAL 4-420; später an ObrB; ab 30.12.1957: V 36 050
V 36 110	WM	WL 36 110	C dh	Deutz	1944	47153[3]	Typ KML 1R; geliefert an Wifo (Nr. 42); später an OKH (WL 36 110); 1945 an GSSD für Kapen (bei Dessau); DR ab 12.11.1954; ab 1957: V 36 054

Lok	Herkunft	letzte Betriebs-Nr.	Bauart	Hersteller	Baujahr	Fabrik-Nr.	Bemerkungen
V 36 221	WM	WL 36 221	C dh	BMAG	1939	10840	Typ WR 360 C 14 K; geliefert an Heeresmunitionsanstalt Neuruppin; ab 1945 RE (Nr. 40); ab 30.12.1957: V 36 034
V 36 222	WM	Nr. 36622	B dh	Deutz	1943	36622	Typ WR 200 B 14; geliefert an Luftwaffen-Zeugamt Travemünde-Pötenitz; Abnahme am 16.06.1943; DR ab 14.12.1947; ab 30.12.1957: V 20 006
V 36 226	WM	?	C dh	BMAG	1939	10843	Typ WR 360 C 14; geliefert an Tanklager Annaburg (Luftwaffe); Abnahme am 30.08.1939; DR ab 01.07.1946; ab 30.12.1957: V 36 016
V 36 292	WM	?	C dh	BMAG	1940	11378	Typ WR 360 C 14; geliefert an Heeresmunitionsanstalt Krugau (bei Lübben); DR ab 01.08.1948; ab 30.12.1957: V 36 017
V 36 294	WM	WL 36 294	C dh	BMAG	1940	11380	Typ WR 360 C 14; geliefert an Heeresmunitionsanstalt Löcknitz (WL 36 294); DR ab 12.06.1948; ab 30.12.1957: V 36 062
V 36 295	WM	WL 36 295	C dh	BMAG	1940	11381	Typ WR 360 C 14; geliefert an Heeresmunitionsanstalt Dessau (WL 36 295); 1945 an DWE (Nr. 12); ab 30.12.1957: V 36 063
V 36 356	WM	M 6/36 356	C dh	BMAG	1939	10936	Typ WR 360 C 14 K; geliefert an Luftwaffenversuchsstelle Peenemünde; DR ab 1945; ab 30.12.1957: V 36 022
V 36 627	WM	WL 36 627	C dh	O&K	1943	36627	Typ WR 360 C 14; geliefert an OKH (WL 36 627); DR ab 09.08.1949; ab 30.12.1957: V 36 027
V 36 628	WM	WL 36 628	C dh	Deutz	1943	36628[2]	Typ WR 360 C 14; geliefert an OKH (WL 36 628); DR ab 1945; ab 30.12.1957: V 36 023
V 36 648	GEKE	Nr. 1	C dh	BMAG	1942	11648	Typ WR 360 C 14; geliefert an Heeresmunitionsanstalt Berka (Werra) (WL 36 648); 1945 an GEKE (Nr. 1); ab 30.12.1957: V 36 067
V 36 649	WM	WL 36 649	C dh	BMAG	1942	11649	Typ WR 360 C 14; geliefert an OKH (WL 36 649); DR ab 31.10.1946; ab 30.12.1957: V 36 066
V 36 653	VM	WL 11 653	C dh	BMAG	1942	11653	Typ WR 360 C 14; geliefert an Heeresmunitionsanstalt Pinnow (WL 11 653); 1945 an RE (Nr. 53); ab 30.12.1957: V 36 060
V 36 700	Wifo	WL 41	C dh	BMAG	1943	12033	Typ WR 360 C 14 K; geliefert an Wifo Niedersachswerfen (WL 41); DR ab 01.08.1948; ab 30.12.1957: V 36 064
V 36 701	Wifo	WL 36	C dh	BMAG	1943	11699	Typ WR 360 C 14 K; geliefert an Wifo; DR ab 01.08.1948; ab 30.12.1957: V 36 065
V 36 757	ObrB	?	C d,	DWK	1942	757	Typ 360 C; geliefert an OKH (WL 757); 1945 an ObrB; ab 30.12.1957: V 36 052
V 36 985	RE	85	C dh	BMAG	1939	10985	Typ WR 360 C 14; geliefert an OKH (WL 10 985); 1945 an RE (Nr. 85); DR ab 01.10.1950; ab 30.12.1957: V 36 018
V 36 695	KBF	4-420	C dm	DWK	1942	695	Typ 360 C; geliefert an OKH (WL 695); 1950 an KBF (Nr. 4-420); ab 30.12.1957: V 36 051

Anmerkungen:

1 = Angabe laut Betriebsbuch: 1936

2 = Angabe laut Betriebsbuch; im Umzeichnungsplan: Fabrik-Nr. 39628

3 = ursprüngliche Angabe (Fabrik-Nr. 47179) gestrichen

4 = Angabe laut Betriebsbuch; im Umzeichnungsplan: BMAG 1942/12049

Umzeichnungsplan der von der Deutschen Reichsbahn 1949 übernommenen Schmalspur-Diesellokomotiven							
Lok	Herkunft	letzte Betriebs-Nr.	Bauart	Hersteller	Baujahr	Fabrik-Nr.	Bemerkungen
Kb 0401	WEM	?	B bm	Deutz	1940	?	600 mm Spurweite
Kb 0402	WEM	?	B bm	Deutz	1940	?	600 mm Spurweite
Kö 0403	MPSB	25	B dm	Henschel	1934	1056	600 mm Spurweite; Typ DG 20 II; geliefert an MPSB (Nr. 25); Abnahme am 19.12.1934; ab 1939: Nr. 28
Kö 0404	WEM		B dm	Eigenbau	1937	-	600 mm Spurweite; Eigenbau der WEM-Werkstatt
Kö 0405	MPSB	-	B dm	O & K	1937	5200	600 mm Spurweite; Typ RL 1c; geliefert an Firma Glosicke, Danzig; ab 1948 MPSB (ohne Nr.)
Kö 0406	MPSB	Kö 2571	B dm	Gmeinder	1939	2571	600 mm Spurweite; geliefert ab Heeres-munitionsanstalt Obergebra; ab 1949 MPSB (Kö 2571); 1962 Umbau in Kö 4030^{II}
Kö 0407	MPSB	-	B dm	Gmeinder	1939	2727	600 mm Spurweite; geliefert ab Heeresmunitionsanstalt Obergebra; ab 1949 MPSB (ohne Nr.); 1962 Umbau in Kö 4025^{II}
Kö 0408	MPSB	-	B dm	Deutz	1940	27202	600 mm Spurweite; Typ OMZ 122 F; geliefert an Eisenbahn-Pionierpark Rehagen-Klausdorf (M-4022); 1949 MPSB (ohne Nr.)
Kö 0409	?	?	B dm	Henschel	1939	?	600 mm Spurweite; Typ DG 26^{II}; 1962 Umbau in Kö 4032^{II}
Köf 6001	LJK	?	C dh	Gmeinder	1944	4205	750 mm Spurweite; Typ HF 130 C; geliefert an Heeresversuchsstelle Peenemünde; später an Fliegerhorst Reinsdorf; ab 1945 LJK
Kö 6002	KJ I	2	C dm	BMAG	1937	10429[1]	750 mm Spurweite; Typ FD 80 C; Abnahme am 08.10.1937
Köf 6003	RSN	?	C dh	Deutz	1944	36101	750 mm Spurweite; Typ HF 130 C; geliefert an OKH; ab 1945 RSN
Kö 6004	RSN	?	B dm	Gmeinder	1942	1185	750 mm Spurweite; Typ HF 50 B; geliefert an OKH; ab 1945 RSN
Anmerkung:							
1 = Angabe laut Betriebsbuch; im Umzeichnungsplan: Fabrik-Nr. 10699							

Verbleib der von der Deutschen Reichsbahn 1949 übernommen Dampflokomotiven

Lok	letztes Bw	abgestellt	z-Stellung	Ausmusterung	Verbleib
64 6576	Salzwedel	18.09.1970	01.03.1971	28.02.1972	ab 01.03.1957: 64 511; ++ 07.11.1972 Raw Stendal
69 6101	Ketzin	?	1950	30.04.1951	++ 31.05.1954
70 6176	Prenzlau	?	03.09.1954	28.12.1955	am 28.12.1955 an den VEB Stahlwerk Gröditz (WL 4) verkauft
70 6177	Neuruppin	?	?	28.12.1955	am 28.12.1955 an den VEB Stahlwerk Gröditz (WL 5) verkauft
70 6178	Wittstock	1955	27.10.1959	19.03.1960	++ 1960
70 6179	Neuruppin	?	?	01.10.1954	am 01.10.1954 an den VEB Zuckerfabrik Wismar verkauft
70 6376	Wittstock	1952	08.01.1952	23.02.1960	am 23.02.1960 an den VEB Zementwerk Möllenhagen verkauft
70 6401	Frankfurt (O) Pbf	?	24.08.1953	04.10.1955	++ 03.1954 (nur Fahrwerk)[1]
74 6611	Berlin-Pankow	20.02.1963	27.03.1963	18.05.1965	als Werklok zum Raw Berlin Warschauer Straße umgesetzt; ++ 23.12.1965 Raw Halle (Saale)
74 6612	Berlin-Pankow	19.08.1965	16.12.1965	27.07.1966	++ 09.1966 Raw Halle (Saale)
74 6621	Basdorf	?	01.01.1951	20.12.1951	++ ?
74 6622	Jerichow	30.11.1957	11.04.1964	05.03.1965	++ 01.11.1965 Raw Halle (Saale)
74 6623	Jerichow	02.03.1965	26.05.1965	14.09.1965	++ 01.11.1965 Raw Halle (Saale)
74 6776	Seddin	14.05.1965	23.09.1965	28.01.1966	++ 10.1966 Raw Halle (Saale)
74 6777	Güsten	19.01.1965	26.05.1965	14.09.1965	++ 18.12.1966 Prag
74 6778	Stendal	-	-	20.05.1966	an 20.05.1966 an den VEB Röntgen- und Transformatorenwerke Dresden, BT Radebeul (WL 3; später WL 1^{II}) verkauft
74 6779	Berlin-Schöneweide	08.05.1959	21.09.1960	17.03.1964	++ 27.11.1965
75 6276	Brandenburg	28.11.1969	05.12.1969	22.02.1971	++ 31.03.1971 Zst Brandenburg
75 6277	Ketzin	14.02.1966	03.07.1967	02.01.1968	++ 28.03.1968 Raw Halle (Saale)
75 6278	Brandenburg	08.05.1969	08.08.1969	27.10.1969	++ 16.07.1970 Raw Leipzig
75 6279	Brandenburg	15.06.1970	14.06.1971	09.08.1971	++ 01.03.1972 Zst Brandenburg
75 6476	Ketzin	30.06.1965	22.09.1966	16.01.1968	++ 28.03.1968 Raw Halle (Saale)
75 6676	Blankenburg	01.12.1965	16.12.1965	27.05.1967	++ 27.07.1967 Raw Halle (Saale)
75 6677	Blankenburg	01.04.1968	11.04.1968	06.11.1968	++ 19.12.1968 Raw Stendal
75 6678	Blankenburg	31.10.1965	16.12.1965	16.01.1968	++ 28.03.1968 Raw Halle (Saale)
75 6679	Ketzin	01.07.1964	28.08.1964	10.02.1965	++ 02.03.-14.05.1965 Raw Halle (Saale)
75 6680	Haldensleben	01.03.1962	18.07.1962	18.02.1966	++ 19.03.-31.03.1966 Raw Leipzig
75 6681	Ketzin	30.11.1965	14.04.1966	18.04.1967	++ 30.06.1967 Raw Halle (Saale)
75 6682	Mag.-Rothensee	24.04.1967	27.07.1967	06.11.1968	++ 15.12.-19.12.1968 Raw Stendal
75 6683	Mag.-Rothensee	23.04.1965	28.10.1965	16.01.1968	++ 28.03.-27.06.1968 Raw Halle (Saale)

Lok	letztes Bw	abgestellt	z-Stellung	Ausmusterung	Verbleib
75 6684	Ketzin	13.05.1965	28.10.1965	16.01.1968	++ 27.06.1968 Raw Halle (Saale)
75 6685	Dessau	05.11.1963	09.07.1964	19.07.1967	++ 28.09.-26.10.1967 Raw Leipzig
75 6686	Halberstadt	04.02.1966	14.04.1966	16.01.1968	++ 28.03.1968 Raw Halle (Saale)
75 6687	Mag.-Rothensee	01.05.1967	11.04.1968	06.11.1968	++ 19.12.1968 Raw Stendal
75 6776	Blankenburg	18.08.1965	16.12.1965	27.05.1967	++ 28.09.1967 Raw Halle (Saale)
75 6777	Blankenburg	14.01.1964	10.09.1964	18.01.1967	++ 25.04.-30.04.1967 Raw Halle (Saale)
89 953	Bautzen	?	?	04.05.1954	am 04.05.1954 als Werklok zum Raw Schlauroth (WL 1) umgesetzt
89 954	Zwickau	09.08.1965	-	31.12.1965	am 01.01.1966 an den VEB Zellstoff- und Papierfabrik Crossen verkauft
89 0001	-	-	-	-	ab 24.08.1953: 89 6034
89 5901	Sangerhausen	22.03.1962	09.1962	19.04.1965	++ 26.07.1965 Raw Halle (Saale) (nur Fahrwerk)[2]
89 5902	Neubrandenburg	-	-	28.02.1957	am 28.02.1957 an den VEB Zuckerfabrik Stavenhagen verkauft; später an die Molkerei Ferdinandshof (Heizlok) verkauft
89 5903	Barth	-	-	31.10.1956	am 31.10.1956 an den VEB Zuckerfabrik Barth verkauft
89 6001	Sangerhausen	13.06.1957	19.05.1958	22.07.1958	++ 01.10.-17.11.1958 Raw Blankenburg
89 6002	Stralsund	?	?	14.07.1958	++ 03.10.1958
89 6003	Berlin-Lichtenberg	-	-	01.03.1959	am 01.03.1959 an den VEB Osthafen Berlin verkauft
89 6004	Dresden-Altstadt	-	-	03.12.1958	am 03.12.1958 an VEB Stahlwerk Gröditz (WL 6) verkauft; später an den VEB Röntgen- und Transformatorenwerke Dresden, BT Radebeul, verkauft
89 6005	Halle P	-	-	05.03.1957	am 21.06.1957 an den VEB Kirow-Werke Leipzig (WL 1111) verkauft
89 6006	Haldensleben	27.08.1962	28.11.1963	14.09.1965	++ 31.03.1967 Prag
89 6007	Blankenburg	02.11.1965	16.12.1965	27.05.1967	++ 28.09.1967 Raw Halle (Saale)
89 6008	Dresden-Friedrichstadt	-	-	21.06.1960	als Werklok zum Raw Dresden umgesetzt; ab 01.03.1963 Werklok im Raw Görlitz
89 6009	Magdeburg	19.03.1970	01.11.1971	16.11.1971	am 16.11.1971 als Museumslok zum Verkehrsmuseum Dresden umgesetzt (ab 16.04.1974 wieder betriebsfähig)
89 6010	Oebisfelde	31.03.1963	16.08.1964	15.09.1965	++ 31.01.1967 Prag
89 6011	Salzwedel	-	-	01.05.1959	am 01.05.1959 an den VEB Binnenhäfen »Mittelelbe« Magdeburg (WL 2; später WL 10) verkauft
89 6012	Berlin-Schöneweide	-	-	14.09.1958[3]	am 01.04.1958 an den VEB Kohlehandel Leipzig, Betriebsteil Schipkau, verkauft
89 6013	Blankenburg	-	-	02.10.1954	am 31.10.1954 als Werklok zum Raw Blankenburg umgesetzt; später Werklok im Raw Halberstadt (WL 805-80-453) (+ 31.05.1964)
89 6014	Berlin-Pankow	16.07.1959	10.1962	28.02.1963	++ 09.09.1963 Raw Karl-Marx-Stadt (nur Fahrwerk)[4]
89 6015	Jerichow	-	-	20.01.1954	1958 als Werklok zum Raw Jena (Nr. 80.573) umgesetzt
89 6016	Magdeburg Hbf	08.10.1964	24.12.1964	05.03.1965	++ 05.01.-30.05.1965 Raw Halle (Saale)
89 6017	Seddin	25.05.1961	28.12.1961	18.03.1964	++ 31.05.1964-27.11.1965

Lok	letztes Bw	abgestellt	z-Stellung	Ausmusterung	Verbleib
89 6018	Mag.-Rothensee	-	-	01.01.1958	am 01.10.1958 an den VEB Kies- und Betonwerk Gerwisch (Heizlok) verkauft
89 6019	Sangerhausen	19.11.1962	28.01.1963[5]	31.12.1962	am 01.01.1963 an den VEB Industriebahn Erfurt (WL 6) verkauft; ab 1972 Heizlok im VEB Wohnungsbaukombinat Erfurt (Betonwerk); später an VEB Holzbau Erfurt (Heizlok)
89 6020	Sangerhausen	23.02.1963	12.1964	09.01.1965	++ 14.07.-20.07.1965 MAB Eisenach
89 6021	Salzwedel	-	-	22.09.1958[6]	am 01.09.1958 an den VEB Zuckerfabrik Genthin verkauft
89 6022	Schwerin	18.09.1964	14.09.1965	22.02.1966	++ 04.05.-07.12.1966 Raw Halle (Saale)
89 6023	Nordhausen	-	-	29.07.1954	als Werklok zum Raw Niedersachswerfen umgesetzt; später an den VEB Gipswerk Niedersachswerfen verkauft
89 6024	Lübbenau	07.02.1963	21.03.1963	31.07.1963	am 01.07.1961 als Werklok zum Raw Cottbus (WL 4) umgesetzt; ab 01.08.1963 Werklok im Raw Görlitz (WL 1); hier z am 19.12.1977; am 31.12.1977 an das Deutsche Dampflokomotiv-Museum Neuenmarkt-Wirsberg verkauft
89 6025	Bernburg	?	05.09.1958	01.08.1959	am 01.08.1959 an den VEB Bau-Union Magdeburg verkauft, später an den VEB Werkzeugmaschinenbau Magdeburg verkauft
89 6026	Stendal	02.06.1961	27.07.1962	14.09.1965	++ 07.12.1966 Raw Halle (Saale)
89 6027	Oebisfelde	14.07.1967	09.11.1967	12.12.1967	++ 28.03.1968 Raw Halle (Saale)
89 6028	Stralsund	1964	24.12.1964	29.07.1966	++ 08.08.1966 Raw Halle (Saale)
89 6029	Stralsund	08.01.1964	24.03.1964	20.11.1967	++ 18.01.1968 Raw Halle (Saale)
89 6030	Stendal	07.12.1965	14.04.1966	15.04.1967	++ 27.07.1967 Raw Halle (Saale)
89 6031	Salzwedel	-	-	13.07.1959	am 18.07.1959 an den VEB Zuckerfabrik Walschleben (WL 2) verkauft
89 6032	Dresden-Altstadt	25.02.1960	09.11.1960	18.01.1963	++ 10.09.-19.09.1963 Raw Karl-Marx-Stadt
89 6033	Gotha	?	?	13.07.1953	am 18.07.1953 an den VEB Stahlwerk Riesa verkauft
89 6034	Wriezen	14.03.1966	01.04.1966	12.12.1967	++ 1968
89 6101	Prenzlau	1952	1957	14.07.1958	++ 03.10.1958 Raw Blankenburg
89 6102	Berlin-Lichtenberg	-	-	15.10.1960	am 15.10.1950 an den VEB Bauunion Süd Leipzig (Heizlok) verkauft; später nach Luckenwalde umgesetzt
89 6103	Mag.-Buckau	15.03.1961	07.02.1963	15.09.1965	++ 31.10.1967 Prag
89 6104	Jüterbog	19.01.1956	11.09.1957	28.02.1958	am 28.02.1958 an den VEB Hohenbocker Glassandwerke verkauft; am 31.08.1958 an den VEB Stahlwerk Hennigsdorf verkauft
89 6105	Pasewalk	?	?	27.03.1950	am 27.03.1950 an den VEB Chemiewerk Böhlen verkauft (++ 18.09.1957)
89 6106	Dessau	1945	?	20.12.1951	++ 12.1950 Raw Blankenburg
89 6107	Mag.-Rothensee	31.03.1963	26.03.1964	15.09.1965	++ 31.01.1967 Prag
89 6108	Leipzig-Engelsdorf	-	-	07.03.1962	am 07.03.1962 an den VEB Möbelwerke Halle-Trotha (Heizlok) verkauft[7]
89 6109	Salzwedel	11.03.1963	28.11.1963	15.09.1965	++ 31.01.1967 Prag
89 6110	Frankfurt (O) Pbf	22.10.1961	01.11.1964	11.09.1965	++ 31.10.-25.11.1965 Raw Halle (Saale)

Lok	letztes Bw	abgestellt	z-Stellung	Ausmusterung	Verbleib
89 6111	Berlin-Pankow	?	?	01.11.1955	am 31.12.1958 an den VEB Umschlaghafen Velten (Mark) verkauft
89 6112	Mag.-Rothensee	-	-	30.04.1957	am 01.10.1957 an den VEB Stahl- und Walzwerk Brandenburg verkauft; später an den VEB Dimitroff-Werke Mag.-Buckau verkauft
89 6113	Frankfurt (O) Pbf	31.03.1958	05.1961	25.09.1961	++ 23.03.1962 Raw Tempelhof
89 6114	Oebisfelde	19.07.1966	24.11.1966	04.04.1967	++ 30.06.1967 Raw Halle (Saale)
89 6115	Frankfurt (O) Pbf	20.07.1962	01.01.1964	11.09.1965	++ 31.10.-05.11.1965 Raw Halle (Saale)
89 6116	Bautzen	26.10.1963	13.04.1964	25.08.1965	++ 23.09.-04.10.1965 Raw Halle (Saale)
89 6117	Bernburg	-	-	01.05.1957	an 01.05.1957 an den VEB Stahl- und Walzwerk Brandenburg verkauft (+ 25.08.1965)
89 6118	Frankfurt (O) Pbf	01.02.1961	07.12.1961	08.11.1961	++ 23.03.1962 Raw Halle (Saale)
89 6119	Brandenburg-Alt.	?	1950	30.04.1951	++ ?
89 6120	Frankfurt (O) Pbf	11.04.1961	01.01.1962	11.09.1965	++ 28.10.-31.10.1965 Raw Halle (Saale)
89 6121	KMS-Hilbersdorf	27.08.1963	09.07.1964	02.07.1965	++ 02.09.1965 Raw Karl-Marx-Stadt
89 6122	Magdeburg	20.01.1969	22.01.1969	26.02.1969	++ 09.04.1969 Raw Halle (Saale)
89 6123	Mag.-Rothensee	05.05.1966	22.08.1966	01.07.1967	++ 23.11.1967 Raw Halle (Saale)
89 6124	Mag.-Rothensee	-	08.07.1957	29.12.1957	am 29.12.1957 an den VEB Braunkohlenwerk Edderitz verkauft
89 6125	Zwickau (Sa)	-	-	02.09.1957[8]	am 03.07.1957 an den VEB Zellstoffwerk Pirna verkauft; später an den VEB Weinbrandwerk Wilthen verkauft; später an den VEB Natursteinwerk Dubring-Schwartzkollm, BT Steinwerke Dubring (WL 1), verkauft
89 6126	Frankfurt (O) Pbf	10.05.1959	01.06.1959	31.01.1963	++ 09.09.1963 Raw Karl-Marx-Stadt
89 6127	Haldensleben	01.04.1966	23.03.1967	17.04.1967	++ 27.07.1967 Raw Halle (Saale)
89 6128	Schwerin	01.04.1967	06.06.1967	20.06.1967	++ 22.09.-26.09.1967 Bw Schwerin
89 6129	Hagenow-Land	27.04.1963	27.08.1964	27.08.1965	++ 11.12.-15.12.1965 Raw Halle (Saale)
89 6130	Frankfurt (O) Pbf	22.07.1964	22.07.1964	11.09.1965	++ 31.10.-05.11.1965 Raw Halle (Saale)
89 6131	Barth	?	31.03.1958	01.06.1958	am 01.06.1958 als Werklok zum DR-Betonwerk Rethwisch umgesetzt
89 6132	Senftenberg	26.08.1964	16.11.1964	03.02.1965	++ 21.06.1965 Raw Halle (Saale)
89 6133	Stendal	24.06.1965	26.08.1965	17.04.1967	++ 27.07.1967 MAB Gerwisch
89 6134	Hoyerswerda	22.03.1961	08.02.1963	06.02.1965	++ 11.08.1965 Raw Halle (Saale)
89 6135	Wriezen	04.06.1965	01.08.1965	04.12.1965	++ 31.10.-23.12.1965 Raw Halle (Saale)
89 6136	Oebisfelde	26.12.1966	21.03.1967	15.04.1967	++ 27.07.1967 Raw Halle (Saale) (nur Fahrwerk)[9]
89 6137	Stendal	01.11.1962	26.03.1964	10.02.1965	++ 26.03.-19.06.1965 Raw Halle (Saale)
89 6138	Karl-Marx-Stadt Hbf	29.08.1958	09.11.1960	17.07.1961	am 17.07.1961 an den VEB Stahl- und Walzwerk Gröditz (WL 3) verkauft
89 6139	Oebisfelde	03.01.1967	21.03.1967	15.04.1967	++ 27.07.1967 Raw Halle (Saale)
89 6140	Mag.-Rothensee	-	-	30.05.1956	als Werklok zum Raw Halle (Saale) (WL 3^{II}) umgesetzt; + 07.09.1965
89 6141	Frankfurt (O) Pbf	20.09.1961	01.11.1964	13.09.1965	++ 31.10.-25.11.1965 Raw Halle (Saale)
89 6142	Frankfurt (O) Pbf	?	1950	30.04.1951	++ ?
89 6143	Wriezen	10.09.1966	01.11.1966	08.02.1967	++ 1967 Raw Halle (Saale)
89 6144	Wriezen	14.01.1964	21.01.1964	12.10.1965	++ 25.11.1965 Raw Halle (Saale)

Lok	letztes Bw	abgestellt	z-Stellung	Ausmusterung	Verbleib
89 6145	Schwerin	30.09.1965	25.11.1965	23.08.1966	++ 24.10.1966 Raw Halle (Saale)
89 6146	Frankfurt (O) Pbf	28.06.1961	14.08.1962	17.01.1963	++ 17.01.1964 Raw Halle (Saale)
89 6147	Seddin	29.06.1961	15.04.1962	28.04.1964	++ 31.05.1965 Raw Halle (Saale)
89 6148	Wriezen	01.06.1964	30.06.1964	13.09.1965	++ 25.11.1965
89 6149	Lübbenau	01.06.1961	07.02.1963	06.02.1965	++ 11.08.1965 Raw Halle (Saale)
89 6150	Frankfurt (O) Pbf	?	14.09.1958	01.10.1958	am 01.10.1958 an den VEB Holzwerk Schwarzatal, Sitzendorf (Thüringen) verkauft; 1965 als Heizlok an den VEB Möbelwerke Brand-Erbisdorf verkauft
89 6151	Frankfurt (O) Pbf	19.08.1964	01.09.1964	04.12.1965	++ 23.12.1965 Raw Halle (Saale)
89 6152	Berlin-Pankow	01.07.1963	01.11.1963	13.09.1965	++ 31.10.-25.11.1965 Raw Halle (Saale)
89 6153	Rostock	16.04.1965	12.08.1965	23.08.1966	++ 14.11.1966 Raw Halle (Saale)
89 6154	Wittenberge	01.12.1965	24.12.1965	15.04.1967	++ 30.06.1967 Raw Halle (Saale)[10]
89 6155	Rostock	16.08.1963	27.08.1964	24.10.1966	++ 10.11.-14.11.1966 Raw Halle (Saale)
89 6156	Riesa	-	-	01.12.1955	an 01.12.1955 an den VEB Zuckerfabrik Mühlberg verkauft; 1956 an den VEB Stahl- und Walzwerk Riesa (WL 10) verkauft
89 6157	Schwerin	16.08.1962	25.09.1962	17.01.1963	++ 24.09.-01.10.1964 Raw Halle (Saale)
89 6158	Wittenberge	-	-	15.08.1954	als Werklok zum Raw Wittenberge (WL 805-80/1) umgesetzt (+ 1964)
89 6159	Cottbus	-	-	25.05.1960	am 25.05.1960 an den VEB Kies- und Sandsteinwerke Doberlug-Kirchhain verkauft
89 6160	Nordhausen	-	-	01.08.1961	am 01.08.1961 an den VEB Kaliwerk »Einheit« Bischofferode verkauft; am 29.07.1963 an den VEB Kaliwerk »Glück Auf« Sollstedt verkauft
89 6161	Mag.-Rothensee	20.02.1964	11.06.1964	15.09.1965	++ 31.03.1967 Prag
89 6162	Nordhausen	20.04.1965	27.05.1965	24.10.1966	++ 31.10.1966 Raw Halle (Saale)
89 6163	Stendal	-	-	08.11.1955	am 08.11.1955 an den VEB LEW Hennigsdorf verkauft; am 04.02.1956 an den VEB Eisenhüttenkombinat Ost verkauft
89 6164	Sangerhausen	-	-	02.12.1957	am 02.12.1957 an den VEB Mansfeld-Kombinat »Wilhelm Pieck« Eilsleben, Thomas-Müntzer-Schacht Sangerhausen (WL 2) verkauft
89 6165	Hagenow Land	29.09.1961	07.02.1963	27.08.1965	++ 20.12.-23.12.1965 Raw Halle (Saale)
89 6166	Frankfurt (O) Pbf	04.10.1961	01.09.1964	13.09.1965	++ 31.10.-07.12.1965 Raw Halle (Saale)
89 6167	Falkenberg	03.02.1959	28.06.1962	04.12.1963	am 04.12.1963 an den VEB Mansfeld-Kombinat »Wilhelm Pieck« Eilsleben, Thomas-Müntzer-Schacht Sangerhausen (WL 4) verkauft
89 6168	Blankenburg	11.07.1964	27.08.1965	04.10.1965	++ 18.12.1966 Prag
89 6201	Gera	21.05.1964	03.07.1964	12.03.1966	++ 05.05.-23.08.1966 Raw Halle (Saale)
89 6202	Aue (Sa)	12.08.1963	11.11.1963	14.01.1966	++ 03.02.1966 Raw Halle (Saale)
89 6203	Luckau	15.03.1948	1948	21.12.1953	++ 1954 Luckau
89 6204	Mag-Rothensee	-	-	23.10.1958	am 23.10.1958 an den VEB Bau-Union Magdeburg verkauft, am 01.08.1959 an den VEB Werkzeugmaschinenbau Magdeburg abgegeben
89 6205	Mag.-Buckau	30.06.1962	07.02.1963	15.09.1965	++ 31.03.1967 Prag
89 6206	Cottbus	-	20.05.1957	04.10.1957	am 04.10.1957 an den VEB Schamottewerke Guttau verkauft

Lok	letztes Bw	abgestellt	z-Stellung	Ausmusterung	Verbleib
89 6207	Stendal	01.11.1962	28.11.1963	15.09.1965	++ 31.01.1967 Prag
89 6208	Kamenz	17.01.1963	08.02.1963	24.08.1965	++ 27.09.1965 Raw Halle (Saale)
89 6209	Röblingen	-	-	01.12.1962	am 01.12.1962 an den VEB Zuckerfabrik Erdeborn (WL 2) verkauft
89 6210	Frankfurt (O) Pbf	?	01.08.1967	18.07.1967	am 18.07.1967 an die LPG »Thomas Müntzer« Worin (Kr. Seelow) verkauft
89 6211	Hagenow Land	01.02.1956	21.03.1956	20.07.1957	am 29.08.1957 an den VEB Zuckerfabrik Erdeborn verkauft
89 6212	Wriezen	17.02.1967	07.1967	18.07.1967	++ 1967 Wriezen
89 6213	Wittenberge	19.09.1962	07.02.1963	04.03.1966	++ 05.04.1966
89 6214	Senftenberg	?	18.06.1958	01.08.1958	am 01.08.1958 an den VEB Braunkohlenkombinat Schwarze Pumpe, Lauchhammer verkauft (+ 31.05.1964)
89 6215	Naumburg	13.01.1964	17.04.1964	07.08.1965	++ 18.08.1965 Raw Halle (Saale)
89 6216	Haldensleben	01.05.1965	12.07.1965	16.09.1965	++ 31.01.1967 Prag
89 6217	Röblingen	-	-	30.11.1958	am 01.12.1958 an den VEB Zuckerfabrik Erdeborn verkauft
89 6218	Frankfurt (O) Pbf	28.01.1961	29.12.1961	14.03.1962	++11.03.-18.06.1962 Raw Halle (Saale)
89 6219	Berlin-Schöneweide	?	1950	30.04.1951	am 30.04.1951 an den VEB Kaliwerk »Werra« Merkers verkauft
89 6220	Haldensleben	04.05.1966	21.03.1967	17.04.1967	++ 27.07.1967 Raw Halle (Saale)
89 6221	Hagenow Land	09.04.1959	12.01.1960	03.10.1961	++ 01.02.1962 Raw Halle (Saale)
89 6222	Magdeburg	30.04.1969	01.05.1969	10.06.1969	++ 07.07.-01.11.1969 Raw Stendal (nur Fahrwerk)[11]
89 6223	Wriezen	30.12.1966	23.03.1967	05.10.1967	++ 1967 Raw Halle (Saale)
89 6224	Wriezen	29.09.1966	22.12.1966	05.10.1967	++ 1967 Raw Halle (Saale)
89 6225	Wriezen	-	-	18.07.1967	am 18.07.1967 an den VEB DEFA Potsdam-Babelsberg verkauft (Kulisse für den Film »Spur des Falken«); ++ 1976
89 6226	Görlitz	-	-	10.06.1960	am 10.06.1960 an den VEB Chemniewerk Nünchritz verkauft
89 6227	Stendal	10.09.1963	26.03.1964	08.02.1965	++ 26.03.-05.06.1965 Raw Halle (Saale)
89 6228	Blankenburg	04.03.1964	11.06.1964	07.09.1965	++ 10.03.1966 Raw Halle (Saale)
89 6229	Waren (Müritz)	?	25.04.1963	28.03.1967	++ 05.10.1967 Raw Halle (Saale)
89 6230	Prenzlau	-	-	01.07.1958	als Werklok zum Raw Eberswalde (WL 2) umgesetzt
89 6231	Berlin-Pankow	05.03.1964	12.964	07.05.1965	++ 13.09.1965 Raw Halle (Saale)
89 6232	Prenzlau	01.12.1947	?	20.01.1954	als Gerät zum Raw Eberswalde umgesetzt
89 6233	Magdeburg Hbf	24.08.1966	24.11.1966	01.07.1967	++ 23.11.1967 Raw Halle (Saale)
89 6234	Bitterfeld	11.03.1960	28.06.1962	02.03.1965	++ 14.04.-14.06.1965 Raw Halle (Saale)
89 6235	Leipzig Hbf Süd		28.06.1962	21.03.1963[12]	am 15.03.1963 als Werklok zum Raw Dresden (WL 5^{II}) umgesetzt (+ 1964)
89 6236	Haldensleben	-	-	01.06.1957	am 01.06.1957 an den VEB Binnenhäfen »Mittelelbe« Magdeburg (WL 9) verkauft; später an den VEB Binnenhäfen Wallwitzhafen (WL 1) verkauft
89 6237	Dresden-Friedrichstadt	-	-	08.11.1957	am 08.11.1957 als Werklok zum Raw Dresden (WL 4; ab 1966: WL 5^{III}) umgesetzt; am 01.03.1981 an den Verein »Museumsbahn Minden e.V.« verkauft

Lok	letztes Bw	abgestellt	z-Stellung	Ausmusterung	Verbleib
89 6238	KMS-Hilbersdorf	30.04.1965	08.07.1965	02.07.1967	++ 03.08.-05.08.1965 Raw Halle (Saale)
89 6239	Cottbus	-	-	10.06.1960	am 10.06.1960 an den VEB Bauunion Cottbus (Heizlok) verkauft
89 6240	Wriezen	01.07.1959	16.03.1961	16.12.1961	am 31.05.1964 an den VEB Energieversorgung Frankfurt (Heizlok) verkauft
89 6276	Wriezen	02.04.1965	23.09.1965	25.01.1966	++ 13.03.1966 Raw Halle (Saale)
89 6277	Salzwedel	01.01.1967	22.03.1967	12.12.1967	++ 28.03.1968 Raw Halle (Saale)
89 6278	Ketzin	01.01.1967	25.05.1967	07.08.1967	++ 22.02.1968 Raw Halle (Saale)
89 6279	Salzwedel	21.10.1966	22.03.1967	15.04.1967	++ 27.07.1967 Raw Halle (Saale)
89 6280	Nordhausen	25.01.1964	18.03.1965	15.04.1965	++ 12.06.-24.06.1965 Raw Halle (Saale)
89 6281	Salzwedel	21.05.1964	01.04.1965[13]	16.01.1965	++ 05.06.1965 Raw Halle (Saale)
89 6282	Neuruppin	17.11.1962	27.08.1964	16.02.1966	++ 23.03.-28.07.1966 Raw Halle (Saale)
89 6301	Frankfurt (O) Pbf	-	-	30.04.1957	am 30.04.1947 an den VEB Stahl- und Walzwerk Brandenburg verkauft
89 6302	Neuruppin	07.02.1963	27.08.1964	27.08.1965	++ 23.12.-28.12.1965 Raw Halle (Saale)
89 6303	Berlin-Pankow	-	-	30.04.1957	am 30.04.1947 an den VEB Stahl- und Walzwerk Brandenburg verkauft
89 6304	Wriezen	17.01.1964	01.03.1964	13.09.1965	++ 31.10.-07.12.1965 Raw Halle (Saale)
89 6305	Frankfurt (O) Pbf	-	-	30.04.1957	am 30.04.1957 an den VEB Zementwerk Fürstenberg verkauft
89 6306	Karl-Marx-Stadt Hbf	30.05.1963	09.07.1964	02.07.1965	++ 16.09.1965 Raw Karl-Marx-Stadt
89 6307	Salzwedel	29.05.1962	07.02.1963	16.09.1965	++ 31.01.1967 Prag
89 6308	Barth	-	-	04.05.1956	am 04.05.1956 an die DSU Frankfurt (Oder) verkauft
89 6309	Bernburg	-	-	13.04.1956	am 13.04.1957 an den VEB Pottaschewerk Neustaßfurt verkauft
89 6310	Leipzig Hbf Süd	-	01.07.1961	18.07.1961	am 18.07.1961 an den VEB Kalikombinat »Werra« Merkers (WL 21) verkauft
89 6376	Salzwedel	01.06.1963	27.08.1964	06.02.1965	++ 30.04.1965 Raw Halle (Saale)
89 6401	Gera	-	17.01.1954	24.01.1956	am 24.01.1956 an den VEB Industriebahn Erfurt (WL 1^{II}) verkauft
89 6402	Blankenburg	-	20.04.1959	12.11.1959	am 12.11.1959 an den VEB Energieversorgung Magdeburg verkauft, später an den VEB Eisenwerke »1. Mai« Tangerhütte verkauft; später an den VEB Zuckerfabrik Wolmirstedt (WL 3) verkauft
89 6403	Salzwedel	13.05.1956	18.06.1956	17.04.1958	++ 10.11.1958 Raw Blankenburg (nur Fahrwerk)[14]
89 6404	Schwerin	04.12.1963	27.08.1965	22.02.1966	++ 04.05.1966 Raw Halle (Saale)
89 6405	Haldensleben	27.03.1963	26.03.1965	16.09.1965	++ 31.03.1967 Prag
89 6406	Mag.-Buckau	01.11.1961	07.02.1963	16.09.1965	++ 31.01.1967 Prag
89 6407	Dessau	-	02.06.1954	20.12.1954[15]	am 01.12.1954 an den VEB Hafen Dessau-Wallwitzhafen verkauft
89 6408	Halle P	06.02.1964	20.02.1964	02.03.1965	++ 22.04.-26.04.1965 Raw Halle (Saale)
89 6409	Berlin-Pankow	22.09.1962	?	07.05.1965	++ 03.09.1965 Raw Halle (Saale)

Lok	letztes Bw	abgestellt	z-Stellung	Ausmusterung	Verbleib
89 6410	Berlin-Pankow	03.01.1962	?	07.05.1965	++ 26.08.1965 Raw Halle (Saale)
89 6411	Basdorf	?	?	01.12.1953	am 01.12.1953 an den VEB LOWA Berlin-Wildau verkauft; ++ 1958
89 6412	Berlin-Pankow	06.12.1961	?	07.05.1965	++ 26.08.1965 Raw Halle (Saale)
89 6413	Basdorf	?	?	01.12.1953	am 01.12.1953 an den VEB LOWA Wildau Berlin-Wildau verkauft; ++ 1957
89 6415	Pasewalk	?	06.12.1955	10.10.1957	++ ?
89 6476	Oebisfelde	01.05.1964	27.08.1964	16.09.1965	++ 31.03.1967 Prag
89 6477	Halle G	27.04.1964	26.11.1964	25.03.1965	++ 30.07.1965 Raw Halle (Saale)
89 6478	Bitterfeld	19.03.1964	20.11.1964	02.03.1965	++ 28.04.-06.05.1965 Raw Halle (Saale)
89 6479	Jerichow	12.03.1967	25.05.1967	07.08.1967	++ 22.02.1968 Raw Halle (Saale)
89 6480	Jerichow	20.09.1968	26.09.1968	06.11.1968	++ 03.12.1968-09.01.1969 Raw Stendal
89 6481	Jerichow	01.02.1970	05.03.1970	08.07.1970	++ 10.09.1970 Raw Stendal
89 6501	Berlin-Pankow	17.06.1963	1964	07.05.1965	++ 14.10.1965 Raw Halle (Saale)
89 6576	Eberswalde	-	-	18.06.1958	am 18.06.1958 an den VEB Märkische Kieswerke Hennersdorf verkauft
89 6601	Köthen	26.03.1964	08.12.1964	08.02.1967	++ 21.07.1967-02.08.1967 Raw Halle (Saale)
89 6676	Seddin	18.02.1950	10.10.1951	30.10.1951	am 30.10.1951 an den VEB LOWA Berlin-Wildau verkauft; später an den VEB Baustoffkombinat Bitterfeld, Kalkwerk Köstritz, verkauft
90 6401	Eberswalde	-	-	09.10.1953	am 14.10.1953 an den VEB Edelstahlkombinat Döhlen (WL 2) verkauft
90 6402	Eberswalde			20.05.1955	am 20.05.1955 an den VEB Volkswerft Stralsund verkauft, später an den VEB Großkokerei Lauchhammer (WL 2) verkauft
91 6176	Berlin-Lichtenberg	30.09.1968	10.1968	22.10.1968	++ 10.08.1969 Raw Halle (Saale)
91 6177	Berlin-Pankow	18.03.1967	23.03.1967	26.02.1968	++ ?
91 6276	Berlin-Lichtenberg	10.01.1967	17.03.1967[16]	02.03.1967	++ 17.03.-20.09.1967 Raw Halle (Saale)
91 6277	Arnstadt	07.09.1971	28.10.1971	23.03.1972	++ 18.04.-31.05.1973 Raw Cottbus
91 6278	Arnstadt	23.09.1970	25.09.1970	22.02.1971	++ 23.12.1970-28.01.1971 Est Weimar
91 6279	Barth	28.04.1965	01.08.1965	10.11.1965	++ 02.06.1966 Raw Halle (Saale)
91 6280	Barth	01.09.1967	11.09.1967	20.11.1967	++ 18.01.1968 Raw Halle (Saale)
91 6281	Berlin-Lichtenberg	14.07.1968	15.08.1968[17]	06.08.1968	++ ?
91 6282	Barth	?	?	07.10.1955	++ 07.12.1955 Raw Wittenberge
91 6283	Stralsund	09.09.1970	15.10.1970	26.11.1970	++ 26.03.1971 Raw Stendal
91 6284	Barth	-	-	15.01.1958	am 30.04.1958 an VEB Großkokerei Lauchhammer (WL 3) verkauft
91 6285	Arnstadt	19.12.1967	19.01.1968	23.01.1968	++ 23.01.-20.09.1968 Raw Meiningen

Lok	letztes Bw	abgestellt	z-Stellung	Ausmusterung	Verbleib
91 6301	Salzwedel	09.11.1966	21.03.1967	20.12.1967	++ 28.03.1968 Raw Halle (Saale)
91 6376	Weimar	21.05.1966	06.06.1966	10.08.1966	++ 10.08.1967 Raw Halle (Saale)
91 6401	Stendal	06.01.1967	25.05.1967	07.08.1967	++ 28.03.1968 Raw Halle (Saale)
91 6402	Stendal	10.12.1966	03.07.1967	19.07.1967	++ 24.08.1967 Raw Halle (Saale)
91 6403	Salzwedel	02.10.1965	28.10.1965	04.04.1967	++ 30.05.1967 Raw Halle (Saale)
91 6404	Stendal	18.11.1965	16.12.1965	04.04.1967	++ 24.08.1967 Raw Halle (Saale)
91 6476	Stralsund	01.12.1969	30.12.1969	17.12.1970	++ 26.06.-07.07.1971 Zst Brandenburg
91 6477	Leipzig-Wahren	01.06.1970	01.06.1970	26.11.1970	++ 12.01.1971 MAB Leizpig
91 6478	Falkenberg	24.04.1967	22.05.1967	14.06.1967	++ 21.12.1967 Raw Halle (Saale)
91 6479	Eilenburg	27.05.1967	11.07.1967	07.08.1967	++ 30.10.1967 Raw Halle (Saale)
91 6480	Stralsund	21.09.1970	15.10.1970	17.12.1970	++ 15.06.-07.07.1971 Zst Brandenburg
91 6481	Salzwedel	08.02.1970	28.10.1970	17.12.1970	++ 04.03.1971 Zst Brandenburg
91 6482	Oebisfelde	-	-	31.12.1970	am 31.12.1970 an den VEB Eisenhüttenwerke Thale (Harz) verkauft
91 6483	Salzwedel	25.01.1971	29.01.1971	13.05.1971	++ 18.12.1971 Raw Stendal
91 6484	Berlin-Lichtenberg	19.03.1965	22.03.1965	27.07.1966	++ 1966 Raw Halle (Saale)
91 6485	Berlin-Lichtenberg	-	-	01.10.1967	am 08.10.1967 an den VEB Eisenhüttenwerke Thale (Harz) (WL 14; später WL 16[II]) verkauft
91 6486	Salzwedel	11.05.1971	18.01.1972	23.03.1972	++ 01.07.-13.11.1972 Raw Stendal
91 6487	Stralsund	17.01.1970	03.02.1970	17.12.1970	++ 29.06.-07.07.1971 Zst Brandenburg
91 6488	Stralsund	25.03.1970	31.03.1970	17.12.1970	++ 29.06.-07.07.1971 Zst Brandenburg
91 6489	Stralsund	25.03.1970	25.03.1970	17.12.1970	++ 29.06.-07.07.1971 Zst Brandenburg
91 6490	Barth	08.11.1965	16.08.1966	24.05.1967	++ 27.06.1967 Raw Halle (Saale)
91 6491	Berlin-Pankow	11.04.1963	05.1964	06.05.1965	++ 12.1965 Raw Halle (Saale)
91 6492	Falkenberg	22.04.1970	23.04.1970	26.11.1970	++ 16.02.1971 Leipzig-Wiederitzsch
91 6493	Salzwedel	03.07.1968	22.08.1968	06.11.1968	++ 13.12.1968 Raw Stendal
91 6494	Salzwedel	06.02.1969	01.05.1969	01.07.1970	++ 07.09.1970 Raw Stendal
91 6495	Salzwedel	20.06.1968	22.08.1968	06.11.1968	++ 19.12.1968 Raw Stendal
91 6496	Salzwedel	31.12.1969	22.01.1970	17.12.1970	++ 04.03.1971 Zst Brandenburg
91 6497	Falkenberg	20.06.1964	01.09.1964	09.01.1965	++ 22.04.-26.04.1965 Raw Halle (Saale)
91 6501	Lu. Wittenberg	21.11.1963	01.09.1964	16.03.1965	++ 09.08.1965 Raw Halle (Saale)
91 6576	Ketzin	20.11.1965	14.04.1966	17.04.1967	++ 27.07.1967 Raw Halle (Saale)
91 6577	Salzwedel	06.04.1967	13.04.1967	20.12.1967	++ 28.03.1968 Raw Halle (Saale)
91 6578	Berlin-Lichtenberg	06.12.1962	01.02.1964	05.01.1965	am 27.11.1965 an den VEB Eisenhüttenkombinat Ost verkauft
91 6579	Gotha	14.01.1965	12.05.1967	24.05.1967	++ 20.02.1969 Raw Halle (Saale)
91 6580	Gotha	09.05.1969	12.06.1969	12.08.1969	am 12.08.1969 an den VEB Industriebahn Erfurt (WL 4[III]) verkauft; am 23.08.1979 abgestellt; ab 1982 Schaustück im Bf Erfurt West; am 13.06.1990 von der DR übernommen; abgestellt als Schaustück im Bw Arnstadt (hist.)

Lok	letztes Bw	abgestellt	z-Stellung	Ausmusterung	Verbleib
91 6581	Frankfurt (O) Pbf	29.08.1954	24.05.1957	14.05.1958	++ 13.09.1965
91 6582	Basdorf	-	-	16.09.1968	am 01.10.1956 als Heizlok zum Raw Karl-Marx-Stadt umgesetzt (abgestellt am 01.10.1966)
91 6590	Berlin-Lichtenberg	07.06.1963	05.1964	05.01.1965	++ 27.11.1965
91 6591	Basdorf	01.11.1943	21.12.1953	06.06.1955	++ 31.10.1963
91 6676	Blankenburg	-	-	01.12.1961	am 01.12.1961 an den VEB Eisenhüttenwerke Thale (Harz) (WL 15) verkauft (+ 1971)
91 6780	Arnstadt	28.10.1970	25.12.1970	09.08.1971	++ 31.10.1973 Raw Cottbus (nur Fahrwerk)[18]
92 2901	Görlitz	02.11.1970	09.02.1971	09.08.1971	++ 03.11.1971-31.10.1974 Raw Görlitz
92 2902	Görlitz	01.02.1970	03.04.1970	12.10.1970[19]	++ 23.07.1970 Raw Görlitz
92 2903	Görlitz	10.12.1969	03.04.1970	12.10.1970[20]	++ 30.06.1970 Raw Görlitz
92 6001	Halberstadt	24.02.1966	14.04.1966	27.05.1967	++ 27.07.1967 Raw Halle (Saale)
92 6101	Wriezen	20.12.1962	01.1964	13.09.1965	++ 25.11.1965
92 6102	Gotha	07.09.1961	26.03.1963	12.12.1963	++ 21.02.-08.04.1964 Raw Halle (Saale)
92 6103	Gotha	06.07.1964	20.03.1965	26.04.1966	++ 25.05.1966 Raw Halle (Saale)
92 6104	Gotha	06.07.1961	26.03.1963	12.12.1963	++ 08.04.-26.04.1964 Raw Halle (Saale)
92 6105	Merseburg	-	-	30.08.1956	am 30.08.1956 als Werklok zum Raw Halle (Saale) (WL 1[II]) umgesetzt

Die Süddeutsche Eisenbahn-Gesellschaft (SEG) beschaffte die spätere 91 6580 im Dezember 1938 für die Ilmenau-Großbreitenbacher Eisenbahn (IGE). Heute gehört die Lok zur Fahrzeugsammlung des Bw Arnstadt (hist). *Foto: Slg. D. Endisch*

Lok	letztes Bw	abgestellt	z-Stellung	Ausmusterung	Verbleib
92 6106	Blankenburg	-	-	17.07.1964	am 17.07.1964 als Werklok zum FEW Blankenburg umgesetzt
92 6176	Gotha	13.03.1966	26.05.1966	28.02.1967	++ 12.06.1967 Raw Halle (Saale)
92 6201	Stendal	-	-	01.12.1963	am 01.12.1963 als Werklok zum Raw Stendal (WL 5) umgesetzt
92 6276	Waren (Müritz)	01.01.1967	29.03.1967	20.09.1967	++ 27.02.1968 Waren (Müritz)
92 6277	Waren (Müritz)	10.06.1967	28.06.1967	18.07.1967	++ 27.06.1968 Raw Halle (Saale)
92 6376	Prenzlau	15.07.1967	10.04.1968	19.06.1968	++ 15.06.1969 Raw Stendal
92 6377	Pasewalk	09.12.1968	17.12.1968	31.12.1968	am 31.12.1968 an den VEB Altstoffhandel Schwerin verkauft
92 6378	Prenzlau	19.02.1965	26.09.1966	12.11.1966	++ 14.11.-01.12.1966 Raw Halle (Saale)
92 6379	Neubrandenburg	16.12.1968	17.12.1968	14.08.1969[21]	am 01.09.1969 an den VEB Ziegelwerk Möllenhagen verkauft
92 6380	Neubrandenburg	27.06.1969	25.07.1969	12.10.1970	++ 05.04.-13.08.1971 Waren (Müritz)
92 6381	Eberswalde	?	03.09.1964	15.04.1967	++ 13.02.1968 MAB Eberswalde
92 6382	Prenzlau	08.03.1964	26.08.1964	29.07.1966	++ 08.08.1966 Raw Halle (Saale)
92 6383	Jüterbog	29.12.1967	01.1968	12.02.1968	++ 1968 Wriezen
92 6401	Halberstadt	17.07.1963	01.03.1964	10.03.1964	++ 25.10.1965 Raw Halle (Saale)
92 6476	Halle P	30.12.1968	04.11.1969	01.03.1970	am 01.03.1970 an den VEB Großhandelskontor »Roter Stern« Leipzig verkauft
92 6477	Halle P	-	01.06.1965	15.10.1966	am 15.10.1966 an den VEB Stahl- und Walzwerk Gröditz (WL 3II) verkauft
92 6478	Halle P	20.04.1966	17.09.1966	12.05.1967	++ 14.09.1967 Raw Halle (Saale)
92 6479	Halle P	09.04.1963	29.01.1964	18.01.1965	++ 22.04.1965-13.11.1967 Raw Halle (Saale)
92 6480	Görlitz	20.11.1959	?	09.03.1962	++ 24.01.1963 Raw Tempelhof
92 6481	Leipzig Hbf Süd	30.05.1967	11.07.1967	07.08.1967	++ 21.12.1967 Raw Halle (Saale)
92 6482	Falkenberg	23.11.1968	30.12.1968	20.03.1969	am 02.12.1969 an den VEB Spitzenfabrik Leipzig, BT Grimma, verkauft; im September 1971 an VEB Maschinen- und Heizungsbetrieb Leipzig verkauft
92 6483	Falkenberg	08.11.1968	09.11.1968	05.12.1968	++ 16.12.1968 Raw Halle (Saale)
92 6484	Görlitz	04.06.1970	28.08.1970	12.10.1970	++ 11.1970-30.06.1971 Raw Görlitz
92 6485	Waren (Müritz)	21.01.1967	23.03.1967	20.12.1967	++ 21.11.1968-27.02.1969 Waren (Müritz)
92 6486	Prenzlau	01.11.1966	25.05.1967	20.12.1967	++ 16.12.1967-18.01.1968 Raw Halle (Saale)
92 6487	Neubrandenburg	27.03.1969	10.04.1969	30.04.1969	am 30.04.1969 an den VEB Molkerei Stavenhagen (Heizlok) verkauft; später an den VEB Molkerei Dargun verkauft
92 6488	Berlin-Pankow	29.02.1964	1964	22.01.1965	++ 05.05.1965 Raw Cottbus
92 6489	Blankenburg	01.05.1964	09.07.1964	27.05.1967	++ 28.09.-20.12.1967 Raw Halle (Saale)
92 6490	Görlitz	01.11.1967	03.01.1968[22]	20.12.1967	++ 03.05.1968 Raw Cottbus
92 6491	Blankenburg	15.03.1967	25.05.1967	14.06.1967	++ 28.09.1967 Raw Halle (Saale)
92 6492	Blankenburg	-	-	01.01.1965	am 01.01.1965 an den VEB Stickstoffwerke Piesteritz, Betriebsabteilung Harzkalkwerk, Standort Elbingerode (WL 3), verkauft

Lok	letztes Bw	abgestellt	z-Stellung	Ausmusterung	Verbleib
92 6493	Halberstadt	16.05.1965	24.06.1965	27.05.1967	++ 27.07.1967 Raw Halle (Saale)
92 6494	Görlitz	19.01.1971	11.02.1971	09.08.1971	++ 30.12.1974 Raw Görlitz
92 6501	Leipzig Hbf Süd	22.09.1965	28.10.1965	19.02.1966	++ 10.05.1966 Raw Halle (Saale)
92 6502	Brandenburg	15.10.1962	01.12.1963	01.10.1965	++ 31.01.1967 Prag
92 6503	Brandenburg	-	-	26.01.1955	am 26.01.1955 an den VEB Eisenhüttenkombinat Ost (WL 17) verkauft
92 6504	Dessau	01.05.1965	24.06.1965	01.10.1965	++ 31.01.1967 Prag
92 6576	Salzwedel	01.10.1968	10.10.1968	27.11.1968	++ 09.01.1969 Raw Halle (Saale)
92 6577	Berlin-Lichtenberg	27.09.1967	22.11.1967	20.12.1967	++ 1968 Raw Halle (Saale)
92 6578	Salzwedel	23.05.1969	01.06.1969	03.07.1969	am 03.07.1969 an die Tuchfabrik Paasche (Burg) verkauft
92 6579	Bernburg	-	-	01.12.1966	am 01.12.1966 an den VEB Stickstoffwerke Piesteritz, Betriebsabteilung Harzkalkwerk, Standort Elbingerode (WL 4), verkauft (++ 1976)
92 6580	Nordhausen	16.12.1962	27.01.1963	22.01.1965	++ 15.03.-22.04.1965 Raw Cottbus
92 6581	Blankenburg	01.03.1963	26.03.1964	18.01.1967	++ 30.04.1967 Raw Halle (Saale)
92 6582	Weimar	16.10.1964	04.05.1965	26.02.1968	++ 20.04.1968 Raw Halle (Saale)
92 6583	Nordhausen	05.09.1963	06.11.1963	22.01.1965	++ 30.03.-22.04.1965 Raw Halle (Saale)
92 6584	Weimar	31.01.1964	30.05.1966	13.03.1967	++ 10.07.1967 Raw Halle (Saale)
92 6585	Weimar	09.11.1967	07.12.1967	20.12.1967	++ 20.02.1968 Raw Halle (Saale)
92 6586	Nordhausen	09.01.1966	09.02.1966	28.02.1967	01.05.1967-15.05.1967 Raw Halle (Saale)
92 6587	Salzwedel	15.06.1966	24.11.1966	20.12.1967	++ 28.03.1968 Raw Halle (Saale)
92 6676	Frankfurt (O) Pbf	30.04.1964	30.04.1964[23]	04.04.1967	++ 1967 Raw Halle (Saale)
92 6876	Erfurt P	04.05.1964	04.09.1964[24]	17.05.1964	am 17.05.1964 an den VEB Kalikombinat »Werra« Merkers (WL 23) verkauft
92 6877	Erfurt P	-	-	04.09.1964	am 04.09.1964 an den VEB Kaliwerk Sollstedt (WL 7) verkauft; 1967 an VEB Kalikombinat »Werra« Merkers verkauft
92 6878	Frankfurt (O) Pbf	-	-	01.02.1958	am 01.02.1958 an den VEB Binnenhäfen Frankfurt (Oder) (WL 2) verkauft; ab 28.10.1963 VEB Binnenhäfen Eisenhüttenstadt, BT Frankfurt (Oder)
92 6879	Blankenburg	20.08.1966	24.11.1966	27.05.1967	++ 21.08.1969 Raw Halle (Saale)
92 6880	Blankenburg	01.09.1964	26.11.1964	07.09.1965	++ 31.12.1965 Raw Halle (Saale)
93 6476	Berlin-Pankow	29.05.1967	10.07.1967	05.07.1967	++ 01.06.-09.07.1967 Raw Halle (Saale)
93 6477	Neuruppin	16.10.1967	26.10.1967	30.11.1967	++ 29.12.1967 Raw Halle (Saale)
93 6478	Neuruppin	31.10.1968	27.03.1969	01.07.1970	++ 07.09.1970 Zst Brandenburg
93 6479	Berlin-Pankow	15.08.1966	23.03.1967	12.02.1968	++ ?
93 6480	Templin	17.12.1963	23.03.1967	16.04.1968	++ 06.06.1968 Raw Halle (Saale)
93 6481	Neuruppin	17.10.1970	01.12.1970	22.02.1971	++ 27.08.1971 Raw Cottbus
93 6576	Brandenburg-Alt.	?	?	15.06.1953	++ 15.08.1955

Lok	letztes Bw	abgestellt	z-Stellung	Ausmusterung	Verbleib
93 6676	Haldensleben	26.01.1970	27.05.1970	29.10.1970	++ 31.12.1970 MAB Gerwisch
93 6677	Haldensleben	31.01.1970	05.03.1970	29.10.1970	++ 31.12.1970 MAB Gerwisch
93 6678	Berlin-Pankow	21.04.1970	21.04.1970	22.02.1971	++ 05.03.1971 Zst Brandenburg
93 6679	Berlin-Pankow	30.11.1967	01.10.1968	27.11.1968	++ ?
93 6680	Berlin-Pankow	29.08.1966	22.12.1966	12.02.1968	++ 12.04.1968 Raw Halle (Saale)
93 6681	Berlin-Pankow	27.12.1964	?	07.05.1965	++ 28.10.1965 Raw Halle (Saale)
93 6682	Berlin-Pankow	11.08.1968	25.05.1969	06.04.1970	++ 1970
93 6683	Berlin-Pankow	02.10.1965	09.09.1966	12.02.1968	++ ?
93 6776	Blankenburg	30.04.1968	11.06.1968	27.11.1968	++ 10.12.1968 Raw Halle (Saale)
93 6777	Blankenburg	28.01.1969	10.04.1969	11.06.1969	++ 01.07.-27.07.1969 Raw Halle (Saale)
93 6778	Blankenburg	25.03.1969	10.04.1969	14.07.1969	++ 21.08.1969 Raw Halle (Saale)
94 6776	Arnstadt	04.05.1966	21.09.1966	07.08.1967	++ 20.09.1968 Raw Halle (Saale)
95 6676	Blankenburg	28.05.1968	20.06.1968	31.12.1972	am 01.01.1973 zum Verkehrsmuseum Dresden umgesetzt
95 6677	Blankenburg	31.01.1965	16.12.1965	19.10.1970	++ 01.01.-10.01.1971 Zst Brandenburg
95 6678	Blankenburg	12.07.1965	22.02.1966	21.08.1967	++ 04.04.1968 Raw Meiningen
95 6679	Blankenburg	?	31.05.1951	11.02.1953	++ 06.1955 Raw Meiningen
98 5901	Leipzig Bayerischer Bf	?	10.04.1959	10.08.1959	an 10.08.1959 an VEB Braunkohlenwerk Espenhain verkauft; später an VEAB Torgau für die Hafenbahn Torgau (WL 2) verkauft
98 6001	Köthen	23.04.1956	04.11.1956	14.06.1958	am 10.11.1958 an den VEB Binnenhäfen »Mittelelbe« Magdeburg
98 6002	Prenzlau	-	-	13.07.1959	am 13.07.1959 an den VEB Papier- und Kartonfabrik Niederschlema; später an VEB Fernsehkolbenwerk Niederschlema, Werk Wolfshain, verkauft; später an die Hafenbahn Torgau (WL 2^{II}) verkauft
98 6003	Sangerhausen	31.05.1959	10.12.1959	1963	++ 1963 Raw Karl-Marx-Stadt
98 6004	Stralsund	1949	07.1957	25.07.1957	++ 1957 Raw Blankenburg
98 6005	Schwerin	30.09.1956	1957	17.02.1959	++ 03.02.-14.03.1959 Raw Blankenburg
98 6006	Gera	27.03.1965	12.08.1965	17.01.1966	++ 02.04.-05.05.1966 Raw Halle (Saale)
98 6007	Haldensleben	-	-	03.08.1950	am 27.08.1950 an den VEB Glashütte Torgau verkauft
98 6008	Jüterbog	-	-	06.11.1955	am 06.11.1955 zum Raw Dresden (WL 3^{II}) umgesetzt
98 6009	Saalfeld	23.03.1960	10.04.1961	28.09.1962	++ 13.03.1963 Raw Karl-Marx-Stadt
98 6010	Hagenow Land	-	-	08.08.1957	am 08.08.1957 an die DSU Frankfurt (Oder) verkauft; später an den VEB Zuckerfabrik Stavenhagen verkauft
98 6051	Dresden-Altstadt	-	-	01.05.1958	am 01.05.1958 an den VEB Fettchemie Karl-Marx-Stadt verkauft; am 01.09.1958 an das Kraftwerk Breitungen verkauft; später an den VEB Zuckerfabrik Walschleben
98 6101	Dessau	07.02.1960	01.08.1962	01.10.1965	am 01.11.1965 als Schrott an den VEB Kaliwerk Sollstedt verkauft

Lok	letztes Bw	abgestellt	z-Stellung	Ausmusterung	Verbleib
98 6102	Naumburg	1959	1960	04.06.1960	++ 02.11.-10.11.1960 Raw Karl-Marx-Stadt
98 6151	Dresden-Altstadt	18.03.1964	10.05.1964	08.07.1965	++ 31.03.1966 Raw Halle (Saale)
98 6152	Weimar	?	?	25.03.1953	++ ?
98 6153	Dresden-Altstadt	?	?	18.11.1957	am 18.11.1957 an den VEB Fettchemie Karl-Marx-Stadt verkauft; am 01.06.1958 an den VEB Röntgen- und Transformatorenwerke Dresden, BT Radebeul (WL 2), verkauft“
98 6201	Barth	-	-	01.01.1958	am 01.01.1958 an den VEB Dachziegelwerke »Merkur« Jatznick verkauft; am 01.02.1958 an den VEB Fahlberg-List Magdeburg verkauft
98 6202	Mag.-Rothensee	-	-	01.01.1958	am 01.01.1958 an den VEB Förderanlagenbau Köthen verkauft (WL 3)
98 6203	Mag.-Rothensee	01.05.1960	1962	20.07.1962	++ 30.07.1963
98 6204	Brandenburg-Alt.	?	30.06.1951	19.10.1951	am 19.10 1951 an den VEB Stahl- und Walzwerk Brandenburg verkauft
98 6205	Stralsund	?	03.08.1950	22.03.1952	am 26.03.1952 an den VEB Zuckerfabrik Anklam verkauft
98 6206	Dessau	01.08.1958	-	19.11.1959	am 19.11.1959 an den VEB Kies- und Betonwerke Gerwisch verkauft
98 6207	Dessau	?	-	19.11.1959	am 19.11.1959 an den VEB Kies- und Betonwerke Gerwisch verkauft
98 6208	Leipzig Hbf Süd	30.07.1959	20.08.1959	18.07.1967	am 18.07.1967 an die LPG »Thomas Müntzer« Worin (Kr.Seelow) verkauft
98 6209	Mag.-Rothensee	?	15.10.1952	06.04.1956	am 06.04.1956 an den VEB Stickstoffwerke Piesteritz, Betriebsabteilung Harzkalkwerk, Standort Elbingerode (WL 1[II]), verkauft
98 6210	Eilsleben	01.08.1959	01.11.1959	01.10.1965	++ 02.12.-03.12.1965 Raw Halle (Saale)
98 6211	Mag.-Rothensee	27.03.1959	05.02.1961	06.02.1965	++ 22.03.-25.03.1965 Raw Halle (Saale)
98 6212	Guben	-	-	24.03.1952	am 24.03.1952 an den VEB Stahlwerk Döhlen verkauft; später an den VEB Edelstahlwerk Freital (WL 2) verkauft
98 6213	Nordhausen	08.02.1960	23.08.1960	11.04.1962	++ 15.01.1963 Raw Karl-Marx-Stadt
98 6214	Prenzlau	1959	1960	12.05.1959	++ 12.08.1960 Raw Karl-Marx-Stadt
98 6215	Dessau	23.03.1962	01.07.1962	01.10.1965	++ 01.11.1965 Raw Halle (Saale)
98 6216	Arnstadt	16.04.1960	11.12.1960	24.09.1962	++ 13.03.-26.03.1963 Raw Karl-Marx-Stadt
98 6217	Mag.-Rothensee	-	-	30.09.1957	am 30.09.1957 an den VEB Fahlberg-List Magdeburg, BT Chemische Werke »Hermania« Schönebeck verkauft (WL 1); später an den VEB Magnesitwerk Aken (Elbe)
98 6218	Stendal	19.04.1950	1950	10.05.1950	am 10.05.1950 an den VEB Energieversorgung Magdeburg verkauft; hier Umbau zur Dampfspeicherlok (Abnahme am 23.01.1952); + 1965
98 6219	Mag.-Rothensee	?	?	01.12.1951	am 01.12.1951 an den VEB LOWA Görlitz verkauft; später an VEB LOWA Freital
98 6301	Mag.-Rothensee	-	-	01.02.1958	am 01.02.1958 an den VEB Fahlberg-List Magdeburg verkauft

Lok	letztes Bw	abgestellt	z-Stellung	Ausmusterung	Verbleib
98 6376	Prenzlau	30.01.1959	26.05.1959	30.06.1964	++ 16.06.1966 Raw Halle (Saale)
98 6377	Schwerin	16.05.1960	12.09.1963	04.12.1965	++ 01.02.1966 Raw Halle (Saale)
98 6378	Wittenberge	15.03.1966	14.04.1966	24.10.1966	++ 14.11.1966 Raw Halle (Saale)
98 6476	Neuruppin	29.08.1957	12.09.1963	04.12.1965	++ 26.06.-05.07.1966 Raw Halle (Saale)
99 1401	Wittenberge	10.03.1967	28.03.1967	11.01.1968	++ 30.01.-30.03.1968 Raw Görlitz
99 3001	Neubrandenburg	16.12.1958	28.12.1961	12.08.1966	++ 09.09.1966-06.06.1967 Raw Görlitz
99 3301	Krauschwitz	05.01.1966	03.04.1969	31.10.1969	am 03.04.1969 an die Pioniereisenbahn Cottbus verkauft (Lok 4)
99 3310	Krauschwitz	29.03.1973	01.11.1973	03.05.1974	am 02.06.1976 an Hans Nackdal in Mettmar (Schweden) für Mardsunds Enskeilda Järnväg verkauft
99 3311	Krauschwitz	25.03.1977	21.12.1977	01.05.1978	am 01.05.1978 an die Hermann Zulauf AG für die Schinznacher Baumschulbahn verkauft
99 3312	Krauschwitz	?	14.10.1977	23.03.1978	am 23.03.1978 an den Deutschen Modelleisenbahn-Verband der DDR, AG 2/21 Oberoderwitz, verkauft; am 24.10.1978 in Oberrodewitz aufgestellt
99 3313	Krauschwitz	?	01.03.1976	29.03.1978	am 29.03.1978 über die Intrag GmbH an die Historische Eisenbahn Frankfurt e.V. verkauft
99 3314	Krauschwitz	?	04.04.1975	1978	an den Rat der Stadt Weißwasser abgegeben; am 07.06.1983 an das Deutsche Dampflokomotiv-Museum Neuenmarkt-Wirsberg verkauft
99 3315	Krauschwitz	?	31.05.1977	01.09.1977	am 01.09.1977 an die Dampfkleinbahn Mühlenstroth verkauft
99 3316	Krauschwitz	23.03.1978	23.03.1978	29.03.1978	am 29.03.1978 über die Intrag GmbH an die Historische Eisenbahn Frankfurt e.V. verkauft
99 3317	Krauschwitz	12.01.1977	01.02.1977	31.12.1979	am 31.12.1979 an den Rat der Stadt Weißwasser verkauft; bereits am 26.04.1979 als Denkmal in der Muskauer Straße aufgestellt
99 3318	Krauschwitz	09.12.1972	01.11.1973	01.04.1974	am 01.04.1974 an die Dampfkleinbahn Mühlenstroth verkauft
99 3351	Neubrandenburg	23.01.1969	10.11.1969	01.10.1970	am 27.11.1970 über die Intrag GmbH an das George Mohun Outdoor Steam-Museum (USA) verkauft
99 3352	Neubrandenburg	10.10.1968	10.11.1969	30.09.1970	am 10.07.1973 an den Rat der Stadt Friedland verkauft; am 21.07.1973 als Denkmal in Friedland aufgestellt
99 3353	Neubrandenburg	23.06.1969	27.06.1969	15.08.1972	am 05.10.1972 über die Intrag GmbH an die Llanberis Lake Railway (Wales) verkauft
99 3361	Pasewalk	16.09.1970	12.09.1970[25]	15.10.1970	an 26.02.1971 über die Intrag GmbH an das George Mohun Outdoor Steam-Museum (USA) verkauft
99 3451	Pasewalk	02.10.1964	16.08.1966	11.10.1966	++ 28.12.1966 Raw Görlitz
99 3461	Neubrandenburg	22.06.1969	26.11.1969	04.07.1972[26]	am 05.06.1972 über die Intrag GmbH an die Museumsbahn Froissy-Cappy Dompierre (Frankreich) verkauft

Lok	letztes Bw	abgestellt	z-Stellung	Ausmusterung	Verbleib
99 3462	Pasewalk	18.10.1969	25.11.1969	27.11.1970	am 27.11.1970 über die Intrag GmbH an die Dampfkleinbahn Mühlenstroth verkauft
99 3651	Neubrandenburg	25.09.1958	01.10.1958[27]	15.08.1958	am 15.08.1958 an den VEB Sand- und Kieswerke Doberlug-Kirchhain verkauft
99 3652	Pasewalk	10.09.1958	01.10.1958[28]	15.08.1958	am 15.08.1958 an den VEB Sand- und Kieswerke Doberlug-Kirchhain verkauft
99 4052	Meiningen	-	-	-	ab 01.03.1957: 99 4541
99 4301	Jerichow	01.01.1965	01.01.1965	09.11.1965	am 10.11.1965 an die Ballenstedt Transport KG in Pretzien verkauft; später VEB (K) Sandgruben Pretzin; ab 14.07.1975 Denkmal in Gommern
99 4401	Burg	-	-	-	ab 03.02.1956: 99 4721
99 4402	Burg	-	-	-	ab 03.02.1956: 99 4301
99 4501	Jüterbog	01.10.1964	24.12.1964	31.05.1966	++ 09.09.1966 Raw Görlitz
99 4502	Wittenberge	01.09.1965	23.05.1966	31.05.1966	++ 15.07.1966 Raw Görlitz
99 4503	Wittenberge	01.06.1969	27.11.1969	06.03.1973	1974 an Wolfgang Rexzeh verkauft; heute Schaustück im Brandenburgischen Museum für Klein- und Privatbahnen in Gramzow
99 4504	Wittenberge	12.01.1966	31.05.1966	11.10.1966	++ 31.07.-13.09.1967 Raw Görlitz
99 4505	Wittenberge	27.01.1962	19.09.1963[29]	09.09.1963	++ 10.03.1965-18.03.1966 Raw Görlitz
99 4511	Wittenberge	26.09.1971	26.01.1972	06.03.1973	1977 über die Intrag GmbH an den Holiday-Park in Hassloch (Pfalz) verkauft; 1998 an Interessengemeinschaft Preßnitztalbahn e.V. verkauft
99 4512	Wustermark	14.10.1958	01.02.1960	16.03.1964	++ 09.01.1965 Raw Görlitz
99 4521	Putbus	14.11.1961	28.11.1961	10.08.1965	++ 28.12.1965 Raw Görlitz
99 4522	Putbus	10.07.1963	29.08.1963	12.08.1966	++ 28.12.1966-28.12.1967 Raw Görlitz
99 4523	Putbus	06.10.1964	25.03.1965	12.08.1966	++ 28.12.1966-10.10.1968 Raw Görlitz
99 4524	Putbus	24.03.1961	20.05.1961	15.11.1965	++ 15.07.-19.07.1966 Raw Görlitz
99 4525	Putbus	25.06.1965	27.01.1966	27.06.1966	am 15.09.1966 an den VEB Wohnungsbaukombinat Neubrandenburg (Heizlok) verkauft
99 4531	Meiningen	15.10.1958	26.10.1958	28.02.1962	++ 14.04.-24.05.1962 Raw Görlitz
99 4532	Zittau	27.10.1989	07.08.1990	22.02.1996	an 01.12.1996 an die SOEG abgegeben
99 4541	Jerichow	11.08.1965	25.03.1965	09.11.1965	++ 28.02.1966 Raw Görlitz
99 4551	Jerichow	03.04.1964	09.07.1964	26.09.1965	++ 02.05.-31.07.1967 Raw Görlitz
99 4601	Putbus	?	01.02.1950	25.05.1954	am 25.05.1954 an die Zuckerfabrik Jarmen verkauft
99 4602	Putbus	29.12.1963	09.07.1964	04.11.1965	++ 28.12.1965-10.10.1968 Raw Görlitz
99 4603	Putbus	29.07.1964	25.11.1965	01.11.1966	++ 28.12.1965-10.10.1968 Raw Görlitz
99 4611	Jerichow	22.12.1962	12.08.1963	17.05.1965	++ 30.04.1966 Raw Görlitz
99 4612	Pasewalk	21.04.1963	10.09.1964	06.12.1966	++ 16.04.1975 Steinmocker
99 4613	Pasewalk	22.10.1959	01.07.1961	16.08.1966	++ 31.10.1966 Raw Görlitz (nur Fahrwerk)[30]
99 4614	Jerichow	30.09.1961	09.08.1963	10.08.1965	++ 28.02.1966 Raw Görlitz
99 4615	Burg	?	1950	31.05.1951	++ 27.03.1951 Burg (Ersatzteilspender)

Lok	letztes Bw	abgestellt	z-Stellung	Ausmusterung	Verbleib
99 4621	Putbus	23.06.1961	11.07.1963	15.11.1965	++ 15.03.-01.05.1966 Raw Görlitz
99 4631	Stralsund	28.10.1983	05.12.1983	06.1984	am 01.07.1984 über die Intrag GmbH an privat in Lehrte verkauft; 2002 an Eisenbahn- und Technikmuseum Prora verkauft; 2006 an Hermann Schöntag verkauft
99 4632	Stralsund	-	-	22.01.1996	am 22.01.1996 an die RüKB abgegeben
99 4633	Stralsund	-	-	22.01.1996	am 22.01.1996 an die RüKB abgegeben
99 4641	Wittenberge	01.01.1969	24.07.1969	31.01.1971	++ 24.02.- 08.08.1975 Raw Görlitz
99 4642	Burg	-	-	-	ab 03.02.1955: 99 4551
99 4643	Wittenberge	-	-	01.10.1971	am 01.10.1971 an den VEB Fleischkombinat Schwerin, BT Perleberg (Heizlok), verkauft (++ 08.1974)
99 4644	Stralsund	31.12.1972	05.01.1973	14.07.1977	1977 zum Bw Neustrelitz (Denkmal) umgesetzt; am 27.05.1994 an das Kleinbahnmuseum Kehrberg verkauft
99 4645	Wittenberge	15.03.1969	30.06.1969	24.07.1969	+ 30.06.-30.09.1969 Kehrberg
99 4651	Stralsund	09.10.1967	07.02.1968	12.06.1968	am 15.07.1968 an den VEB Baustoffkombinat Neubrandenburg (Sitz Malchin), Betonwerk Ueckermünde, verkauft
99 4652	Stralsund	10.09.1968	03.08.1969	13.10.1969	am 15.06.1974 an Walter Seidensticker verkauft
99 4653	Stralsund	13.05.1968	10.06.1968	31.07.1968	++ 10.08.-31.10.1968 Raw Görlitz
99 4701	Wittenberge	26.09.1971	26.01.1972	06.03.1973	1976 über die Intrag GmbH an die Firma E. Jung in Wöllstein verkauft
99 4711	Wittenberge	14.07.1966	22.07.1966	23.08.1966	++ 10.09.-10.10.1966 Raw Görlitz
99 4712	Wittenberge	08.10.1964	24.03.1965	15.11.1965	++ 30.04.1966 Raw Görlitz
99 4721	Jerichow	02.09.1966	27.04.1967	02.05.1967	am 01.07.1967 an den Rat des Kreises Halberstadt für die »Station Junger Naturforscher und Techniker« in Halberstadt (Klusberge) verkauft; ++ 1990
99 4801	Stralsund	-	-	22.01.1996	am 22.01.1996 an die RüKB abgegeben
99 4802	Stralsund	-	-	22.01.1996	am 22.01.1996 an die RüKB abgegeben
99 5001	Wernigerode	06.11.1964	01.10.1967[31]	25.09.1967	am 31.12.1973 an die Museumsbahn Duineres-St. Agreve verkauft
99 5201	Wernigerode	22.01.1968	11.04.1968	06.11.1968	++ 31.12.1973 Raw Görlitz
99 5601	Barth	08.01.1963	25.04.1963	12.08.1966	++ 09.09.1966-25.09.1967 Raw Halle (Saale)
99 5602	Barth	09.08.1961	25.04.1963	01.11.1967	++ 31.12.1967 Raw Görlitz (nur Fahrwerk)[32]
99 5603	Barth	22.07.1960	05.08.1960	17.09.1961	++ 06.09.-28.09.1962 Raw Görlitz
99 5604	Barth	-	1950	18.12.1956	++ 25.07.1957 Raw Görlitz
99 5605	Barth	13.01.1968	10.04.1968	10.11.1969	am 10.04.1970 über die Intrag GmbH an Minidom Düsseldorf verkauft; am 15.03.1973 an den Freizeitpark Ratingen verkauft; 1979 an den Deutschen Eisenbahn-Verein e.V. (Brauchhausen-Vilsen)

Lok	letztes Bw	abgestellt	z-Stellung	Ausmusterung	Verbleib
99 5606	Barth	31.12.1967	10.04.1968	30.04.1972	am 30.03.1970 über die Intrag GmbH an die Firma Lehmann in Nürnberg verkauft; später an Wim Pater verkauft
99 5611	Barth	12.04.1970	16.01.1971	16.01.1971	am 31.12.1973 an die Museumsbahn Duineres-St. Agreve verkauft
99 5621	Barth	20.11.1968	06.01.1969	30.09.1970	++ 29.12.1970 Raw Görlitz
99 5622	Barth	24.02.1967	10.03.1967	22.07.1967	++ 22.11.-27.11.1967 Raw Görlitz
99 5631	Barth	15.03.1965	25.11.1965	01.11.1966	++ 05.04.1967 Raw Görlitz
99 5632	Wernigerode	25.01.1956	06.01.1958	12.12.1958	++ 09.05.1960 Raw Görlitz
99 5633	Cottbus	?	30.09.1970	29.06.1971[33]	am 25.06.1971 über die Intrag GmbH an den Deutschen Eisenbahn-Verein e.V. (Brauchhausen-Vilsen) verkauft
99 5701	Cottbus	13.11.1968	14.11.1968	06.05.1970	++ 1975 Straupitz
99 5702	Straupitz	25.10.1966	11.07.1967[34]	05.07.1967	++ 22.11.1968 in Straupitz
99 5703	Cottbus	?	03.01.1971	10.04.1970	am 20.12.1971 an das Spreewaldmuseum Lübbenau verkauft
99 5704	Cottbus	13.08.1970	30.11.1970	03.01.1971	++ 02.04.1974 Straupitz
99 5705	Cottbus	31.07.1968	06.11.1968	03.01.1971	++ 12.1968 Straupitz
99 5706	Cottbus	29.09.1969	01.10.1969	03.01.1971	++ 02.04.1974 Straupitz
99 5707	Cottbus	10.02.1969	23.02.1969	03.01.1971	++ 02.04.1974 Straupitz
99 5711	Gera	09.03.1962	29.08.1963	18.05.1965	++ 28.11.1965-17.02.1966 Raw Görlitz
99 5712	Gera	27.10.1966	06.11.1966	06.12.1966	++ 05.04.-30.11.1967 Raw Görlitz
99 5713	Gera	22.06.1964	24.12.1964	12.07.1967	++ 22.11.-30.11.1967 Raw Görlitz
99 5714	Gera	16.03.1967	16.11.1967	12.03.1968	++ 23.05.-15.08.1968 Raw Görlitz
99 5801	Halle P	31.01.1967	06.05.1967[35]	02.05.1967	++ 31.07.-26.09.1967 Raw Görlitz
99 5802	Halle P	20.04.1963	03.01.1964	03.08.1966	++ 09.09.-13.10.1966 Raw Görlitz
99 5803	Halle P	02.04.1964	25.03.1965	12.07.1967	++ 22.11.1967-16.01.1968 Raw Görlitz
99 5804	Wernigerode	12.10.1960	29.08.1963	15.05.1965	++ 28.02.-31.05.1966 Raw Görlitz
99 5811	Wernigerode	01.07.1963	25.02.1964	29.05.1967	++ 31.07.1967 Raw Görlitz
99 5901	Wernigerode	19.10.1989	13.02.1991	31.01.1993	am 01.02.1993 an die HSB abgegeben
99 5902	Wernigerode	-	-	31.01.1993	am 01.02.1993 an die HSB abgegeben
99 5903	Wernigerode	-	-	31.01.1993	am 01.02.1993 an die HSB abgegeben
99 5904	Wernigerode	06.11.1988	15.12.1988	13.06.1989	++ 19.01.1991 Raw Görlitz
99 5905	Wernigerode	01.06.1971	26.02.1974	14.11.1975	++ 10.-15.12.1975 Raw Görlitz
99 5906	Wernigerode	?	01.08.1990	31.01.1993	am 01.02.1993 an die HSB abgegeben
99 5911	Gera	03.05.1969	10.12.1969	03.01.1970[36]	am 10.12.1969 an den VEB Meliorationsbaukombinat Karl-Marx-Stadt, BT Oelsnitz (Heizlok), verkauft
99 5912	Gera	23.01.1970	20.08.1970	24.02.1975	++ 12.07.-31.07.1975 Raw Görlitz
99 6001	Wernigerode	-	-	31.01.1993	am 01.02.1993 an die HSB abgegeben
99 6011	Gera	03.06.1961	28.12.1961	16.08.1966	++ 28.02.-25.04.1967 Raw Görlitz

Lok	letztes Bw	abgestellt	z-Stellung	Ausmusterung	Verbleib
99 6012	Wernigerode	29.09.1959	08.08.1963	26.04.1966	++ 20.01.-28.01.1967 Raw Görlitz
99 6101	Wernigerode	-	-	31.01.1993	am 01.02.1993 an die HSB abgegeben
99 6102	Wernigerode	01.02.1987	22.11.1988	08.11.1989	am 01.02.1993 an die HSB abgegeben

Anmerkungen:
1 = Der Kessel wurde verkauft.
2 = Der Kessel wurde an den VEB Zuckerfabrik Walschleben verkauft.
3 = Die Lok wurde erst nach dem Verkauf ausgemustert.
4 = Der Kessel wurde am 31.05.1964 an das Raw Wittenberge abgegeben.
5 = Die Lok wurde erst nach der Ausmusterung z-gestellt.
6 = Die Lok wurde erst nach dem Verkauf ausgemustert.
7 = Die Lok war seit dem 07.08.1958 an den VEB Möbelwerke Halle-Trotha als Werklok vermietet.
8 = Die Lok wurde erst nach dem Verkauf ausgemustert.
9 = Der Kessel wurde an den VEB Volkswerft Stralsund verkauft.
10 = Die Lok wurde am 26.09.1965 zur VES-M Halle (Saale) umgesetzt und sollte als Museumsmaschine erhalten bleiben; wurde aber später durch 89 6009 ersetzt.
11 = Der Kessel wurde an die Firma Röber KG Auerbach (Vogtland) verkauft.
12 = Die Lok wurde erst nach ihrer Umsetzung ausgemustert.
13 = Die Lok wurde erst nach der Ausmusterung z-gestellt.
14 = Der Kessel wurde am 19.07.1958 an den VEB Zementanlagenbau Dessau, Werk Tessin, verkauft.
15 = Die Lok wurde erst nach dem Verkauf ausgemustert.
16 = Die Lok wurde erst nach der Ausmusterung z-gestellt.
17 = Die Lok wurde erst nach der Ausmusterung z-gestellt.
18 = Der Kessel wurde verkauft.
19 = Die Lok wurde erst nach ihrer Verschrottung ausgemustert.
20 = Die Lok wurde erst nach ihrer Verschrottung ausgemustert.
21 = Die Lok wurde erst nach dem Verkauf ausgemustert.
22 = Die Lok wurde erst nach der Ausmusterung z-gestellt.
23 = Die Lok wurde erst nach der Ausmusterung z-gestellt.
24 = Die Lok wurde erst nach der Ausmusterung z-gestellt.
25 = Die Lok wurde erst nach der Ausmusterung z-gestellt.
26 = Die Lok wurde erst nach dem Verkauf ausgemustert.
27 = Die Lok wurde erst nach der Ausmusterung z-gestellt.
28 = Die Lok wurde erst nach der Ausmusterung z-gestellt.
29 = Die Lok wurde erst nach der Ausmusterung z-gestellt.
30 = Der Kessel wurde an den Schlachthof Pasewalk verkauft (++ 29.05.1970 Pasewalk).
31 = Die Lok wurde erst nach der Ausmusterung z-gestellt.
32 = Der Kessel wurde am 01.11.1967 an den VEB Ziegelwerke Ketelshagen verkauft.
33 = Die Lok wurde erst nach dem Verkauf ausgemustert.
34 = Die Lok wurde erst nach der Ausmusterung z-gestellt.
35 = Die Lok wurde erst nach der Ausmusterung z-gestellt.
36 = Die Lok wurde erst nach dem Verkauf ausgemustert.

Verbleib der von der Deutschen Reichsbahn 1949 übernommenen Triebwagen

Lok	letztes Bw	abgestellt	z-Stellung	Ausmusterung	Verbleib
VT 133 501	-	-	-	21.04.1958	GR Raw Dessau (09.08.1953-21.04.1958) Umbau zum VT 135 501[II]
VT 133 502	-	-	-	30.04.1958	GR Raw Dessau (09.08.1953-30.04.1958) Umbau zum VT 135 502[II]
VT 133 503	?	?	?	1953	++ 1955
VT 133 504	Blankenburg	29.01.1965	21.09.1965	26.04.1966	++ 04.1966 Kirchmöser
VT 133 505	Hagenow Land	05.10.1967	16.03.1968	1969	++ 1969
VT 133 506	Luckau	12.06.1964	27.09.1965	13.12.1967	++ 02.01.-13.03.1968 Lübben
VT 133 507	Luckau	01.09.1964	27.09.1965	13.12.1967	++ 13.03.1968 Lübben
VT 133 508	-	-	-	-	ab 1952: VT 135 549
VT 133 509	Prenzlau	01.10.1965	10.11.1966	22.05.1968	++ 28.03.1969 (nur Fahrgestell)[1]
VT 133 510	Prenzlau	30.01.1959	1961	13.04.1966	++ 13.05.1966 Raw Wittenberge
VT 133 511	Prenzlau	?	?	19.12.1957	++ ?
VT 133 512	Stralsund	01.03.1963	18.04.1966	05.01.1968	++ 19.08.1968 Raw Wittenberge
VT 133 513	Saßnitz	10.03.1959	1960	13.04.1966	++ 13.05.1966 Raw Wittenberge
VT 133 514	Prenzlau	04.11.1964	09.12.1964	22.05.1968	++ 28.03.1969 (nur Fahrgestell)[2]
VT 133 515	Prenzlau	1958	1965	13.04.1966	++ 13.05.1966 Raw Wittenberge
VT 133 516	Stralsund	27.01.1966	10.12.1966	27.04.1970	++ 19.12.1970 Raw Wittenberge
VT 133 519	?	?	?	?	?
VT 133 521	Barth	?	1959	1960	Wagenkasten 1962 an privat verkauft
VT 133 522	Wernigerode	-	01.01.1981	31.01.1993	ab 01.06.1970: 187 001-3; am 01.02.1993 an die HSB abgegeben[3]
VT 133 523	Straupitz	?	?	1969	++ 1974
VT 133 524	Wittenberge	24.02.1968	25.03.1969	25.10.1970	++ 1970
VT 133 525	Wittenberge	01.06.1969	26.10.1969	01.01.1971	Wagenkasten 1971 an privat verkauft; 1994 an den Verein »Prignitzer Kleinbahnmuseum Lindenberg e.V.« verkauft; später jedoch im Werk Wittenberge versehentlich verschrottet
VT 135 500	Prenzlau	23.08.1965	12.11.1966	04.10.1968	++ 03.12.1968 (Ersatzteilspender; Getriebe für VT 135 540 verwendet)
VT 135 501	-	-	-	-	umgezeichnet in VT 133 513
VT 135 501[II]	Cottbus, Est Luckau	12.11.1968	23.03.1970	02.07.1970	++ 28.08.1970 Raw Wittenberge
VT 135 502	-	-	-	-	umgezeichnet in VT 133 514
VT 135 502[II]	Luckau	08.09.1964	10.11.1966	09.10.1965	++ 06.07.1967 Raw Wittenberge
VT 135 503	Prenzlau	31.08.1963	19.04.1966	22.05.1968	++ 09.10.1968 Raw Dessau
VT 135 509	-	-	-	-	umgezeichnet in VT 133 509

Verbleib der von der Deutschen Reichsbahn 1949 übernommenen Triebwagen

Lok	letztes Bw	abgestellt	z-Stellung	Ausmusterung	Verbleib
VT 135 510	-	-	-	-	umgezeichnet in VT 133 510
VT 135 511	?	?	?	1955	+ ?
VT 135 512	Stralsund	22.08.1967	02.03.1968	05.01.1970	++ 28.10.1970 Raw Wittenberge
VT 135 513	-	-	-	-	umgezeichnet in VT 133 512
VT 135 514	Aschersleben	04.01.1963	20.02.1964	15.04.1967	++ 01.09.1967 Bw Aschersleben
VT 135 515	?	?	?	1955	+ ?
VT 135 516	Wittenberge	06.02.1965	1966	30.05.1967	++ 1967 Raw Wittenberge
VT 135 517	Nordhausen	02.06.1967	26.01.1970	16.11.1970	++ 07.08.1970-29.09.1972 Nordhausen
VT 135 518	Nordhausen	?	1969	1970	++ ?
VT 135 519	Nordhausen	03.11.1967	26.01.1970	16.11.1970	++ 07.08.1970-30.03.1972 Nordhausen
VT 135 520	Stralsund	21.10.1970	21.10.1970	25.03.1973	ab 01.06.1970: 186 014-7; ++ 21.05.1973 Raw Wittenberge
VT 135 521	Falkenberg	31.07.1968	06.02.1970	30.04.1973	++ 25.05.-05.06.1973 Raw Wittenberge
VT 135 522	Aschersleben	?	?	1971	ab 01.06.1970: 186 016-2; ++ ?
VT 135 523	Stendal	?	?	1971	ab 01.06.1970: 186 017-0: ++ ?
VT 135 524	Salzwedel	?	1973	06.11.1974	ab 01.06.1970: 186 018-8; ++ ?
VT 135 525	Stendal	29.07.1970	01.05.1972	06.11.1974	ab 01.06.1970: 186 019-6; ++ ?
VT 135 526	?	?	?	?	1956 Umbau zum VB 140 525
VT 135 527	Hagenow Land	10.06.1963	1963	05.03.1964	++ 1964
VT 135 528	Wittenberge	22.07.1965	31.03.1966	22.05.1968	++ 1968 Raw Wittenberge
VT 135 529	Wittenberge	12.1965	31.03.1966	30.05.1967	1967 Umbau zum VB 140 802
VT 135 530	Leipzig-Wahren	20.06.1969	01.06.1969	05.10.1970	++ 15.02.1971 Raw Wittenberge
VT 135 531	Leipzig-Wahren	20.06.1969	05.10.1970	1971	++ 05.06.1973
VT 135 532	Aschersleben	14.04.1966	14.03.1968	01.11.1970	++ 1970 Raw Wittenberge
VT 135 533	Falkenberg	29.10.1967	20.06.1969	1971	++ 19.03.1971
VT 135 534	Salzwedel	25.03.1975	10.04.1975	13.02.1976	++ 25.10.1976 Raw Wittenberge
VT 135 535	?	?	08.07.1971	07.11.1972	++ 07.11.1973 Bw Leipzig Hbf Süd
VT 135 536	Stendal	01.10.1969	01.09.1970	01.09.1972	++ 1973
VT 135 537	Stendal	01.10.1969	1969	1970	++ 1972
VT 135 538	Jerichow	19.03.1969	14.07.1969	1970	++ ?
VT 135 539	Salzwedel	30.05.1975	05.04.1976	15.07.1976	ab 01.06.1970: 186 028-7; ++ 20.07.1977 Raw Wittenberge
VT 135 540	Cottbus	17.08.1972	05.08.1974	1974	ab 01.06.1970: 186 029-5; später als Gerät im Bw Cottbus genutzt; später an Triebwagen-Museum Dessau
VT 135 541	Salzwedel	22.07.1975	10.09.1975	13.04.1976	++ 26.09.1977 Raw Wittenberge
VT 135 542	-	-	-	-	umgezeichnet in VT 133 515

Lok	letztes Bw	abgestellt	z-Stellung	Ausmusterung	Verbleib
VT 135 543	Blankenburg	?	1969	1971	++ 1971 Aschersleben
VT 135 544	Salzwedel	?	1970	1971	ab 01.06.1970: 186 032-9; ++ 16.10.1972
VT 135 545	-	-	-	-	umgezeichnet in VT 133 516
VT 135 546	Güsten	06.09.1971	1971	1972	ab 01.06.1970: 186 033-7; ++ ?
VT 135 547	Aschersleben	?	?	1972	ab 01.06.1970: 186 034-5; ++ ?
VT 135 548	Wittenberge	10.12.1963	01.06.1964	05.07.1964	++ 1964
VT 135 549	Aschersleben	20.05.1969	12.08.1969	1971	++ 1971 Raw Wittenberge
VT 135 550	Stralsund	22.09.1969	15.01.1971	23.03.1973	++ 21.05.1973 Raw Wittenberge
VT 135 551	?	?	?	1968	++ ?
VT 135 552	Haldensleben	1955	1956	08.07.1965	++ 1965 Raw Dessau
VT 135 553	Templin	16.07.1967	29.10.1968	05.10.1970	++ 17.08.1971 Raw Wittenberge
VT 137 511	Neuruppin	14.06.1955	1956	02.06.1962	++ ?
VT 137 512	Neuruppin	?	?	02.06.1962	++ 1962 Raw Wittenberge
VT 137 513	Neubranden-burg	10.1958	1959	15.04.1967	++ 31.08.1967 Raw Wittenberge
VT 137 514	Salzwedel	04.03.1961	04.01.1963	15.04.1967	++ 1967 Raw Wittenberge
VT 137 515	?	?	03.01.1952	?	am 30.11.1957 Umbau zum VB 147 082
VT 137 516	Salzwedel	01.10.1964	04.10.1964	24.10.1968	++ 1969
VT 137 517	?	?	?	?	1958 Umbau zum VB 147 083
VT 137 518	Salzwedel	21.03.1960	1961	19.05.1965	++ 1965 Raw Dessau
VT 137 519	Salzwedel	17.06.1965	31.10.1965	22.05.1968	++ 25.10.1968 Raw Wittenberge
VT 137 520	Stendal	1958	1958	30.07.1965	++ 1965 Raw Dessau
VT 137 521	Neubranden-burg	12.1960	1965	15.04.1967	++ 31.08.1967 Raw Wittenberge
VT 137 522	-	-	-	-	umgezeichnet in VT 135 544
VT 137 523	Luckau	08.11.1966	21.07.1968	12.11.1970	++ 28.05.1971 Luckau
VT 137 524	?	?	1955	12.04.1967	++ 1967 Raw Dessau
VT 137 525	Neuruppin	03.1961	1963	30.05.1967	++ 31.08.1967 Raw Wittenberge
VT 137 526	Frankfurt (O) Pbf	03.08.1963	01.12.1963	03.10.1968	++ 1968 Raw Dessau
VT 137 527	Schwerin	14.09.1966	01.07.1970	1971[4]	am 04.07.1952 Umbau zum Dienst-VT der Rbd Schwerin; ab 01.06.1970: 185 256-5
VT 137 528	Stendal	19.12.1964	1966	28.07.1966	++ 1966 Raw Stendal
VT 137 531	Barth	?	?	?	am 11.06.1952 Umbau zum VB 147 562
VT 137 532	Stralsund	31.12.1971	28.12.1972	30.08.1974	ab 01.06.1970: 187 101-1; am 21.03.1975 über die Intrag GmbH an den Deutschen Eisen-bahn-Verein e.V. (Bruchhausen-Vilsen) verkauft
VT 137 551	Jerichow	20.11.1964	1965	1969	++ 1969 Raw Wittenberge
VT 137 552	Stendal	1958	1959	18.07.1965	++ ?
VT 137 553	Stendal	31.01.1966	1966	1967	++ 1969

Lok	letztes Bw	abgestellt	z-Stellung	Ausmusterung	Verbleib
VT 137 554	Brandenburg	16.10.1969	24.10.1969	1969	++ ?
VT 137 555 a/b	Templin	20.10.1963	10.11.1966	06.06.1968	++ 24.07.1968 Raw Wittenberge
VT 137 556	Brandenburg	22.04.1966	14.03.1968	21.10.1968	++ 1968 Raw Wittenberge
VT 137 557	Brandenburg	28.01.1965	1966	04.10.1968	++ 1968 Raw Wittenberge
VT 137 558	Brandenburg	05.12.1966	14.03.1968	24.10.1968	++ ?
VT 137 559	Templin	08.12.1960	26.12.1960	1967	++ ?
VT 137 560	Stendal	07.07.1969	01.09.1970	1972	ab 01.06.1970: 185 024-7; ++ 25.05.1972 Raw Wittenberge
VT 137 561	Straupitz	05.10.1963	04.12.1963	14.08.1969	++ 02.10.1969 Raw Wittenberge
VT 137 562	Barth	08.11.1968	07.04.1969	05.10.1970	++ 26.03.1971 Barth
VT 137 563	Stralsund	15.01.1971	21.01.1971	18.06.1975	ab 01.06.1970: 187 103-7; ++ 1975
VT 137 564	Barth	?	?	?	31.12.1951 Umbau zum VB 147 561
VT 137 565	Wernigerode	28.11.1962	25.09.1967	24.11.1967	++ 14.05.1968 Raw Wittenberge
VT 137 566	Wernigerode	1975	1978	31.01.1993	ab 01.06.1970: 185 025-4; ab 01.01.1973: 187 025-2; am 01.02.1993 an die HSB abgegeben[5]
VT 137 571	Aschersleben	04.08.1964	01.1965	22.05.1968	++ ?

Anmerkungen:

1 = Der Wagenkasten wurde an die Verwaltung Anlagen (Unterkunftsraum für Bf Prenzlau) abgegeben.

2 = Der Wagenkasten wurde an die Verwaltung Anlagen (Unterkunftsraum für Bf Prenzlau) abgegeben.

3 = Umbau zum Gerätewagen für den Lokbf Gernrode (24.08.-31.12.1959); ab 01.01.1983 »Historisches Fahrzeug« der DR; ab 11.01.1990 für Sonderfahrten genutzt

4 = Der Wagenkasten wurde an die Verwaltung Anlagen (Unterkunftsraum für Bf Güstrow) abgegeben und 1997 an den Verein »HeiNa Ganzlin e.V.« in Röbel verkauft.

5 = ab 19.09.1968 Gerätewagen für die Bm Wernigerode Westerntor; ab 01.01.1983 »Historisches Fahrzeug« der DR

Die Ost- und Westprignitzer Kreiskleinbahnen (OWPK) stellten im Frühjahr 1939 zwei Wismarer Schienenbusse in Dienst. VT 133 525, der ehemalige T 2 der OWPK, stand am 24. April 1968 in Pritzwalk. *Foto: H. Weber, Slg. D. Endisch*

Verbleib der von der Deutschen Reichsbahn 1949 übernommenen Bei- und Steuerwagen

Fahrzeug	letztes Bw	abgestellt	z-Stellung	Ausmusterung	Verbleib
VB 140 251II	Salzwedel	1975	05.04.1975	1976	ab 01.06.1970: 190 816-9; ab 1976 als Gerät im Bw Salzwedel genutzt
VB 140 253II	Salzwedel	1977	17.11.1981	08.10.1981	ab 01.06.1970: 190 817-7; ++ 30.03.1982
VB 140 501	?	?	?	?	1956 Umbau zum Personenwagen (Nr. 344-229)
VB 140 502	?	?	?	?	Umbau zum Bauzugwagen
VB 140 503	Haldensleben	26.01.1961	1962	13.07.1963	++ ?
VB 140 504	Halberstadt	1973	25.06.1975	1976	ab 01.06.1970: 190 830-0; ++ ?
VB 140 505	Stendal	15.09.1970	1971	1974	ab 01.06.1970: 190 831-8; ++ 1974 Bw Blankenburg
VB 140 506	Jerichow	06.05.1978	01.08.1983	30.11.1984	ab 01.06.1970: 190 832-6; als Lager für den K-Zug im Bw Jerichow genutzt; ++ ?
VB 140 507	Leipzig-Wahren	01.11.1968	09.12.1968	1969	++ 19.09.1969
VB 140 508	Stendal	27.08.1976	30.09.1982	30.11.1984	ab 01.06.1970: 190 833-4; am 01.01.1985 an den Deutschen Modelleisenbahn-Verband der DDR, AG 7/64 Salzwedel, abgegeben; 1990 an Verein »Kleinbahn- und Draisinenfreunde Salzwedel e.V.«; 1995 an Brandenburgisches Museum für Klein- und Privatbahnen in Gramzow
VB 140 509	Stendal	11.05.1975	09.1975	1975	ab 01.06.1970: 190 834-2; ++ 23.12.1975 Raw Berlin-Schönweide
VB 140 510	Salzwedel	01.02.1981	01.08.1981	03.08.1981	ab 01.06.1970: 190 835-9; 1982 als Gerät (Klein-Rheosat) zum Bw Oebisfelde umgesetzt; später an Triebwagen-Museum Dessau
VB 140 511	Wittenberge	11.1976	03.01.1978	04.01.1978	ab 01.06.1970: 190 836-7; ab 1978 als Gerät (Prüfwagen) im Bw Wittenberge genutzt; ++ ?
VB 140 512	?	?	?	?	1958 Umbau zum Dienstwagen der Fahrleistungsmeisterei Halle (Saale)
VB 140 513	Wittenberge	21.05.1977	12.1977	04.01.1978	ab 01.06.1970: 190 837-5; ab 1978 als Gerät (Schulungsraum) im Bw Wittenberge genutzt; ++ ?
VB 140 514	Wittenberge	23.02.1976	01.05.1976	07.07.1976	ab 01.06.1970: 190 838-3; ++ 13.08.1976 Raw Berlin-Schöneweide
VB 140 515	Hagenow Land	01.02.1968	06.02.1968	03.10.1968	++ 05.12.1968 Raw Dessau
VB 140 516	Templin	16.03.1967	1967	21.10.1968	++ 10.1970
VB 140 517	Jerichow	27.08.1977	1980	1987	ab 01.06.1970: 190 839-1; 1987 als Gerät (Klein-Rheosat) zum Bw Salzwedel umgesetzt; später an Prignitzer Eisenbahn GmbH; heute Leihgabe an »Eisenbahnfreunde Wismar e.V.«
VB 140 518	Halberstadt	?	11.11.1974	01.03.1975	ab 01.06.1970: 190 840-1; 01.03.1975 Umbau zum 279 202-6
VB 140 519	Jerichow	19.03.1969	20.05.1969	1970	++ ?
VB 140 520	?	?	?	1953	++ ?
VB 140 521	Wittenberge	13.09.1969	30.10.1970	1970	ab 01.06.1970: 190 842-5; ++ ?

Fahrzeug	letztes Bw	abgestellt	z-Stellung	Ausmusterung	Verbleib
VB 140 522	Salzwedel	07.11.1975	07.11.1975	05.1976	ab 01.06.1970: 190 843-3; ++ 25.05.1976 Raw Berlin-Schönweide
VB 140 523	Wittenberge	19.09.1964	08.08.1965	10.03.1966	++ 1966
VB 140 524	Wittenberge	21.03.1972	04.05.1972	18.04.1973	ab 01.06.1970: 190 844-1; ++ 05.1973 Raw Berlin-Schönweide
VB 140 525	Stralsund	30.03.1967	1969	12.11.1970	++ 09.1974 Stralsund
VB 140 526	Stendal	24.03.1977	01.08.1983	17.08.1984	ab 01.06.1970: 190 846-6; ++ 08.1991 Ferchland
VB 140 527	Stendal	20.08.1964	1964	15.04.1967	++ 1967 Raw Berlin-Schönweide
VS 144 500	Stendal	?	?	31.07.1963	am 31.07.1963 Umbau zum VB 140 527
VS 144 501	Aschersleben	?	?	04.01.1963	am 04.01.1963 Umbau zum VB 140 526
VS 144 502	Halberstadt	?	?	26.02.1951	am 26.02.1951 Umbau zum VB 140 515
VS 145 501	Brandenburg	?	?	31.07.1963	am 31.07.1963 Umbau zum VB 147 511
VS 145 502	Haldensleben	?	?	30.06.1962	am 30.06.1962 Umbau zum VB 147 512
VS 145 503	Stendal	?	?	09.02.1970	ab 01.06.1970: 195 630-9; am 09.02.1971 Umbau zum 197 847-7
VS 145 504	Jerichow	?	?	22.12.1972	ab 01.06.1970: 195 631-7; am 22.12.1972 Umbau zum 197 851-9
VB 147 082	Salzwedel	18.02.1964	1964	11.09.1964	++ ?
VB 147 083	Leipzig-Wahren	01.07.1971	08.07.1971	1973	ab 01.06.1970: 197 823-8; ++ 03.09.1974 Raw Berlin-Schöneweide
VB 147 501	?	?	?	1963	++ ?
VB 147 502	Wittenberge	08.03.1966	23.05.1966	16.08.1966	++ 27.09.1966 Raw Berlin-Schöneweide
VB 147 503	Neustrelitz	1974	01.06.1975	1975	ab 01.06.1970: 197 830-3; ++ 30.10.1975 Neustrelitz
VB 147 504	Bitterfeld	21.08.1961	1965	23.12.1966	++ 01.04.1967 Raw Dessau
VB 147 505	?	?	?	1968	++ ?
VB 147 510	Altenburg	?	1975	01.04.1976	1976 als Gerät zum Bw Leipzig-Engelsdorf umgesetzt; ++ 1992
VB 147 511	Halberstadt	01.08.1972	31.01.1973	1974	ab 01.06.1970: 197 832-9; ++ 1974
VB 147 512	Jerichow	07.07.1979	01.10.1982	30.11.1984	ab 01.06.1970: 197 833-7; am 01.01.1985 an den Deutschen Modelleisenbahn-Verband der DDR, AG 7/64 Salzwedel, abgegeben; 1990 an Verein »Kleinbahn- und Draisinenfreunde Salzwedel e.V.«; 2012 an »Historischer Lokschuppen Wittenberge«
197 847-7	Stendal	?	30.09.1974	1974	++ ?
197 851-9[1]	Jerichow	01.04.1976	01.10.1982	17.08.1984	++ 20.06.1990

Anmerkung:

1 = falsche Betriebs-Nr. »157 851« angeschrieben

Verbleib der von der Deutschen Reichsbahn 1949 übernommenen Diesellokomotiven

Lok	letztes Bw	abgestellt	z-Stellung	Ausmusterung	Verbleib
Kö 0292	KBw Cottbus	-	-	20.10.1961	am 20.10.1961 Umbau in Kö 4012II
Kö 0293	KBw Rostock	-	-	31.10.1961	am 31.10.1961 Umbau in Kö 4013II
Kö 0294	Berlin Anhalter Bf	?	?	1951	++ ?
Kö 0295	Berlin Anhalter Bf	?	?	1951	++ ?
Kö 0296	?	-	-	28.02.1961	am 28.02.1961 Umbau in Kö 4014II
Kö 0297	Angermünde	-	-	08.07.1961	am 08.07.1961 Umbau in Kö 4015II
Kö 0298	?	?	?	?	++ ?
Kö 0299	Erfurt	-	-	19.12.1961	am 19.12.1961 Umbau in Kö 4016II
Kö 0300	Sangerhausen	-	-	30.11.1961	am 30.12.1961 Umbau in Kö 4017II
Kö 0301	Sangerhausen	?	?	1960	++ ?
Kö 0302	?	?	?	?	++ ?
Kö 0303	Leipzig-Wahren	-	-	05.03.1962	am 05.03.1962 Umbau in Kö 4028II
Kö 0304	Luckau	-	-	31.12.1968	am 31.12.1968 verkauft
Kö 5710	Cottbus	27.03.1992	30.04.1994	21.02.1996	ab 01.06.1970: 100 910-9; ab 01.01.1992: 310 910-5
Köf 5711	Leipzig Hbf Süd	?	01.10.1998	10.10.1998	ab 01.06.1970: 100 911-7; ab 01.01.1992: 310 911-3
Köf 5712	Erfurt	?	30.10.1995	30.11.1995	ab 01.06.1970: 100 912-5; ab 01.01.1992: 310 912-1; Umbau auf Rädergetriebe am 17.08.1972; am 30.11.1995 an die Historische Eisenbahn Frankfurt e.V. verkauft
Kö 5713	Naumburg	-	-	-	1953 umgezeichnet in V 16 043
Köf 5714	Chemnitz	05.06.1992	?	06.08.1993	ab 01.06.1970: 100 914-1; ab 01.01.1992: 310 914-7; Umbau auf Rädergetriebe am 30.12.1960; am 06.08.1993 an den Verein »Münchberger Eisenbahnfreunde e.V.« verkauft
Köf 5715	Rostock	12.01.1970	18.11.1970	1971	ab 01.06.1970: 100 915-9; Umbau auf Räderge-triebe am 31.10.1967; + 1971 Raw Halle (Saale)
Köf 5716	?	?	?	?	++ ?
Köf 5717	?	?	?	?	++ ?
Kb 5718	Berlin-Pankow	?	26.10.1996	10.06.1998	ab 01.06.1970: 100 918-2; ab 01.01.1992: 310 918-8
Kb 5719	Wustermark	?	?	1955	1955 als Werklok zum Raw Wittenberge (805-80-3) umgesetzt
Köf 5720	Güsten	-	-	-	ab 01.06.1970: 100 920-8; ab 10.06.1972 als Werklok zum Raw Quedlinburg (WL 1) umge-setzt; ++ 1988
Kö 5721	?	-	-	-	umgezeichnet in Kö 0304
Kö 5722	?	-	-	17.02.1965	an 17.02.1965 als Werklok zum Raw Wittenber-ge (805-80-2) umgesetzt
Köf 5723	Berlin-Grunewald	08.07.1971	22.11.1971	02.08.1972	ab 01.06.1970: 100 923-2; ++ 01.07.1973
Kö 5724	Leipzig Hbf Süd	22.03.1996	26.04.1996	30.11.1996	ab 01.06.1970: 100 924-0; ab 01.01.1992: 310 924-6
Kö 5725	Jüterbog	17.04.1970	05.01.1971	12.11.1970	ab 01.06.1970: 100 925-7; ++ 01.1971 Raw Halle (Saale)
Kb 5726	Weißenfels	17.12.1991	30.04.1994	11.12.1995	ab 01.06.1970: 100 926-5; ab 01.01.1992: 310 926-1; ++ 17.06.1997 Naumburg

Lok	letztes Bw	abgestellt	z-Stellung	Ausmusterung	Verbleib
Kbf 5727	Berlin-Pankow	?	16.06.1994	21.02.1996	ab 01.06.1970: 100 927-3; ab 01.01.1992: 310 927-9; am 21.02.1996 an den Verein »HeiNa Ganzlin e.V.« in Röbel verkauft
Kö 5728	Berlin-Pankow	-	-	31.12.1973	ab 01.06.1970: 100 928-1; am 31.12.1973 als Werklok zum Raw Halle (WL 7) umgesetzt
Kö 5729	Frankfurt (O)	01.04.1993	30.04.1993	19.10.1993	ab 01.06.1970: 100 929-9; ab 01.01.1992: 310 929-5; am 19.10.1993 an den Verein »HeiNa Ganzlin e.V.« in Röbel verkauft
Kö 5730	Frankfurt (O)	01.02.1993	11.03.1993	11.03.1993	ab 01.06.1970: 100 930-7; ab 01.01.1992: 310 930-3; am 19.10.1993 an Royal Gaststätten GmbH (Aalen) verkauft
Kö 5731	Güsten	-	-	11.04.1979	ab 01.06.1970: 100 931-4; am 11.04.1979 an den VEB Minol Magdeburg (WL 3) verkauft
Kö 5732	Berlin-Karlshorst	-	-	-	umgezeichnet in V 15 002
Kö 5733	Berlin-Grunewald	13.07.1971	22.11.1971	02.08.1972	ab 01.06.1970: 100 933-1; ++ 02.07.1973 Raw Halle (Saale)
Köf 5734	Berlin-Pankow	14.09.1993	22.10.1993	15.11.1994	ab 01.06.1970: 100 934-9; ab 01.01.1992: 310 934-5
Kö 5735	Berlin-Pankow	?	30.10.1998	30.10.1998	ab 01.06.1970: 100 935-6; ab 01.01.1992: 310 935-2
Kö 5736	Magdeburg	-	-	1980	ab 01.06.1970: 100 936-4; 1980 an den VEB Kohlehandel Halle (Saale) verkauft
Köf 5737	Leipzig-Wahren	13.04.1992	13.04.1992	23.04.1992	ab 01.06.1970: 100 937-2; ab 01.01.1992: 310 937-8; ++ 1992
Köf 5738	Berlin-Grunewald	04.06.1970	22.11.1971	02.08.1972	ab 01.06.1970: 100 938-0; ++ 03.07.1993 Raw Halle (Saale)
Kö 5739	Frankfurt (O)	23.03.1983	01.03.1984[1]	24.11.1983	ab 01.06.1970: 100 939-8; ++ 02.1984 Raw Halle (Saale)
Kö 5740	?	?	?	?	++ ?
Kö 5741	Leipzig Hbf Süd	?	02.06.1997	10.11.1997	ab 01.06.1970: 100 941-4; ab 01.01.1992: 310 941-0
Kö 5742	Leipzig Hbf Süd	?	02.06.1997	10.11.1997	ab 01.06.1970: 100 942-2; ab 01.01.1992: 310 942-8
Kö 5743	?	-	-	-	1954 als Werklok zum Weichenwerk Zernsdorf umgesetzt
Kö 5744	Nordhausen	?	12.12.1997	15.12.1997	ab 01.06.1970: 100 944-8; ab 01.01.1992: 310 944-4
Kö 5745	Magdeburg	-	-	1972	ab 01.06.1970: 100 945-5; 1972 an den VEB Forstwirtschaft Katzhütte verkauft
Kö 5746	Neubrandenburg	?	?	29.11.1991	ab 01.06.1970: 100 946-3; am 29.11.1991 verkauft
Kö 5747	Seddin	?	08.09.1997	30.10.1997	ab 01.06.1970: 100 947-1; ab 01.01.1992: 310 947-7
Kö 5748	Erfurt	?	11.12.1995	13.12.1995	ab 01.06.1970: 100 948-9; ab 01.01.1992: 310 948-5
Kö 5749	Chemnitz	23.11.1992	30.04.1994	20.06.1995	ab 01.06.1970: 100 949-7; ab 01.01.1992: 310 949-3
Kö 5750	Nordhausen	17.12.1991	?	17.07.1992	ab 01.06.1970: 100 950-5; ab 01.01.1992: 310 950-1; am 17.07.1992 verkauft
Kö 5751	Leipzig Hbf Süd	?	02.06.1997	10.11.1997	ab 01.06.1970: 100 951-3; ab 01.01.1992: 310 951-9
Kö 5752	Schwerin	06.12.992	30.04.1994	29.06.1994	ab 01.06.1970: 100 952-1; ab 01.01.1992: 310 952-7; am 29.06.1994 verkauft

Lok	letztes Bw	abgestellt	z-Stellung	Ausmusterung	Verbleib
Kö 5753	Kamenz	?	11.02.1992	10.11.1992	ab 01.06.1970: 100 953-9; ab 01.01.1992: 310 953-5; die Lok wurde amm10.11.1992 an den Verein »Sächsische Eisenbahnfreunde e.V.« verkauft
V 15 001	Halle P	?	?	01.10.1962	++ 20.04.1967 Raw Dessau
V 15 002	Berlin-Karlshorst	?	?	01.10.1962	++ ?
V 15 040	?	?	?	1966	++ ?
V 16 040	?	-	-	-	1956 umgezeichnet in V 16 071
V 16 043	?	-	-	-	1958 umgezeichnet in V 16 075
V 16 070	Heringsdorf	22.03.1960	02.09.1960	25.09.1963	++ 17.04.1967 Raw Karl-Marx-Stadt
V 16 071	Neuruppin	07.10.1962	01.06.1963	16.05.1966	++ 07.04.1967 Raw Karl-Marx-Stadt
V 16 072	Berlin-Karlshorst	?	11.1962	16.11.1964	am 16.11.1964 als Werklok zum Raw Wittenberge (805-80-6) umgesetzt; + 1967; ++ 1971
V 16 073	Frankfurt (O) Pbf	-	-	1960	1960 als Werklok zum Raw Wittenberge (805-80-4) umgesetzt; + 1964
V 16 074	Sangerhausen	10.06.1963	11.02.1966	23.02.1967	++ 08.09.1967 Sangerhausen
V 16 075	Sangerhausen	?	16.02.1969	04.11.1971	++ 31.05.1972 Sangerhausen
V 20 005	Aschersleben	02.10.1964	1965	18.09.1968	++ 1968 Raw Karl-Marx-Stadt
V 20 006	Leipzig Hbf Süd	09.1962	06.02.1965	20.07.1966	++ 20.04.1967 Raw Karl-Marx-Stadt
V 20 007	Heringsdorf	10.08.1963	19.04.1966	10.08.1967	++ 10.01.1968 Raw Karl-Marx-Stadt
V 20 008	Halle P	31.12.1963	11.02.1966	23.02.1967	++ 19.01.1968 Raw Karl-Marx-Stadt
V 20 045	Aschersleben	05.06.1963	1965	18.09.1968	++ 1968 Raw Karl-Marx-Stadt
V 20 046	Heringsdorf	06.08.1963	19.04.1966	05.06.1967	++ 10.01.1968 Raw Karl-Marx-Stadt
V 20 047	Luckau	02.07.1962	25.09.1963	25.09.1963	++ 1964 Raw Karl-Marx-Stadt
V 27 011	Sangerhausen	26.08.1963	1965	23.01.1968	++ 20.06.1968 Raw Karl-Marx-Stadt
V 36 015	Wismar	11.05.1982	11.05.1982	08.08.1984	ab 01.06.1970: 103 015-4; ++ 01.1984 Hagenow Land
V 36 016	Neuruppin	29.07.1980	25.08.1981	30.12.1982	ab 01.06.1970: 103 016-2; ++ 25.07.1983 Raw Wittenberge
V 36 017	Neuruppin	15.07.1970	01.08.1970	21.02.1975	ab 01.06.1970: 103 017-0; ++ 05.1975 Raw Halle (Saale)
V 36 018	Schwerin	08.03.1966	25.03.1969	1971	++ 15.12.1971 Raw Halle (Saale)
V 36 019	Neuruppin	15.08.1980	25.08.1981	30.12.1982	ab 01.06.1970: 103 019-6; ++ 31.03.-28.12.1983 Raw Wittenberge
V 36 020	Neuruppin	27.12.1962	01.06.1963	16.05.1966	++ 07.04.1967 Raw Karl-Marx-Stadt
V 36 021	Heringsdorf	01.1968	03.02.1970	21.02.1972	++ 1975 Raw Halle (Saale)
V 36 022	Neuruppin	29.09.1981	29.09.1981	08.08.1984	ab 01.06.1970: 103 022-0; ++ 19.10.1985 Raw Wittenberge
V 36 023	Neuruppin	03.01.1969	31.01.1970	17.10.1972	++ 07.1973 Raw Halle (Saale)
V 36 024	Wismar	11.1968	25.03.1969	1971	++ 15.12.1971 Raw Halle (Saale)
V 36 025	Heringsdorf	22.12.1967	03.02.1970	24.06.1974	++ 09.1974 Raw Halle (Saale)

Lok	letztes Bw	abgestellt	z-Stellung	Ausmusterung	Verbleib
V 36 026	Heringsdorf	19.10.1970	02.03.1971	20.12.1972	ab 01.06.1970: 103 026-1; am 20.12.1972 an den VEB Blechpackungswerke Staßfurt (WL 6) verkauft
V 36 027	Schwerin	-	-	-	ab 01.06.1970: 103 027-9; ab 01.01.1983 »Historisches Fahrzeug« der DR
V 36 028	Neuruppin	12.10.1966	31.01.1970	17.10.1972	++ 07.1973 Raw Halle (Saale)
V 36 029	Neuruppin	08.1968	25.03.1969	1971	++ 15.12.1971 Raw Halle (Saale)
V 36 030	Neuruppin	25.07.1970	01.08.1973	21.02.1975	ab 01.06.1970: 103 030-3; ++ 05.1975 Raw Halle (Saale)
V 36 031	Neuruppin	02.1970	01.08.1973	24.06.1974	ab 01.06.1970: 103 031-1; ++ 10.1974 Raw Halle (Saale)
V 36 032	Erfurt P	09.01.1968	26.01.1970	19.11.1970	++ 21.04.-28.04.1971 Raw Halle (Saale)
V 36 033	Wismar	14.11.1980	25.08.1981	30.12.1982	ab 01.06.1970: 103 033-7; ++ 01.06.1983 Wismar
V 36 034	Wismar	13.04.1966	25.03.1969	1970	++ 15.10.1970 Raw Halle (Saale)
V 36 035	?	?	?	1960	++ 1960 Raw Dessau
V 36 036	Dresden-Pieschen	14.06.1950	1952	18.09.1959	++ 1960
V 36 037	?	?	?	1959	++ ?
V 36 050	Sangerhausen	01.10.1962	07.1963	01.07.1966	++ 07.04.1967 Raw Karl-Marx-Stadt
V 36 051	Berlin-Karlshorst	10.10.1955	1960	1960	++ ?
V 36 052	Berlin-Karlshorst	06.08.1956	07.06.1960	14.08.1969	++ 1969 Raw Karl-Marx-Stadt
V 36 053	Berlin-Karlshorst	18.06.1962	12.01.1964	14.08.1969	++ 1969 Raw Karl-Marx-Stadt
V 36 060	Templin	12.07.1961	24.10.1963	15.06.1966	++ 14.12.1966 Raw Karl-Marx-Stadt
V 36 061	Wismar	23.05.1968	31.01.1970	17.10.1972	++ 07.1973 Raw Halle (Saale)
V 36 062	Wismar	20.01.1967	31.01.1970	17.10.1972	++ 07.1973 Raw Halle (Saale)
V 36 063	Güstrow	22.12.1966	31.01.1970	17.10.1972	++ 07.1973 Raw Halle (Saale)
V 36 064	Halle P	08.1961	06.02.1965	10.03.1967	++ 19.01.1968 Raw Karl-Marx-Stadt
V 36 065	Bitterfeld	24.10.1959	06.02.1965	10.03.1967	++ 19.01.1968 Raw Karl-Marx-Stadt
V 36 066	Rostock-Seehafen	15.02.1963	22.04.1963	11.11.1968	++ 31.10.1969 Raw Karl-Marx-Stadt
V 36 067	Nordhausen	10.02.1965	10.03.1965	09.10.1968	++ 09.09.-22.10.1969 Raw Karl-Marx-Stadt
V 36 080	Neuruppin	07.1962	28.10.1963	1963	++ 31.01.1971
V 36 101	Flöha	-	-	-	am 30.12.1957 umgezeichnet in V 36 015
V 36 102	Dresden-Pieschen	-	-	-	am 30.12.1957 umgezeichnet in V 36 061
V 36 103	Dresden-Pieschen	-	-	-	am 30.12.1957 umgezeichnet in V 36 024
V 36 104	?	-	-	-	am 30.12.1957 umgezeichnet in V 36 035
V 36 105	Dresden-Pieschen	-	-	-	am 30.12.1957 umgezeichnet in V 36 019
V 36 106	Dresden-Pieschen	-	-	-	am 30.12.1957 umgezeichnet in V 36 036
V 36 107	Flöha	-	-	-	am 30.12.1957 umgezeichnet in V 36 026
V 36 108	?	-	-	-	am 30.12.1957 umgezeichnet in V 36 037
V 36 109	Berlin-Karlshorst	-	-	-	am 30.12.1957 umgezeichnet in V 36 050
V 36 110	Cottbus	-	-	-	am 30.12.1957 umgezeichnet in V 36 054
V 36 221	Wismar	-	-	-	am 30.12.1957 umgezeichnet in V 36 034
V 36 222	?	-	-	-	am 30.12.1957 umgezeichnet in V 20 006
V 36 226	Heringsdorf	-	-	-	am 30.12.1957 umgezeichnet in V 36 016
V 36 292	Berlin-Karlshorst	-	-	-	am 30.12.1957 umgezeichnet in V 36 017
V 36 294	Rostock	-	-	-	am 30.12.1957 umgezeichnet in V 36 062

Lok	letztes Bw	abgestellt	z-Stellung	Ausmusterung	Verbleib
V 36 295	Halle P	-	-	-	am 30.12.1957 umgezeichnet in V 36 063
V 36 356	Nordhausen	-	-	-	am 30.12.1957 umgezeichnet in V 36 022
V 36 627	Neuruppin	-	-	-	am 30.12.1957 umgezeichnet in V 36 027
V 36 628	Sangerhausen	-	-	-	am 30.12.1957 umgezeichnet in V 36 023
V 36 648	Sangerhausen	-	-	-	am 30.12.1957 umgezeichnet in V 36 067
V 36 649	Rostock	-	-	-	am 30.12.1957 umgezeichnet in V 36 066
V 36 653	Stralsund	-	-	-	am 30.12.1957 umgezeichnet in V 36 060
V 36 695	Berlin-Karlshorst	-	-	-	am 30.12.1957 umgezeichnet in V 36 051
V 36 700	Halle P	-	-	-	am 30.12.1957 umgezeichnet in V 36 064
V 36 701	Halle P	-	-	-	am 30.12.1957 umgezeichnet in V 36 065
V 36 757	Berlin-Karlshorst	-	-	-	am 30.12.1957 umgezeichnet in V 36 052
V 36 985	Neuruppin	-	-	-	am 30.12.1957 umgezeichnet in V 36 018
Anmerkung:					
1 = Die Lok wurde erst nach der Ausmusterung z-gestellt.					

Verbleib der von der Deutschen Reichsbahn 1949 übernommenen Schmalspur-Diesellokomotiven

Lok	letztes Bw	abgestellt	z-Stellung	Ausmusterung	Verbleib
Kb 0401	Krauschwitz	?	?	1952	++ ?
Kb 0402	Krauschwitz	?	?	1952	++ ?
Kö 0403	Krauschwitz	1956	?	1958	1958 Umbau im Raw Dessau für Pioniereisenbahn Cottbus (Lok 02)
Kö 0404	Krauschwitz	?	?	1956	++ ?
Kö 0405	Pasewalk	?	?	30.04.1962	am 30.04.1962 Umbau in Kö 4029II
Kö 0406	Neubran-denburg	?	?	31.05.1962	am 31.05.1962 Umbau in Kö 4030II
Kö 0407	Pasewalk	?	?	31.03.1962	am 31.03.1962 Umbau in Kö 4025II
Kö 0408	Pasewalk	?	?	1959	1959 an den VEB Bauunion Neubrandenburg verkauft
Kö 0409	?	?	?	10.04.1962	am 10.04.1962 Umbau in Kö 4032II
Köf 0601	Stralsund	?	30.05.1994[1]	22.01.1996	ab 01.06.1970: 100 901-8; ab 01.01.1973: 199 001-9; ab 01.01.1992: 399 703-8; am 22.01.1996 an die RüKB abgegeben (Umzeichnung in Köf 6003II)
Kö 0602	Wustermark	?	?	31.07.1962	am 31.07.1962 Umbau in Kö 4018II
Köf 0603	Stralsund	?	25.08.1975	1984	ab 01.06.1970: 100 902-6; ab 01.01.1973: 199 002-7; ++ 06.1985 Putbus (Ersatzteilspender)
Kö 0604	Jüterbog	03.1965	12.07.1965	16.09.1966	am 16.09.1966 an die Ballenstedt Transport KG in Pretzien verkauft; später VEB (K) Sandgruben Pretzin
Anmerkung:					
1 = nach Motorschaden; z ab 31.05.1975; ab 28.06.1976 wieder im Betriebspark; 1985 mit Fahrwerk der Köf 6003 wieder aufgearbeitet					

5. Anhang

Abkürzungsverzeichnis

Bahnverwaltungen und Eisenbahngesellschaften

ADEG	Allgemeine Deutsche Eisenbahn-Betriebs-Gesellschaft AG
ADKG	Allgemeine Deutsche Kleinbahn-Gesellschaft AG; ab 28.06.1923: Allgemeine Deutsche Eisenbahn AG
AGV	Aktiengesellschaft für Verkehrswesen
AIE	Arnstadt-Ichtershausener Eisenbahn
AK	Altlandsberger Kleinbahn AG
ALE	Anhaltische Landeseisenbahngemeinschaft
ALKB	Anklam-Lassaner Kleinbahn
AMK	Altmärkische Kleinbahn-AG; ab 30.07.1943: Altmärkische Eisenbahn-AG
ASN	Kleinbahn AG Aschersleben-Schneidlingen-Nienhagen; ab 22.05.1928: Aschersleben-Schneidlingen-Nienhagener Eisenbahn AG
BBB	AG für Bahnbau und Betrieb
BK	Bunzlauer Kleinbahn AG
BKB	Burgdorfer Kreisbahnen
BLE	Braunschweigische Landes-Eisenbahn
BN	Kleinbahn AG Bunzlau-Neudorf; ab 04.04.1921: Bunzlauer Kleinbahn AG
BR	Buttstädt-Rastenberger Eisenbahn
BSE	Braunschweig-Schöninger Eisenbahn AG
BSHK	Boizenburger Stadt- und Hafenbahn AG
BStE	Brandenburgische Städtebahn AG
BuKB	Buckower Kleinbahn-AG
ČSD	Tschechoslowakische Staatsbahnen
CPO	Kleinbahn Casekow-Penkun-Oder
CV	Centralverwaltung für Secundairbahnen Herrmann Bachstein
DB AG	Deutsche Bahn AG
DEBG	Deutsche Eisenbahn-Betriebs-Gesellschaft
DEGA	Deutschen Eisenbahn-Gesellschaft
DEGV	DEG-Verkehrs-GmbH
DeK	Delitzscher Kleinbahn-AG; ab 14.08.1942: Delitzscher Eisenbahn-AG
DKBO	Demminer Kleinbahnen Ost
DKBW	Demminer Kleinbahnen West
DR	Deutsche Reichsbahn (in der DDR)
DRB	Deutsche Reichsbahn (1937–1945)
DRG	Deutsche Reichsbahn-Gesellschaft (1925–1937)
DRKB	Dessau-Radegast-Köthener Bahn
DS	Kreisbahn Schönermark-Damme
DUE	Dahme-Uckroer Eisenbahn-Gesellschaft
DWE	Dessau-Wörlitzer Eisenbahn-Gesellschaft
EBOE	Elmshorn-Barnstedt-Oldesloer Eisenbahn AG
EFE	Eberswalde-Finowfurter Eisenbahn AG
ELE	Eutin-Lübecker Eisenbahn-Gesellschaft
EOE	Esperstedt-Oldislebener Eisenbahn
FKB	Franzburger Kreisbahnen
FSB	Franzburger Südbahn
FZ	Kleinbahn Freienwalde-Zehden
Gedob	Generaldirektion der Ostbahnen
GeK	ab 05.11.1923: Kleinbahn-AG Genthin-Ziesar; ab 12.11.1930: Kleinbahn-AG Genthin; ab 10.10.1942: Genthiner Eisenbahn AG
GEKE	Greußen-Ebeleben-Keulaer Eisenbahn
GGE	Greifswald-Grimmener Eisenbahn AG
GHE	Gernrode-Harzgeroder Eisenbahn-Gesellschaft
GhKB	Greifenhagener Kreisbahnen
GHWK	Kleinbahn AG Gardelegen-Neuhaldensleben-Weferlingen; ab 03.11.1942: Garde-

legen-Haldensleben-Weferlinger Eisenbahn AG

GJK Greifswald-Jarmener Kleinbahn
GMWE Gera-Meuselwitz-Wuitzer Eisenbahn AG
GöK Görlitzer Kreisbahn AG
GrN Kleinbahn AG Gransee-Neuglobsow
HBE Halberstadt-Blankenburger Eisenbahn-Gesellschaft
HEE Hohenebra-Ebelebener Eisenbahn
HHE Halle-Hettstedter Eisenbahn AG
HSB Harzer Schmalspurbahnen GmbH
IGE Ilmenau-Großbreitenbacher Eisenbahn
ITF Industriebahn Tegel-Friedrichsfelde; ab 01.07.1925: Niederbarnimer Eisenbahn AG
JLKB Jüterbog-Luckenwalder Kreiskleinbahnen
JM Kleinbahn-AG Jauer-Maltsch
KAP Annaburg-Prettiner Kleinbahn-AG; ab 05.03.1943: Prettin-Annaburger Eisenbahn-AG
KBA Kleinbahn-AG Bebitz-Alsleben; ab 08.09.1942: Eisenbahn-AG Bebitz-Alsleben
KBCD Kleinbahn-AG Bismark-Calbe–Beetzendorf; ab 30.10.1908: Kleinbahn-AG Bismark-Gardelegen-Wittingen
KBF Kreisbahn Beeskow-Fürstenwalde
KBGW Kleinbahn-AG Bismark-Gardelegen-Wittingen; ab 21.12.1927: Altmärkische Kleinbahn-AG
KBK Kleinbahn Bergwitz-Kemberg GmbH
KBM Kleinbahn-AG Burxdorf-Mühlberg; ab 14.08.1939: Kleinbahn-AG Neuburxdorf-Mühlberg; 20.10.1942: Eisenbahn-AG Neuburxdorf-Mühlberg
KCC Kleinbahn-AG Crensitz-Crostitz; ab 09.06.1927: DeK
KBS Kleinbahn Bötzow-Spandau
KEN Kleinbahn-AG Erfurt-Nottleben; ab 08.12.1942: Eisenbahn-AG Erfurt-Nottleben
KEZ Kleinbahn-AG Ellrich-Zorge; ab 12.12.1942: Eisenbahn-AG Ellrich-Zorge
KFAL Kleinbahn Friedeberg-Alt Libbehne
KHM Kleinbahn-AG Heudeber-Mattierzoll; ab 25.06.1943: Eisenbahn-AG Heudeber-Mattierzoll
KGG Kleinbahn-AG Gostyn-Gostkowo
KGN Kleinbahn AG Gardelegen-Neuhaldensleben; ab 19.08.1922: Kleinbahn AG Gardelegen-Neuhaldensleben-Weferlingen
KGS Kleinbahn-AG Grünberg-Sprottau
KGV Kleinbahn-AG Guttentag-Vossowska
KGW Kleinbahn GmbH Goldbeck-Werben
KGrW Kleinbahn Greifswald-Wolgast
KJ I Kleinbahnen des Kreises Jerichow I
KKP Kleinbahn Klockow-Pasewalk GmbH
KKR Kleinbahn-AK Könnern-Rothenburg; ab 09.07.1943: Eisenbahn-AG Könnern-Rothenburg
KLG Lissa-Guhrau-Steinauer Kleinbahn
KIKR Kleinbahn AG Kohlfurt-Rothwasser
KMB Marienborn-Beendorfer Kleinbahn-Gesellschaft
KMD Kleinbahn Müncheberg-Dahmsdorf; ab 01.01.1941: Oderbruchbahn AG
KMT Königs Wusterhausen-Mittenwalde-Töpchiner Kleinbahn AG
KN Kleinbahn Kassel-Naumburg AG
KNB Kleinbahn Neuhaus-Brahlstorf GmbH
KNW Kleinbahn AG Neuhaldensleben-Weferlingen; ab 19.08.1922: Kleinbahn AG Gardelegen-Neuhaldensleben-Weferlingen
KNWE Kremmen-Neuruppin-Wittstocker Eisenbahn AG; ab 15.03.1913: Ruppiner Eisenbahn AG
KNV Kleinbahn Nauen-Velten
KoK Kostener Kreisbahnen
KOP Kleinbahn AG Osterburg-Deutsch Pretzier; ab 19.02.1943: Eisenbahn-AG Osterburg-Deutsch Pretzier
KRF Kleinbahn-AG Rennsteig-Frauenwald; ab 05.03.1943: Eisenbahn-AG Rennsteig-Frauenwald
KSA Kleinbahn-AG Stendal-Arendsee; ab 22.03.1915: Stendaler Kleinbahn-AG

KSAb Kleinbahn-AG Stendal-Arneburg; ab 01.04.1923: Stendaler Kleinbahn-AG
KSM Kleinbahn-AG Schildau-Mockrehna; ab 17.12.1942: Eisenbahn-AG Schildau-Mockrehna
KSS Schleizer Kleinbahn AG
KWC Kleinbahn Wegenstedt-Calvörde
KWoC Kleinbahn-AG Wolmirstedt-Colbitz; ab 15.01.1943: Eisenbahn-AG Wolmirstedt-Colbitz
KWW Kleinbahn-AG Wallwitz-Wettin; ab 28.01.1943: Eisenbahn-AG Wallwitz-Wettin
KyK Kyffhäuser Kleinbahn-AG; ab 20.08.1943: Kyffhäuser Eisenbahn-AG
KZG Kleinbahn-AG Ziesar-Genthin; ab 05.11.1923: Kleinbahn-AG Genthin-Ziesar
LaK Langensalzaer Kleinbahn-AG; ab 14.09.1943: Langensalzaer Eisenbahn-AG
LAG Lokalbahn-AG München
LBE Lübeck-Büchener Eisenbahn-Gesellschaft
LCK Lübben-Cottbuser Kreisbahnen; ab 18.08.1923: Spreewaldbahn-AG
LG Lehniner Kleinbahn AG
LJK Luckenwalde-Jüterboger Kleinbahn
LLR Löwenberg-Lindow-Rheinsberger Eisenbahn-AG; ab 21.10.1920: Ruppiner Eisenbahn AG
LRE Liegnitz-Rawitscher Eisenbahn AG
LVA Landesverkehrsamt (der Provinz Brandenburg)
MaKB Marburger Kreisbahn
MBB Mecklenburgische Bäderbahn AG
MEE Mühlhausen-Ebelebener Eisenbahn AG
MFFE Mecklenburgische Friedrich-Franz-Eisenbahnen
MFWE Mecklenburgische Friedrich-Wilhelm-Eisenbahn-Gesellschaft
MHE Meppen-Haselünner Eisenbahn
MPSB Mecklenburg-Pommersche Schmalspurbahn
NbEB Niederbarnimer Eisenbahn AG
NFE Neubrandenburg-Friedländer Eisenbahn AG
NGE Nauendorf-Gerlebogker Eisenbahn AG
NGoE Neustadt-Gogoliner Eisenbahn AG
NhE Neuhaldenslebener Eisenbahn AG; ab 28.06.1940: Haldenslebener Eisenbahn AG
NKB Naugarder Kleinbahnen
NLE Niederlausitzer Eisenbahn AG
NME Neukölln-Mittenwalder Eisenbahn-AG
NWE Nordhausen-Wernigeroder Eisenbahn-Gesellschaft
ObrB Oderbruchbahn AG
ObG Oberweißbacher Bergbahn GmbH
OeK Obereichsfelder Kleinbahn-AG; ab 22.09.1942: Obereichsfelder Eisenbahn-AG
OHKB Aktiengesellschaft Osthavelländische Kreisbahnen
OKB Ohlauer Kleinbahn-AG
OPK Ostprignitzer Kreiskleinbahnen; ab 15.01.1941: Ost- und Westprignitzer Kreiskleinbahnen
OSE Oschersleben-Schöninger Eisenbahn AG
OWE Osterwieck-Wasserlebener Eisenbahn AG
OWPK Ost- und Westprignitzer Kreiskleinbahnen
PE Prignitzer Eisenbahn-Gesellschaft
PK Prenzlauer Kreisbahnen
PKB Pyritzer Kleinbahnen
PKP Polnische Staatsbahnen (Polskie Koleje Panstwowe)
PLB Pommersche Landesbahnen
RaKB Randower Kleinbahnen
RE Kremmen-Neuruppin-Wittstocker Eisenbahn AG; ab 15.03.1913: Ruppiner Eisenbahn AG
RGB Riesengebirgsbahn GmbH
RK Rosenberger Kreisbahn AG
RLGE Reinickendorf-Liebenwalde-Groß Schönebecker Eisenbahn AG; ab 14.11.1925: Niederbarnimer Eisenbahn AG
RME Rixdorf-Mittenwalder Eisenbahn-AG; ab

	04.10.1919: Neukölln-Mittenwalder Eisenbahn-AG
RSN	Kreisbahn Rathenow-Senzke-Nauen
RüKB	Rügensche Kleinbahnen AG; ab 1995: Rügensche Kleinbahn GmbH & Co.
SaK	Salzwedeler Kleinbahnen GmbH
SEG	Süddeutsche Eisenbahn-Gesellschaft
SHE	Südharz-Eisenbahn
SKB	Saatziger Kleinbahn-AG
Sp	Spreewaldbahn-AG
SpS	Spremberger Stadtbahn
StHE	Strausberg-Herzfelder Kleinbahn AG
STE	Eisenbahn-AG Stralsund-Tribsees
StK	Stendaler Kleinbahn-AG; ab 25.11.1942: Stendaler Eisenbahn-AG
StTEG	Stendal-Tangermünder Eisenbahn-Gesellschaft
TE	Teltower Eisenbahn AG
Theag	Thüringische Eisenbahn AG
TrB	Trusebahn AG
VKA	Vereinigte Kleinbahnen AG
WBBE	Weimar-Berka-Blankenhainer Eisenbahn
WHKB	Westhavelländische Kreisbahnen
WEM	Waldeisenbahn Muskau
WGE	Weimar-Großrudestedter Eisenbahn
WHKB	Westhavelländische Kreisbahnen
WLE	Westfälische Landes-Eisenbahn
WOeE	Wenigentaft-Oechsener Eisenbahn GmbH
WPK	Westprignitzer Kreiskleinbahnen; ab 15.01.1941: Ost- und Westprignitzer Kreiskleinbahnen
WRE	Wutha-Ruhlaer Eisenbahn
WRP	Kleinbahn AG Horka-Rothenburg-Priebus; 1939–1945: Kleinbahn AG Wehrkirch-Rothenburg-Priebus
ZKB	Zschornewitzer Kleinbahn GmbH
ZtE	Ziederthal-Eisenbahn-Gesellschaft

Lokomotivfabriken

AEG	Allgemeine Elektrizitäts-Gesellschaft Berlin; Abteilung Lokomotivbau Hennigsdorf-Osthavelland
Ardelt	Ardelt-Werke GmbH, Eberswalde
BMAG	Berliner Maschinenbau-AG, vormals Louis Schwartzkopff
Borsig	August Borsig Lokomotiv-Werke (ab 1926: GmbH), Berlin-Tegel; ab 1931: Borsig Lokomotiv-Werke GmbH, Hennigsdorf-Osthavelland
Breslau	Maschinen- und Lokomotivfabrik G. H. v. Ruffer; ab 1897: Breslauer AG für Eisenbahnwagenbau und Maschinenbauanstalt; ab 1912: Linke-Hofmann-Werke, Breslauer Aktiengesellschaft für Eisenbahnwagen-, Lokomotiv- und Maschinenbau; ab 1917: Linke-Hofmann-Werke AG; ab 1923: Linke-Hofmann-Lauchhammer AG; ab 1926: Linke-Hofmann-Werke AG
Deutz	Gasmotoren-Fabrik Deutz AG; ab 1930: Humboldt-Deutzmotoren AG; ab 1938: Klöckner-Humboldt-Deutz AG
Dessau	Dessauer Waggonfabrik AG
Düwag	Waggonfabrik Uerdingen – Düsseldorfer Waggonfabrik AG
DWK	Deutsche Werke Kiel AG
Esslingen	Maschinenfabrik Esslingen, Esslingen am Neckar
Freudenstein	Stahlwerke Freudenstein & Co, Berlin
Gmeinder	Gmeinder & CO. GmbH, Mosbach in Baden
Gotha	Gothaer Waggonfabrik AG Fabrikation für Eisenbahnmaterial, Waggon- und Maschinenbau AG, Görlitz: ab 1919: Waggonfabrik Görlitz AG; ab 1921: Waggon- und Maschinenbau AG Görlitz
Hagans	Lokomotivfabrik Christian Hagans, Erfurt; ab 1915: Maschinenfabrik R. Wolf AG, Abteilung Lokomotivfabrik Christian Hagans
Hanomag	Hannoversche Maschinenbau-AG, vormals Georg Eggestorff, Hannover-Linden
Hartmann	Sächsische Maschinenfabrik AG, vormals Richard Hartmann, Chemnitz
Hawa	Hannoversche Waggonfabrik AG, Hannover-Linden

Henschel — Henschel & Sohn AG, Kassel; ab 1920: Henschel & Sohn GmbH

Hohenzollern — Hohenzollern AG für Lokomotiven, Düsseldorf-Grafenberg

Humboldt — Maschinenbau AG und Lokomotivfabrik Humboldt, Köln-Kalk

Jung — Lokomotivfabrik Arnold Jung, Jungenthal bei Kirchen (Sieg)

Krauss — Lokomotivfabrik Krauss & Co., München-Sendling und Linz

Krupp — Friedrich Krupp AG, Abteilung Lokomotivbau, Essen

LEW — VEB Lokomotivbau-Elektrotechnische Werke »Hans Beimler« Hennigsdorf

LHB — siehe »Breslau«

LHW — siehe »Breslau«

Lindner — Wagen- und Waggonfabrik Gottfried Lindner AG, Ammendorf

Maffei — J.A. Maffei Lokomotivfabrik, München

MAN — Maschinenfabrik Augsburg-Nürnberg AG

NAG — Nationale Automobilgesellschaft AG, Berlin-Oberschöneweide

Niesky — Waggonfabrik Christoph & Unmack AG, Niesky

O & K — Orenstein & Koppel, Drewitz und Nowawes (bei Potsdam); ab 1940: Maschinenbau- und Bahnbedarfs-AG

Ruhrthal — Ruhrthaler Maschinenfabrik Schwarz & Dyckerhoff, Mühlheim (Ruhr)

Sachsenwerk — Sächsische Eisenbahnbedarfs- und Maschinenfabrik GmbH – Sachsenwerk, Stendal

Smoschewer — Gesellschaft für Feldbahn-Industrie Smoschewer & Co., Abteilung Lokomotivfabrik, Breslau

TAG — Triebwagenbau AG, Kiel

Talbot — Waggonfabrik Talbot, Aachen

Uerdingen — siehe »Düwag«

Union — Union-Gießerei Königsberg

Vulcan — Stettiner Maschinenbau AG »Vulcan«

Wegmann — Waggonfabrik Gebrüder Wegmann AG; später: Wegmann & Co., Kassel

Weimar — Waggonfabrik Weimar AG; ab 1901: Aktiengesellschaft für Eisenbahn- und Militärbedarf Weimar; ab 1921: Waggon- und Maschinenfabrik AG

Wismar — Triebwagen- und Waggonfabrik AG Wismar

Wumag — Fabrikation für Eisenbahnmaterial, Waggon- und Maschinenbau AG, Görlitz: ab 1919: Waggonfabrik Görlitz AG; ab 1921: Waggon- und Maschinenbau AG Görlitz

v. d. Zypen — Van der Zypen & Charlier, Köln Deutz; ab 1921: Westwaggon AG

Sonstige Abkürzungen

Bf — Bahnhof

BKW — Braunkohlenwerk

BT — Betriebsteil

Bw — Bahnbetriebswerk

DSU — Deutsche Schifffahrts- und Umschlagbetriebe

DSW — Deutsche Solvay-Werke AG, Bernburg

DWK — Deutsche Wirtschaftskommission

DZV — Deutsche Zentralverwaltungen

DZVV — Deutsche Zentralverwaltung für Verkehr

EI — Ersatzinvestition

EVO — Eisenbahn-Verkehrsordnung

FEW — Forschungs- und Entwicklungswerk

GD — Generaldirektion

GmbH — Gesellschaft mit beschränkter Haftung

GR — Generalreparatur

GSSD — Gruppe der sowjetischen Streitkräfte in Deutschland

LPG — Landwirtschaftliche Produktionsgenossenschaft

LOWA — Vereinigung Volkseigener Betriebe Lokomotiv- und Waggonbau

MAB — (VEB) Metallaufbereitung

MdöA — Ministerium der öffentlichen Arbeiten

MfV — Ministerium für Verkehrswesen

OHG — offene Handelsgesellschaft

OKH — Oberkommando des Heeres

Raw/RAW — Reichsbahnausbesserungswerk

Rba	Reichsbahnamt
Rbd	Reichsbahndirektion
RM	Reichsmark
SAG	Sowjetische Aktiengesellschaft
SBZ	sowjetische Besatzungszone
SED	Sozialistische Einheitspartei Deutschlands
SMAD	Sowjetische Militäradministration in Deutschland
VEAB	Volkseigener Erfassungs- und Aufkaufbetrieb
VDEV	Verein Deutscher Eisenbahnverwaltungen
VEB	Volkseigener Betrieb
VG	Verwaltungsgericht
VVB	Vereinigung Volkseigener Betriebe
Wifo	Wirtschaftliche Forschungsgesellschaft mbH
WL	Werklok
WM	Wehrmacht
Zst	Zerlegestelle
+	ausgemustert
++	zerlegt

Literaturverzeichnis

Allgemeine Darstellungen zu Klein- und Privatbahnen in der DDR

- AGVI (Hrsg.): Aktiengesellschaft für Verkehrswesen und Industrie 1901–1931; Frankfurt (Main) 1963.
- Endisch, Dirk: Die Verkehrsbetriebe Bachstein, Von der »Centralverwaltung für Secundairbahnen« zum modernen Verkehrsunternehmen; Leonberg-Höfingen 2004.
- Ebel, Jürgen U.; Knipping, Andreas; Quill, Klaus-Peter; Stange, Andreas: Die »6000er« der Deutschen Reichsbahn, Strecken und Fahrzeuge der enteigneten Privat- und Kleinbahnen in der DDR; Freiburg 2001.
- Kieper, Klaus; Preuß, Reiner; Rehbein, Elfriede: Schmalspurbahn-Archiv; Berlin 1982.
- List, Wolfgang; Röper, Hans; Zieglgänsberger, Gerhard: Archiv deutscher Klein- und Privatbahnen Sachsen-Anhalt; herausgegeben von Dirk Endisch; Stuttgart 1998.
- Preuß, Erich: Archiv deutscher Klein- und Privatbahnen Brandenburg/Mecklenburg-Vorpommern; Stuttgart 1994.
- Preuß, Reiner; Preuß, Erich: Schmalspurbahnen in Mecklenburg-Vorpommern und Brandenburg (Archiv deutscher Klein- und Privatbahnen); Stuttgart 1996.
- Quill, Klaus-Peter; Ebel, Jürgen U.: Privatbahnen in der DDR seit 1949 in Reichsbahn-Eigentum; Stuttgart, Köln, Berlin 1982.
- Rammelt, Hans-Dieter: Archiv deutscher Klein- und Privatbahnen Thüringen/Sachsen; Stuttgart 1994.
- Rammelt, Hans-Dieter, Fiebig, Günther, Preuß, Erich: Klein- und Privatbahn-Archiv 1, Geschichte - Bau - Betrieb; Berlin 1989.
- Wall, Hennig: Der Lenz-Konzern, Die GmbH Lenz & Co. und die Aktiengesellschaft für Verkehrswesen, Von Lenz zu Connex und Transdev; Aachen 2016.

Strecken-Monografien

- Autorenkollektiv unter der Leitung von Hans Röper: Die Harzquer- und Brockenbahn nebst einem Anhang zur Südharzeisenbahn; Berlin 1986.
- Bauer, Jörg: 100 Jahre Harzquer- und Brockenbahn; Freiburg 1999.
- Bauchspies, Walter; Jünemann, Klaus; Kieper, Klaus: Das große Buch der Rügenschen Kleinbahnen; Celle 2005.
- Bauchspiess, Walter; Jünemann, Klaus; Kieper, Klaus: Die Rügenschen Kleinbahnen; Stuttgart 1996.
- Bergmann, Heiko: Die Eberswalde-Finowfurter Eisenbahn; Berlin 1998.
- Dietsch, Steffen: Die Trusebahn (EK-Reihe Regionale Verkehrsgeschichte Band 10); Freiburg 1996.
- Endisch, Dirk: 125 Jahre Rübelandbahn, Von der HBE zur Fels Netz GmbH; Stendal 2010.
- Endisch, Dirk: Klein- und Privatbahnen im nördlichen Harzvorland; Leonberg-Höfingen 2004.
- Endisch, Dirk: Klein- und Privatbahnen im unteren Saaletal; Korntal-Münchingen 2008.
- Endisch, Dirk: Klein- und Privatbahnen im Ohrekreis; Korntal-Münchingen 2007.
- Endisch, Dirk: Nebenbahnen der HBE, Die Geschichte der Strecken Halberstadt–Blankenburg, Langenstein–

Derenburg-Minsleben und Blankenburg-Thale Bodetal-Quedlinburg; Stendal 2012.
- Endisch, Dirk: Von der GHE zur HSB, Tradition und Innovation auf Meterspurgleisen im Harz (2 Bände); Stendal 2011.
- Fiebig, Günter: Auf der Schiene von Dessau nach Wörlitz; Dessau 1982.
- Franz, Dietmar; Heinrich, Rainer; Taege, Reinhard: Die Schmalspurbahn Gera-Pforten-Wuitz-Mumsdorf. Die Geschichte der Gera-Meuselwitz-Wuitzer Eisenbahn-AG (EK-Reihe Regionale Verkehrsgeschichte Band 21); Freiburg 1998.
- Freundeskreis »Genthiner Eisenbahn« (Hrsg.): Die Genthiner Kleinbahn, Eine Festschrift für Kleinbahn- und Heimatfreunde zum 100. Jahrestag ihrer Eröffnung; Genthin 1999.
- Fromm, Günter: Der Eisenbahnknoten Ebeleben, Mittelpunkte der Hohenebra-Ebelebener Eisenbahn, der Greußen-Ebeleben-Keulaer Eisenbahn und der Mühlhausen-Ebelebener Eisenbahn; Bad Langensalza 1994.
- Fromm, Günter: Die Weimar-Rastenberger Eisenbahn, Die Buchenwaldbahn (Heft 34 der Hainich-Heimathefte); Bad Langensalza 1993.
- Fromm, Günter; Rockstuhl, Harald: Die Geschichte der Langensalzaer Kleinbahn-AG 1913–1969; Bad Langensalza 1999.
- Hormann, Dr. Werner: Die Greifswald-Grimmener Eisenbahn (Blätter zur Verkehrsgeschichte Mecklenburgs Nr. 11); Rostock o.J.
- Hormann, Werner; Machel, Wolf-Dietger: Kleinbahnen im Altkreis Greifswald; Nordhorn 1998.
- Kenning, Ludger: Die Dessau-Wörlitzer Eisenbahn; Nordhorn 2016.
- Kieper, Klaus; Bauchspies, Walter: Franzburger Kreisbahnen Stralsund–Barth–Damgarten; Gifhorn 2002.
- Kühn, Andreas; Huwe, Guido: Die Salzwedeler Kleinbahnen, Die Strecken Salzwedel–Badel und Salzwedel–Diesdorf; Korntal-Münchingen 2007.
- Kurth, Michael: Die Ilmenau-Großbreitenbacher Eisenbahn, Die Geschichte einer »süddeutschen« Privatbahn in Thüringen; Freiburg 2005.
- Kurth, Michael; Haußen, Ulf und Waldemar: Die Weimar-Berka-Blankenhainer Eisenbahn, Von der »Beck´schen Bimmel« zur »Ilmtalbahn«; Freiburg 2007.
- Kröger, Harald: Stendal-Tangermünder Eisenbahn, Beitrag zur Heimatgeschichte; Tangermünde 2000.
- List, Wolfgang: Dampf über der altmärkischen Wische; Berlin 2007.
- List, Wolfgang: Die Kleinbahn Osterburg–Deutsch Pretzier, Erinnerungen an eine altmärkische Kleinbahn; Berlin 2008.
- List, Wolfgang: Die Kleinbahnen in der Altmark; Berlin 2016.
- List, Wolfgang: Stendal und die Eisenbahn, Band 2: Die Kleinbahnen; Berlin 2008.
- List, Wolfgang; Kühn, Andreas: Die Altmärkische Kleinbahn AG; Berlin 2011.
- Lüderitz, Ralf; Rammelt, Hans-Dieter: Die Halle-Hettstedter Eisenbahn, Die wechselvolle Geschichte der H.H.E. (EK-Reihe Regionale Verkehrsgeschichte, Band 11); Freiburg 1996.
- Machel, Wolf-Dietger: Die Mecklenburg-Pommersche Schmalspurbahn; Berlin 1984.
- Machel, Wolf-Dietger; Buchweitz, Rudi: Kleinbahnen in der Uckermark, Uckermärkische Lokalbahn, Prenzlauer Kreisbahnen, Kreisbahn Schönermark-Damme und Kleinbahn Klockow–Pasewalk; Berlin 2010.
- Menzel; Walter: Die Brandenburgische Städtebahn; Berlin 1984.
- Menzel; Walter: Die Brandenburgische Städtebahn, Zum 100-jährigen Bestehen der Eisenbahnstrecke Treuenbrietzen–Neustadt/Dosse; Berlin 2004.
- Mayer, Lother; Regling, Horst: Die Oderbruchbahn; Stuttgart 1995.
- o. A.: Buckower Kleinbahn, Geschichte, Gegenwart und Zukunft einer »Hundertjährigen«, Brandenburgs kürzeste und interessanteste Eisenbahn; Frankfurt (Oder) 1997.
- Opravil, Jürgen: Die Heidekrautbahn, Geschichte der Reinickendorf-Liebenwalde-Groß Schönebecker Eisenbahn später Niederbarnimer Eisenbahn; 2., ergänzte Auflage; Berlin 1999.
- Preuß, Erich: Die Niederbarnimer Eisenbahn, Von Berlin ins Heidekraut (Reihe Verkehrsgeschichte); Stuttgart 2001.

- Preuß, Erich: Die Spreewaldbahn, Die Geschichte einer legendären Schmalspurbahn; Stuttgart 2017.
- Prignitzer Kleinbahnmuseum Lindenberg e.V. (Hrsg.): Das Prignitzer Schmalspurnetz; Lindenberg 1997.
- Rettig, Wilfried: Die Görlitzer Kreisbahn, Die Geschichte einer ungewöhnlichen Kleinbahn; Freiburg 2007.
- Rockstuhl, Harald: Die Geschichte der Wenigentaft-Oechsener Eisenbahn 1912–1952; Bad Langensalza 2000.
- Rockstuhl, Harald; Die Geschichte der Ruhlaer Eisenbahn, »Rühler Bimmel« 1880–1967; Bad Langensalza 1997.
- Röper, Hans: Die Kleinbahnen des Kreises Jerichow I, Die Geschichte einer ehemaligen Schmalspurbahn; Radebeul 1988.
- Röper, Hans; Becker, Helmut; Dill, Werner; Zieglgänsberger, Gerhard: Die Harzquer- und Brockenbahn und die Südharzeisenbahn; 3., erweiterte Auflage; Berlin 1992.
- Schultz, Lothar: Die Bäderbahn Rövershagen-Graal-Müritz (Blätter zur Verkehrsgeschichte Mecklenburgs Nr. 10); Rostock o.J.
- Schulze, Jörg; Neddermeyer, Bernd: Osthavelländische Kreisbahnen / Havelländische Eisenbahn, Mobil seit 1892; Berlin 2012.
- Schöttge, Hartmut: Die Delitzscher Kleinbahn, Die Geschichte der Crostitzer und Delitzscher Kleinbahn (1902–1072); Nordhorn 1992.
- Siemß, Rüdiger: Schmalspurbahnen im Kreis Jerichow I; Nordhorn 1995.
- Sommerfeld, Peter: Die Perleberger Ringbahn, Die regelspurigen Kleinbahnen Pritzwalk-Putlitz-Suckow, Perleberg-Karstädt-Berge-Perleberg und Berge-Putlitz; 2., erweiterte und ergänzte Auflage; Stendal 2015.
- Steffen, Uwe: Die Boizenburger Stadt- und Hafenbahn, Ein Rückblick auf ihr Bestehen seit 1890; Schwerin 1990.
- Steinke, Werner: Die Rübelandbahn; Berlin 1982.
- Steinke, Werner: Die Rübelandbahn im Harz; Berlin 1994.
- Steinke, Werner: Eisenbahngeschichte aus dem Nordharz, 125 Jahre Halberstadt-Blankenburger Eisenbahn; Gernrode 2000.
- Stöhr, Thomas: Die Geschichte der Nebenbahn Arnstadt-Ichtershausen, 1885–1967 Arnstadt-Rudisleben-Ichtershausen; Bad Langensalza 2000.
- Wilhelm, Peter: Die Franzburger Südbahn, Über Felder von Velgast nach Tribsees (EK-Reihe Regionale Verkehrsgeschichte, Band 12); Freiburg 1997.
- Zieglgänsberger, Gerhard; Röper, Hans: Die Selketalbahn; Berlin 1980.
- Zieglgänsberger, Gerhard; Röper, Hans: Die Selketalbahn; 4. Auflage; Berlin 1991.

Baureihen-Monografien

- Bohlmann, Dieter-Theodor: Wismarer Schienenomnibusse der Bauart Hannover; Gifhorn 2001.
- Endisch, Dirk: Baureihe 99.480, Die 1´D-Maschinen der Kleinbahnen des Kreises Jerichow I; Korntal-Münchingen 2006.
- Endisch, Dirk: Die Berglokomotiven der HBE, Die Geschichte der Baureihen 75.66, 75.67, 92.68, 93.67 und 95.66; Stendal 2010.
- Endisch, Dirk: ELNA-Lokomotiven bei der Deutschen Reichsbahn, Die Geschichte der Baureihen 89.62, 91.2, 91.61-67, 92.29 und 92.61-66; Stendal 2013.
- Endisch, Dirk: Generalreparatur und Großteilerneuerung, Die »Reko-Loks« 99.51-60, 99.64–71, 99.73–76, 99.450, 99.451, 99.464 und 99.470; Leonberg-Höfingen 2004.
- Endisch, Dirk: Mallet-Lokomotiven des Harzes, Die Geschichte der Gelenk-Maschinen der NWE, GHE und SHE; 2., erweiterte und ergänzte Auflage; Korntal-Münchingen 2014.
- Koenner, Michael H.: ELNA-Dampflokomotiven, Das Einheitslok-Programm für die deutschen Kleinbahnen; Münster 1985.
- Löttgers, Dr. Rolf: Die Triebwagen der Deutschen Werke Kiel; Lübbecke 1988.
- Weisbrod, Manfred; Wiegand, Hans: Dampflokomotiven 6, regelspurige Privatbahnlokomotiven bei der DR; Stuttgart 1998.

PRIVATBAHNEN IN STAATSHAND

Während in den drei westdeutschen Besatzungszonen nach dem Ende des Zweiten Weltkriegs die Klein- und Privatbahnen ihren Betrieb als eigenständige Gesellschaften fortführten, wandelten sich in der sowjetischen Besatzungszone (SBZ) die politischen Rahmenbedingungen für die Bahngesellschaften grundlegend. Die Sowjetische Militäradministration in Deutschland (SMAD) verlangte eine zentrale Lenkung und Leitung der dort gelegenen rund 100 Klein- und Privatbahnen unter der Regie der Deutschen Reichsbahn (DR). Damit waren die Tage der privaten und kommunalen Eisenbahnunternehmen in der SBZ gezählt, die in mehreren Schritten enteignet oder teilweise als Reparationen demontiert wurden. Den Schlusspunkt setzte die Übernahme von 90 ehemaligen Klein- und Privatbahnen mit einer Gesamtstreckenlänge von über 3.250 km durch die DR am 1. April 1949. Dieses dramatische Kapitel der deutschen Verkehrsgeschichte schildert das vorliegende Buch in kompakter Form. Ein Kapitel zur historischen Entwicklung der Neben-, Privat- und Kleinbahnen in Deutschland sowie ein Verzeichnis aller am 1. April 1949 von der DR übernommenen Dampf- und Dieselloks sowie Triebwagen und deren Verbleib ergänzen das Werk.

www.transpress.de

ISBN 978-3-613-71540-0

1995 (D)

9 783613 715400